新村官必读系列

村官常用法律知识必读

(第二版)

李 笑 ◎ 主编

经济管理出版社

图书在版编目（CIP）数据

村官常用法律知识必读/李笑主编. —2版. —北京：经济管理出版社，2017.3
ISBN 978-7-5096-4940-4

Ⅰ.①村…　Ⅱ.①李…　Ⅲ.①法律—基本知识—中国　Ⅳ.①D920.5

中国版本图书馆CIP数据核字（2017）第025191号

组稿编辑：谭　伟
责任编辑：谭　伟
责任印制：黄章平
责任校对：陈　颖

出版发行：经济管理出版社
　　　　　（北京市海淀区北蜂窝8号中雅大厦A座11层　100038）
网　　址：www.E-mp.com.cn
电　　话：（010）51915602
印　　刷：北京晨旭印刷厂
经　　销：新华书店
开　　本：720mm×1000mm/16
印　　张：16.75
字　　数：310千字
版　　次：2017年3月第2版　2017年3月第1次印刷
书　　号：ISBN 978-7-5096-4940-4
定　　价：58.00元

·版权所有　翻印必究·

凡购本社图书，如有印装错误，由本社读者服务部负责调换。
联系地址：北京阜外月坛北小街2号
电话：（010）68022974　　邮编：100836

本书编委会

主　编：李　笑
副主编：朱玉侠
编　委：李正乐　林　侠
　　　　谭　伟　朱玉侠
　　　　李全超　安玉超

前　言

当今社会处在深刻而复杂的变动之中。在新的历史条件下，各级村官肩负的责任更加重大，面临的情况更加复杂，只有出色的组织领导才能和驾驭复杂局面的能力还不够，还要有丰富的法律知识，因此，这对基层村官的综合素养提出了更高的要求。在新的挑战面前，基层村官只有不断地学习与实践，提高自身综合素质，特别是法律素质，不断提高依法管理经济与社会事务的水平，才能适应时代发展的需要。

中共中央总书记习近平在2013年2月23日主持中共中央政治局集体学习时强调，全面建成小康社会对依法治国提出了更高要求。我们要全面贯彻落实党的十八大精神，以邓小平理论、"三个代表"重要思想、科学发展观为指导，全面推进科学立法、严格执法、公正司法、全民守法，坚持依法治国、依法执政、依法行政共同推进，坚持法治国家、法治政府、法治社会一体建设，不断开创依法治国新局面。

从目前情况来看，基层村官依法治国的水平有了加强和提高，法律正日益成为基层村官判断是非、实施管理、行使权力的重要价值标准和行为规范。但是，执法随意、以言代法、以权扰法、粗暴执法等行为也时有发生，既侵蚀着司法公信力的根基，也损害党政部门的形象，造成了不好的社会影响。所以，要实现这样一个依法治国的目标，首先就必须实现基层村官从人治观念向法治观念的转变，不断提高法律意识，全面提升基层村官的法律素质，提高依法办事的能力和水平，维护法律的严肃性、权威性，严格执法。唯有如此，我国的依法治国方略才能得到实施，我们的民主才能真正得以体现。

鉴于此，作者策划了"村官必读系列丛书"选题，编撰了《村官常用法律知识必读》，为村官们提供参考，以利于他们在日常工作中提高工作能力，增强法治观念，从而为社会主义新农村建设作出更大贡献。

　　本书定位于基层村官，内容简洁实用，阐述详细，形式新颖，可操作性强，丰富而全面，是基层村官提高执法能力的最佳读物，具有极强的可读性和实战应用价值。在选编原则上一是围绕基层村官的工作性质，突出其工作的重点；二是着眼于提高基层村官的法治意识，学用结合，同时体现了通俗性、实用性、知识性、现代性和代表性等特点，内容精当，语言简练，条目清楚，使他们能够轻松掌握和运用这些法律知识。

　　总之，本书内容既全面又系统，具有较高的学术价值与使用价值，对村官处理农村事务具有较好的借鉴性和参考性。

目 录

第一章 村委会组织与村民自治法律常识

一、村民和村民委员会的含义是什么？村民委员会的
任务有哪些？ ……………………………………………（ 1 ）
二、村民委员会的特点有哪些？ …………………………（ 2 ）
三、村民委员会应当履行的职责是什么？ ………………（ 2 ）
四、村民委员会的组成人员有哪些？其任期时间有什么规定？ …（ 3 ）
五、怎样正确处理村党支部和村委会之间的关系？ ……（ 4 ）
六、如何进行委员会选举？ ………………………………（ 4 ）
七、怎样实施选举？ ………………………………………（ 5 ）
八、什么是"两推一选"？ …………………………………（ 6 ）
九、流动党员在哪里参加选举？ …………………………（ 6 ）
十、转移和接收党员组织关系的凭证有哪些？ …………（ 7 ）
十一、党的基层组织进行换届选举前，应做好哪些筹备工作？ …（ 7 ）
十二、党的基层组织向上级党组织呈报换届选举的请示应包括
哪些内容？ ……………………………………………（ 7 ）
十三、党的基层组织怎样起草选举办法？ ………………（ 8 ）
十四、怎样印制选票？ ……………………………………（ 8 ）
十五、被开除党籍和退党、劝退、除名及被取消预备党员资格的
人能否重新入党？ ……………………………………（ 9 ）
十六、发展党员能把文化程度作为入党条件吗？ ………（ 9 ）
十七、追认为共产党员的条件和程序是怎样的？共产党员能否
加入民主党派？ ………………………………………（ 9 ）
十八、什么叫直接选举与间接选举？哪些党组织实行直接选举与
间接选举？ ……………………………………………（ 10 ）

十九、什么叫差额选举与等额选举？党内哪些职务实行
　　　　差额选举与等额选举？ ………………………………（10）
二十、怎样保证选举人按照自己的意志行使选举权？ ……（10）
二十一、在党内选举中，哪些行为是妨害选举人行使民主
　　　　权利的行为？党员可否放弃被选举的权利？ ……（11）
二十二、村官在村委会中应发挥哪些作用？ ………………（11）
二十三、怎样罢免村委会成员？ ……………………………（12）
二十四、什么是村民自治章程？它的结构和内容是什么？ …（13）
二十五、何为"村务公开制度"？村务公开的内容是什么？ …（13）
二十六、村务公开的形式、时间和基本程序是什么？ ……（14）
二十七、哪些村务事项应实行民主决策？村级民主决策
　　　　的形式和程序是什么？ ……………………………（14）
二十八、如何进行村民民主理财？民主理财小组有哪些权利？ …（15）
二十九、什么是民主监督？如何实现村级民主监督？ ……（15）
　案例　请客拉选票，选举是否合法？ ……………………（16）

第二章　土地承包与宅基地法律常识

一、什么是耕地？ ……………………………………………（17）
二、《基本农田保护条例》对保护耕地有何规定？ …………（17）
三、什么是非法占用耕地罪？ ………………………………（18）
四、什么是农村居民宅基地？ ………………………………（18）
五、什么是宅基地纠纷？ ……………………………………（19）
六、处理宅基地纠纷要注意哪些问题？ ……………………（19）
七、农村宅基地违法行为包括哪些形式？ …………………（20）
八、法律对农民住宅用地是怎样规定的？ …………………（20）
九、农村宅基地使用权能否随房转移？ ……………………（21）
十、非法占用土地的应如何处理？ …………………………（21）
十一、农村村民非法占用土地建住宅的应如何处理？ ……（21）
十二、哪些土地应当用于调整承包土地或者承包给新增人口？ …（22）
十三、土地承包合同有哪些规定？ …………………………（22）
十四、关于承包经营权的保护还有哪些规定？ ……………（23）
十五、承包期限内，土地承包合同在什么情况下可以
　　　变更或者解除？ ………………………………………（23）

十六、农村遭受了特大自然灾害，承包金可以减免吗？ ………… （23）
十七、承包土地的农民全家迁入城镇生活，就应该交
　　　还承包的土地吗？ …………………………………………… （24）
十八、农民自己承包的土地除了自己耕种外，是否还
　　　允许有其他的经营方式？ …………………………………… （24）
十九、什么是土地征收征用制度？ ……………………………… （25）
二十、什么叫非法侵占、挪用征地费？ ………………………… （25）
二十一、外出务工农民的土地承包经营权如何保护？ ………… （25）
二十二、碰到土地所有权和使用权的争议，应当如何解决？ … （26）
二十三、什么是土地承包经营权流转？实行土地承包经营权流转有
　　　　什么必要性和指导思想？流转的方式和原则是什么？ … （26）
二十四、当前土地承包经营权流转中存在着哪些问题？哪些做法
　　　　是土地承包经营权的流转侵权和违法行为？ …………… （27）
二十五、土地承包经营权流转合同应当包括哪些内容？因土地
　　　　承包流转价款的收取而产生的纠纷应如何处理？ ……… （28）
二十六、农村土地家庭承包中发包方与承包方的权利与义务
　　　　是什么？ ……………………………………………………… （28）
二十七、承包期内，发包方可以收回承包土地吗？ …………… （29）
二十八、承包期内，发包方可以调整承包土地吗？ …………… （30）
二十九、迁入小城镇落户后的农民的承包地怎么办？儿子在父亲
　　　　去世后能继承其承包地收益吗？ ………………………… （31）
案例　村民建房能否超过批准面积？ …………………………… （31）

第三章　农村经济发展与合同法律知识

一、全面取消农业税对促进农业发展、农村繁荣和农民
　　增收有何重大意义？ …………………………………………… （33）
二、我国将强化对农民和农业直接补贴的政策是什么？ ……… （34）
三、如何大力发展农村公共事业？ ……………………………… （34）
四、如何千方百计增加农民收入？ ……………………………… （35）
五、怎样才能实现生产发展？ …………………………………… （36）
六、怎样才能实现生活宽裕？ …………………………………… （36）
七、什么是集资？国家对向农民乱集资有什么法律和政策
　　规定？ …………………………………………………………… （37）

八、现代农民应该主要掌握哪些信息? ………………………（38）
九、国家对农机补贴的政策是什么? ……………………………（39）
十、如何管理联合收割机跨区作业? ……………………………（39）
十一、联合收割机作业应遵守哪些安全技术规程? ……………（40）
十二、怎样向退耕还林的农户提供资金和粮食补助? …………（41）
十三、兴办动物养殖场需要办理哪些手续? ……………………（42）
十四、种畜禽生产经营的要求和条件是什么? …………………（42）
十五、合同的含义与形式是什么? 它包括哪些条款? …………（42）
十六、格式合同特点是什么? 法律对格式合同有哪些限制? …（44）
十七、合同转让的含义是什么? 与合同变更有何区别? ………（44）
十八、合同解除的定义是什么? 一般如何划分? ………………（45）
十九、违约责任的含义是什么? 违约责任有哪些特征? ………（45）
二十、违约金的含义是什么? 合同法关于违约金是如何规定的? …（46）
二十一、借款合同的含义是什么? 它与借贷合同有什么关系? …（47）
二十二、哪些借贷合同不受法律保护? …………………………（47）
二十三、租赁合同的含义是什么? 特征是什么? ………………（48）
二十四、运输合同的含义及特征是什么? 货物运输保险的
　　　　含义及货物发生毁损灭失后如何索赔? ……………（49）
二十五、什么是赠与合同? 赠与合同能撤销吗? ………………（50）
二十六、承揽合同的含义及内容是什么? ………………………（50）
二十七、施工合同包括哪些内容? 承包单位能将其承包的全部
　　　　建筑工程转包给他人吗? ……………………………（51）
二十八、农民工应当如何与用人单位签订劳动合同? …………（51）
二十九、用人单位违法解除劳动合同应该如何处理? …………（52）
三十、什么是集体合同? 怎样订立集体合同? …………………（53）
案例　未经村民会议讨论就签订的承包合同有效吗? …………（54）

第四章　农民与农民工权益保障法律常识

一、农民的基本权利是什么? ……………………………………（56）
二、如何切实维护农民的民主权利? ……………………………（57）
三、农村超生子女能上户口吗? …………………………………（57）
四、农民受到没有法定依据或者没有遵守法定程序的
　　行政处罚,该怎么办? ………………………………………（58）

五、违反法律规定，向农民收费、罚款、摊派的应当如何
追究法律责任？农民应如何抵制乱收费、乱罚款？ …………（58）
六、国家对农民建房收费的规定是什么？ ………………………（58）
七、"一项制度、八个禁止"具体是指什么？ ……………………（59）
八、何谓"三乱"？怎样治理"三乱"？ …………………………（59）
九、什么是赔礼道歉和行政赔偿？ ………………………………（60）
十、什么是人身权？人身权包括哪些内容？ ……………………（60）
十一、什么是姓名权？姓名权包括哪些内容？ …………………（61）
十二、公民的名誉权被他人侵犯怎么办？ ………………………（62）
十三、公民的肖像权被他人侵犯怎么办？ ………………………（62）
十四、公民的荣誉权被他人侵犯怎么办？ ………………………（63）
十五、什么是侵权行为？侵权行为和违约行为有何不同？ ……（64）
十六、侵犯人身自由的赔偿标准是什么？人身损害的赔偿
标准是什么？ ………………………………………………（64）
十七、对名誉权、荣誉权的损害如何补救？ ……………………（65）
十八、政府将从哪几方面维护农民工合法权益？ ………………（66）
十九、外出务工的农民工需要办理哪些证件？到什么地方办理？ …（67）
二十、农民工可以加入工会吗？ …………………………………（67）
二十一、农民工可以通过哪些途径来有效地维护自身权益？ …（68）
二十二、农民工进行双向维权有何法律依据？当前农民工
经济权益受到侵犯的现象有哪些？ ……………………（69）
二十三、为农民工维权有什么社会意义？ ………………………（69）
二十四、农民工维权有何宗旨？ …………………………………（70）
二十五、怎样根据农民工的特点进行维权？ ……………………（71）
二十六、农民工作为公民应享有哪些权利？ ……………………（71）
二十七、农民工应享有哪些政治民主权利？ ……………………（72）
二十八、为什么说农民工应该享有和城镇职工一样的权利？ …（72）
二十九、国家出台了哪些政策保障农民工子女平等接受义务教育？
如何保障农民工子女享受义务教育的权利？ …………（72）
案例　出嫁女应该同其他村民享有同样的合法权益吗？ ………（73）

第五章　计划生育与户籍法律常识

一、什么是计划生育？我国现行的计划生育政策是什么？ ……（75）

二、计划生育工作坚持的方针和方法是什么？……………（75）
三、什么是计划外生育的行为？………………………………（77）
四、计划生育工作由谁主管？…………………………………（77）
五、农村计划生育村民自治的含义是什么？在什么情况下
　　可以生育第二个子女？…………………………………（78）
六、村级计划生育为什么要实行民主管理和民主监督？……（79）
七、避孕药具的发放渠道有哪些？个体医疗机构能否
　　从事计划生育手术？……………………………………（80）
八、《人口计划生育法》在保护妇女和女婴方面有哪些
　　法律规定？………………………………………………（80）
九、因节育手术给受术农民带来并发症、后遗症等不良后果，
　　该怎么办？………………………………………………（80）
十、对实行计划生育的夫妻，有哪些奖励与社会保障措施？…（81）
十一、因生育病残儿要求再生育的怎么办？…………………（82）
十二、对于流动人口的计划生育应怎样管理？………………（82）
十三、什么是社会抚养费？……………………………………（84）
十四、社会抚养费应怎样征收？………………………………（85）
十五、为什么说"夫妻双方在实行计划生育中负有共同的
　　　责任"？…………………………………………………（86）
十六、育龄夫妻可以享受哪些免费的计划生育技术服务项目？…（86）
十七、为什么推行计划生育也要依法行政、文明执法？……（87）
十八、计划生育奖励制度包括哪些具体内容？………………（88）
十九、生育保险权益受到侵害时该怎么办？…………………（88）
二十、"准生证"办不下来是谁的责任？………………………（88）
二十一、什么是计划生育行政执法中的"七个不准"？………（89）
二十二、伪造、变造、买卖计划生育证明，应承担何种法律
　　　　后果？…………………………………………………（89）
二十三、违规生育子女的，应承担何种法律责任？…………（90）
二十四、利用现代技术鉴定胎儿的性别是违法行为吗？……（90）
二十五、新农村户籍改革的方向是什么？……………………（90）
二十六、我国公民换领居民身份证的情况与费用是怎样的？
　　　　居民身份证的有效期是如何规定的？………………（91）
二十七、需要使用居民身份证的具体事务有哪些？…………（91）
二十八、第二代身份证发证的对象和范围是怎样的？

身份号码编制的规则是什么？ ……………………………（93）
二十九、为什么不得随意扣留公民的居民身份证？伪造
　　　　身份冒充他人招摇撞骗应受到何种处罚？ ………（93）
案例　计划生育仅仅是妻子的事吗？ ……………………（94）

第六章　婚姻家庭与继承法律常识

一、结婚登记时除了收取婚姻证书费之外，是否可以收取
　　其他费用？ ………………………………………………（96）
二、农民在办理结婚登记时要缴纳哪些费用？ ……………（96）
三、什么是婚前财产？结婚后对婚前财产怎样处理？ ……（97）
四、男女双方户籍不在同一地区，如何办理登记手续？ …（97）
五、结婚登记必须男女双方亲自到场吗？可否叫别人代办？ …（98）
六、妻子有否权益私自处理夫妻的共同财产？ ……………（99）
七、收养人应具备哪些条件？ ………………………………（99）
八、办理收养应通过哪些程序？ ……………………………（100）
九、收养关系可以解除吗？怎样解除？ ……………………（100）
十、养子女还有赡养扶助生母的义务吗？ …………………（101）
十一、赡养、扶养、抚养有什么区别？ ……………………（101）
十二、赡养扶助父母子女应尽到哪些义务？ ………………（102）
十三、父母抚养子女的义务到何时为止？ …………………（102）
十四、公民死亡时遗留的财产哪些可以继承？哪些不能继承？ …（103）
十五、被继承人非亲生子女的亲生子女或非亲生子女，谁可
　　　代位继承？ ……………………………………………（105）
十六、胎儿有继承权吗？ ……………………………………（105）
十七、怎样立公证遗嘱？ ……………………………………（106）
十八、遗嘱必须具备哪些实质要件才能生效？ ……………（107）
十九、《合同法》对赠与合同有哪些规定？ ………………（107）
二十、父母未尽义务抚养子女的，子女是否仍应尽赡养
　　　父母的义务？ …………………………………………（108）
二十一、未成年人造成他人财产或人身损害，应由谁
　　　　承担责任？ …………………………………………（109）
二十二、收受彩礼和借婚姻索取财物是一回事吗？ ………（109）
二十三、通奸是不是犯罪？怎么处理？ ……………………（110）

二十四、女方与他人通奸怀孕，男方可以提出离婚吗？ …………… (110)
二十五、离婚时如何分割财产？ ……………………………… (111)
二十六、离婚时双方都不愿抚养子女怎么办？ ……………… (111)
二十七、没有结婚登记而同居的婚姻关系可以自行解除吗？ …… (112)
二十八、因打骂、虐待妻子而引起的离婚纠纷，一般怎样处理？ …… (112)
二十九、一方婚前有精神病，其父母隐瞒，婚后发现是否
　　　　可离婚？ ……………………………………………… (112)
案例　关于遗产继承的纠纷 ……………………………………… (112)

第七章　农村资源环保法律常识

一、如何辨别假劣农药与假劣化肥？ …………………………… (114)
二、什么是假种子和劣质种子？ ………………………………… (115)
三、哪些种子可能损害种子使用者的权益？种子使用者
　　预防种子质量纠纷应注意哪些问题？ …………………… (116)
四、农作物种子质量纠纷田间现场鉴定的程序有哪些？ ……… (117)
五、因种子质量造成损失如何赔偿？ …………………………… (119)
六、在购买化肥、种子、农药等生产资料时与经营者发生争议，
　　可以通过哪几种途径来解决？ …………………………… (119)
七、禽流感的主要症状有哪些？ ………………………………… (120)
八、如何加强对严重危害养殖业生产和人体健康的动物
　　疫病的管理？发生禽流感后应采取哪些有效措施？ …… (121)
九、我国对野生植物的法律保护措施有哪些？ ………………… (121)
十、怎样解决草原权属争议？ …………………………………… (122)
十一、怎样加强生态建设？草畜平衡的含义是什么？
　　　怎样实现草畜平衡？ …………………………………… (123)
十二、我国法律、法规对于煤炭生产许可有什么特殊规定？ … (123)
十三、如何加快乡村"水电气路"基础设施建设？ …………… (124)
十四、什么是环境？为什么要保护环境？ ……………………… (125)
十五、什么是环境保护法律中的限期治理制度？ ……………… (126)
十六、畜禽饲养场造成环境污染怎么办？ ……………………… (126)
十七、水污染物排放标准是如何制定的？ ……………………… (126)
十八、什么是渔业污染事故？国家禁止新建哪些严重污染水
　　　环境的企业？ …………………………………………… (127)

十九、对危害饮用水源的排污口应当如何处置？对跨省的
水污染纠纷应如何解决？ ……………………………………（128）
二十、向农田灌溉渠道排放污水应当注意什么？ ……………（128）
二十一、大气环境质量标准如何制定？在哪些地区不能建污染的
工业生产设施？对已建成的设施应如何处理？ ………（129）
二十二、开发海岛及其周围海域资源应当如何进行环境保护？
从事海水养殖应当注意哪些事项？ ……………………（129）
二十三、在哪些区域不得从事污染环境、破坏景观的海岸工程
项目建设活动？ …………………………………………（130）
二十四、沿海陆域不得新建哪些严重污染海洋环境的工业生产
项目？ ……………………………………………………（131）
二十五、农作物、养殖物等因受环境污染而遭受损失，可以通过
哪些途径来维护自己的权利？ …………………………（131）
二十六、刚刚装修好的新房甲醛、氨超标 5~10 倍，不能住人，
到底能不能要求装修公司赔偿？ ………………………（132）
二十七、危险物品运输途中出现事故而致使水污染应当如何承担
责任？哪些行为构成重大环境污染事故罪？ …………（132）
二十八、如何认定非法采矿罪？ …………………………………（132）
二十九、什么行为构成违法发放林木采伐许可证罪？退耕还林者
擅自复耕或林粮间作该怎样处理？ ……………………（133）
三十、违法造成环境污染事故或经限期治理未完成治理任务的
企事业单位，应承担什么样的法律后果？当事人对环保
行政处罚不服的，应该怎么办？ ………………………（135）
案例　砍伐自栽林是否违法 ……………………………………（135）

第八章　村民关系调解法律常识

一、相邻关系的含义和内容是什么？村民租赁房屋也要遵守相邻
关系的规定吗？ ………………………………………………（137）
二、处理农村房屋相邻关系，应遵循哪些原则？ ………………（137）
三、村邻挤占通道和宅基地怎么办？ ……………………………（138）
四、农民土地相邻，相邻一方应如何保障和维护自己的合法
权益？ …………………………………………………………（138）
五、针对侵害相邻权的行为，受侵害人可以主张哪些权利？ ……（139）

六、相邻通行关系中，当事人之间的权利和义务有哪些内容？…… (139)

七、管线埋设及建筑施工临时占用邻地的，应当遵循怎样的规则？……………………………………………………… (139)

八、哪些行为可被视为侵害相邻人通风权与采光权？侵犯相邻方通风权、采光权的可怎样选择救济途径？………… (140)

九、拆除己方房屋时可以一并拆除共用墙吗？共用墙的另一方可以以共用墙为理由干涉对方买卖房屋吗？………… (140)

十、对于相邻用水关系，法律是怎么规定的？…………… (141)

十一、在相邻疆界关系中，当事人之间的权利和义务有哪些？…… (141)

十二、什么是相邻防险关系？在相邻环保关系中，当事人之间的权利和义务有哪些？…………………… (141)

十三、对醉酒违法和结伙斗殴等寻衅滋事行为应作何处罚？对猥亵他人或者在公众场所故意裸露身体应作何处罚？…… (142)

十四、对殴打、伤害他人的行为应作何处罚？强迫他人交易应作何处罚？…………………………………… (142)

十五、盗窃、诈骗、哄抢、抢夺、敲诈勒索、故意毁损公私财物的、赌博的行为，应受何种处罚？………… (143)

十六、饲养动物干扰他人正常生活的行为应受何种处罚？…… (143)

十七、在农村生活中发生了纠纷该如何解决？如何和解和调解？…… (143)

十八、村民调解委员会的调解协议有什么法律效力？…… (144)

十九、什么是信访？哪些事项可以信访？………………… (144)

二十、信访应向哪个机关或部门提出？通过什么渠道和方式提出？……………………………………………… (144)

二十一、信访人在信访过程中有哪些权利和义务？信访人在信访过程中应遵守哪些秩序？…………… (145)

二十二、集体信访的情况下，应遵守哪些规定？违反信访条例秩序规定应承担何种责任？……………………… (145)

案例　如何处理共用宅基地纠纷 ………………………… (146)

第九章　农村民事法律常识

一、什么是民事官司？……………………………………… (148)
二、哪些纠纷属于民事官司？……………………………… (148)
三、公民如何进行民事诉讼？……………………………… (149)

四、哪些民事纠纷可以到法院去打官司？哪些民事纠纷不能到
　　法院去打官司？ ………………………………………………（149）
五、什么是原告？什么是被告？ ……………………………………（150）
六、什么是诉讼代理人？ ……………………………………………（151）
七、民事官司当事人可委托哪些人作为自己的诉讼代理人？ ……（151）
八、打民事官司，当事人应向法院提供哪些证据？ ………………（151）
九、离婚案件的当事人应向法院提供什么证据？ …………………（152）
十、继承案件的当事人应向法院提供什么证据？ …………………（153）
十一、债务纠纷案件的当事人应向法院提供什么证据？ …………（154）
十二、追索赡养费、扶养费、抚育费案件的当事人应向人民
　　　法院提供哪些证据？ …………………………………………（154）
十三、什么是证人？ …………………………………………………（154）
十四、哪些人不能作证人？ …………………………………………（155）
十五、证人一定要出庭作证吗？ ……………………………………（155）
十六、因合同纠纷引起的民事官司到哪个法院去打？ ……………（155）
十七、什么是起诉？ …………………………………………………（156）
十八、起诉的方式有几种？ …………………………………………（156）
十九、什么是立案？ …………………………………………………（156）
二十、人民法院决定立案的时间有多长？ …………………………（157）
二十一、一方当事人拒不到庭，法院还能判决吗？ ………………（157）
二十二、民事案件怎样上诉？ ………………………………………（157）
二十三、什么是再审？ ………………………………………………（158）
二十四、民事官司怎样申请执行？ …………………………………（158）
二十五、被执行人隐匿财产的，法院如何处理？ …………………（158）
二十六、采取执行措施后，被执行人仍不能偿还债务怎么办？ …（158）
二十七、什么是正当防卫？公民在什么情况下可实施正当防卫？ …（159）
二十八、什么是隐私权？ ……………………………………………（159）
二十九、村民的选举资格被剥夺了，如何打官司？ ………………（160）
三十、亲属是否可以依法要求释放超期被关押的犯罪嫌疑人？ …（161）
案例　邻居侵占宅基地，怎么解决？ ………………………………（161）

第十章　农村行政法律常识

一、什么是行政官司？ ………………………………………………（163）

村官常用法律知识必读

二、打行政官司向何地法院起诉? ……………………………(163)
三、打行政官司,原告如何做好开庭的准备? ………………(164)
四、对行政机关的哪些行为可以向法院起诉? ………………(164)
五、哪些事项人民法院不予受理? ……………………………(165)
六、人民法院对行政诉讼案件是如何进行判决的? …………(165)
七、法律对行政案件的起诉期限是怎样规定的? ……………(166)
八、人民法院审理行政案件如何收取费用? …………………(166)
九、行政诉讼费用由谁预交?应当由谁负担? ………………(167)
十、我国法律对乡政府行使治安处罚权是如何规定的? ……(167)
十一、行政主体是否能放弃行使其法定职权? ………………(168)
十二、有权实施行政处罚的行政机关有哪些? ………………(169)
十三、对公安机关的行政拘留不服是否可以直接向
　　　人民法院起诉? ………………………………………(170)
十四、对公安交警部门作出的交通事故责任认定
　　　不服的可以起诉吗? …………………………………(170)
十五、对行政机关的处罚不服怎么办? ………………………(170)
十六、对行政机关采取的强制措施不服怎么办? ……………(171)
十七、当事人认为行政机关侵犯法律规定的经营
　　　自主权的怎么办? ……………………………………(171)
十八、对违反卫生管理法规的行为怎么处罚?公民对
　　　处罚不服怎么办? ……………………………………(172)
十九、对同一违法行为应作何处罚? …………………………(173)
二十、未成年人、精神病人实施了违法行为应如何处罚? …(174)
二十一、对违法行为在两年内未被发现的行政处罚是如何
　　　　规定的? ……………………………………………(174)
二十二、对哪些情况行政机关可作出罚款决定并直接收缴
　　　　罚款? ………………………………………………(175)
二十三、控告、检举他人犯罪应找哪些机关?应该注意哪些
　　　　问题? ………………………………………………(175)
二十四、有权扣留居民身份证和临时身份证的机关有哪些? (176)
二十五、有权作出治安管理处罚决定的机关有哪些? ………(177)
二十六、未成年人违反治安管理的应如何处罚? ……………(177)
二十七、有生理缺陷的人违反治安管理的是否处罚? ………(178)
　　案例　县公安局的处罚决定正确吗? ……………………(178)

第十一章 农村刑事法律常识

一、什么是自首？对自首犯怎么处理？ ………………………… (180)
二、什么是有期徒刑、无期徒刑、死刑？哪些人不适用死刑？ …… (181)
三、什么是假释？适用假释应符合哪些条件？ …………………… (182)
四、什么是重伤与轻伤？ …………………………………………… (182)
五、故意杀人罪的含义和应负的刑事责任是什么？ ……………… (183)
六、重婚罪的含义是什么？它与非法姘居有何区别？ …………… (184)
七、虐待罪的含义及所负的法律责任是什么？ …………………… (185)
八、什么是强奸妇女罪？其构成要具备什么条件？ ……………… (185)
九、什么是抢劫罪？对抢劫行为如何处罚？ ……………………… (186)
十、什么是诈骗罪？怎样处罚？ …………………………………… (187)
十一、累犯的含义及所承担的处罚是怎样的？ …………………… (187)
十二、过失犯罪、交通肇事罪的含义是什么？ …………………… (188)
十三、犯罪未遂的含义及所负的刑事责任是什么？ ……………… (189)
十四、主犯与从犯的含义及所负的刑事责任是怎样的？ ………… (189)
十五、什么情况下可以减刑？ ……………………………………… (190)
十六、教唆犯的含义及应承受的处罚是什么？ …………………… (190)
十七、当事人的含义是什么？ ……………………………………… (191)
十八、什么是逮捕与错误逮捕？什么是刑讯逼供？ ……………… (192)
十九、什么是拘留、拘役、违法拘禁？ …………………………… (193)
二十、什么是错误的刑事拘留？ …………………………………… (194)
二十一、我国法律对拘留有何程序和期限上的规定？ …………… (196)
二十二、刑事案件怎样上诉，上诉时要注意哪些问题？ ………… (197)
二十三、什么是辩护人？哪些人不得委托为辩护人？ …………… (197)
二十四、犯罪嫌疑人、被告人可以委托哪些人作为辩护人？ …… (198)
二十五、取保候审、监视居住的期限不超过几个月？出现何种
　　　　 情形时可暂予监外执行？ …………………………………… (198)
二十六、犯罪嫌疑人、被告人享有哪些诉讼权利？应履行哪些
　　　　 诉讼义务？ …………………………………………………… (199)
二十七、审理盗窃案件，应怎样根据案件的具体情形认定盗窃
　　　　 罪的情节？ …………………………………………………… (200)
案例　村治保主任能否任意关押村民？ …………………………… (201)

· 13 ·

附录：农村常用法律法规

- 一、中华人民共和国农业法 …………………………………（202）
- 二、中华人民共和国土地管理法 ……………………………（216）
- 三、基本农田保护条例 ………………………………………（229）
- 四、中华人民共和国矿产资源法 ……………………………（234）
- 五、中华人民共和国环境保护法 ……………………………（240）

参考文献 ……………………………………………………（246）

第一章　村委会组织与村民自治法律常识

一、村民和村民委员会的含义是什么？村民委员会的任务有哪些？

村民是指具有我国国籍，长期在农村一定区域内居住和工作的农民。本村村民是指居住在本村、户籍也在本村并与本村发生土地使用关系的自然人。

村民委员会是村民自我管理、自我教育、自我服务的基层群众性自治组织，不是国家基层政权组织，不是一级政府，也不是乡镇政府的派出机构。村民委员会根据需要设人民调解、治安保卫、公共卫生等委员会。

根据《村民委员会组织法》的规定，村民委员会的任务主要有：

（1）办理本居住地区的公共事务和公益事业。公共事务是指与本村全体村民生产和生活直接相关的事务，公益事业是指本村的公共福利事业。两者有所不同，但又不能截然分开，在实际工作中，村民委员会兴办的公共事务和公益事业主要有修桥建路、修建码头、兴修水利，兴办学校、幼儿园、敬老院，植树造林、整理村容、美化环境、扶助贫困、救助灾害等。

（2）调解民间纠纷。调解民间纠纷是村民委员会的一项重要的经常性工作。这项工作主要由村民委员会下设的调解委员会完成。在日常生活中，由于各种利益的冲突，邻里之间、家庭之间、村民之间，不可避免地会发生一些纠纷，有些纠纷也不宜由司法机关解决。而村民委员会是村民自己选举产生的，受到村民的信赖，在村民中有威信，并且对本村的情况和人际关系比较熟悉，有条件及时调解和解决纠纷，制止矛盾的发展，避免矛盾的激化。

（3）协助人民政府维护社会治安。在我国，维护社会治安，保证人民群众的生命财产安全，维护正常的社会秩序和经济秩序，是公安行政管理机关的一项重要职责。但是在我国这样一个人口众多、地域辽阔的大国，仅靠公安机关来维护社会治安是不够的，还必须动员和组织广大人民群众参加社会治安工作。因此，法律赋予村民委员会协助人民政府维护社会治安的任务。村民委员会协助维护社会治安的这一任务主要是通过其下设的治安保卫委员会来完成的。

二、村民委员会的特点有哪些？

在我国农村普遍建立的村民委员会，具有三个显著特点：一是基层性。村是我国农村最基层的单位，是村民长期生产、居住、生活的单位，跟村民关系最直接、最紧密。一个村就是一个社区，村民们在社会生活中有着共同的利益和要求。村民委员会是根据村民居住状况、人口数量，按照便于群众自治的原则设立的，所以具有基层性的特点。二是群众性。村民自治的主体是本村村民，本村村民都有权参加村民自治。村民委员会由村民直接选举产生，不得任命、委派和指定产生；村民委员会成员来自于本村村民，拥有选举权的本村村民都有机会被选举为村民委员会成员；村民委员会成员不脱离生产，既从事劳动生产，又从事村民委员会的工作；村民委员会代表和维护村民利益，向人民政府反映村民的意见、要求和建议；村民委员会的工作应当走群众路线，坚持说服教育。三是自治性。村民委员会是村民自治的执行机构和工作机构。村民组成村民会议，讨论决定涉及村民利益和村民普遍关心的事项，村民委员会向村民会议负责并报告工作。办什么不办什么，先办什么后办什么以及如何办理，都由村民自己决定。对于村民自治范围内的事项，任何组织和个人都不得干预。

村民委员会的性质特点使它有别于国家政权机关。在我国，国家政权机关包括国家权力机关、行政机关、审判机关和检察机关。村民委员会不是国家政权机关的任何一种，也不是国家政权机关的派出机关。村民委员会的性质特点还使它有别于其他的群众组织。在我国，有许多从事社会活动的群众组织，如全国总工会、共产主义青年团、全国妇女联合会、全国青年联合会等。村民委员会作为基层群众组织，和它们有一定的共同之处，但在设立、任务、服务对象、作用等方面有明显的不同之处。村民委员会的性质特点还使它有别于民族自治地方的自治机关。根据宪法规定，少数民族聚居的地方实行民族区域自治。民族自治地方建立自治机关，行使自治权。自治机关除行使一般地方国家机关的职权外，还行使自治权，是国家政权机关的组成部分，不同于村民委员会。自村民自治推行以来，得到各级国家机关的大力支持和帮助，受到广大人民群众的热烈拥护，受到海内外的广泛关注和高度评价，这就证明村民自治的原则和方向是正确的，应当坚定不移地坚持。

三、村民委员会应当履行的职责是什么？

按照《村民委员会组织法》的相关规定，村民委员会应当履行下列职责：召集村民会议并向村民会议报告工作，执行村民会议的决定、决议，接受村民的评议和监督；编制本村经济和公益事业发展规划和年度工作计划草案，经村民会议讨论通过后组织实施；依法管理本村属于村民集体所有的土地，合理开发利用自然资源，保护和改善生态环境；教育村民实行计划生育；支持和组织村民依法发展各种形式的合作经济和其他经济，尊重集体经济组织和其他经济组织依法独立进行经济活动的自主权，维护以家庭承包经营为基础、统分结合的双层经营体制，保障集体经济组织和村民、承包经营户或者合伙的合法财产权及其他的合法权利和利益；编制年度财务预算草案，管理村级财务和集体财产，提出村集体重大事项开支的草案；编制村庄建设规划草案，并按照规划进行街道建设，指导村民建设住房，改善居住环境，提高村民生活质量；调解民间纠纷，协助维护社会治安，促进村民团结和村与村之间的团结、互助，加强民族团结；向村民宣传宪法、法律、法规和政策，增强村民的法制观念，教育村民履行法定义务，发展科技文化教育卫生事业，组织村民开展多种形式的社会主义精神文明建设活动，提高村民的道德修养和文化素质；教育村民爱护国家及集体财产；履行法律、法规规定的其他职责。

四、村民委员会的组成人员有哪些？其任期时间有什么规定？

《村民委员会组织法》第9条规定："村民委员会由主任、副主任和委员共三至七人组成。村民委员会成员中，妇女应当有适当的名额，多民族村民居住的村应当有人数较少的民族的成员。"

根据《中华人民共和国村民委员会组织法》第11条之规定，村民委员会每届任期3年，届满应当及时举行换届选举。村民委员会成员可以连选连任。

村民委员会作为基层群众性自治组织，为了便于村民监督，便于开展工作，任期不宜过长，也不宜过短。首先，任期3年，可以增强村民委员会成员的责任感，鼓励他们努力做出工作成绩，比较适合我国农村基层的实际情况。其次，任期3年，可以使年轻有为的人才有更多的机会进入村民委员会，给村民委员会带来新鲜血液。随着我国改革开放的深入以及社会的进步，增加农民的收入已成为当前"三农"问题的重点和难点，而最根本的出路就在于搞活广大农村地区的微观经济。因此村民委员会对具有现代市场经济头脑的人才的需求也是越来越迫切。村民委员会任期3年有利于村民委员会成员的"更新换代"。最后，乡镇人民代表大会任期3年，村民委员会可与乡镇人大同步换届，有利于集中力量搞好选举，有利于节省人力、物力和财力。

村民委员会3年任期届满应及时进行换届选举。根据《中共中央办公厅、国务院办公厅关于在农村普遍实行村务公开和民主管理制度的通知》（中办发〔1998〕9号）的精神，村民委员会要依法按期进行民主选举。未经县（市、区）委批准，无故拖延选举的，要追究乡镇党委和村党支部、村民委员会主要负

村官常用法律知识必读

责人的责任。任期届满,成绩显著,受到村民拥护和信任的委员,可以连任。村民委员会成员可以连选连任是一种很好的激励机制,它有利于村民委员会成员在任期内热心为老百姓办好事、办实事,争取下届连任;其最大的好处在于可以保持村民委员会工作的连续性、稳定性,而且能够积累工作经验,使一些好的"土政策"不至于因换届而废除。

五、怎样正确处理村党支部和村委会之间的关系?

为正确处理村"两委"关系问题,各地在探讨这个问题的实践中不断创新,实行"四个提倡"、"两票制"、"两委合一"的做法,收到了较好的效果。

"四个提倡",即提倡党员通过法定程序当选为村民小组长、村民代表;提倡把村党组织领导班子成员按规定程序先推选为村民委员会成员候选人,通过选举兼任村民委员会成员;提倡拟推荐的村党组织书记人选先参加村委会选举,再推荐为党组织书记人选;提倡村民委员会中的党员通过党内选举兼任村党组织委员会成员。所谓"两票制",又称"两推一选"。所谓"两委合一",可以概括为"从村支书到村主任"与"从村主任到村支书"的"二选联动机制"。其具体做法是:鼓励在职的村支书竞选村主任,如果当选了,可以在获得群众投票的基础上一身二任。如果一个普通党员当选村主任,因其民意基础强于在职的村支书,可以通过党内民主选举程序出任村支书;如果是非党员当选村委会主任,则作为重点入党培养对象,争取将其培养成村支部书记。

"四个提倡"、"两票制"、"两委合一"这些制度创新的具体形式,解决了农村党支部建设中导入村民选举制度机制的问题,不仅扩大了党内民主,而且扩大了村民民主,使村民群众在党组织书记和委员的人选上开始拥有发言权,在一定程度上确立了村民参与村级事务的主动权,从而解决了党组织领导权的群众认同问题。

上述创新,是为了加强党的基层组织建设,提高农村基层组织的战斗力,切实减轻农民负担,在实践中不断完善。这里对党支部书记提出了素质要求,即村党支部书记不仅要具有较高的政治素质、法制意识和工作能力,而且要在领导农村工作的实践中,充分发挥共产党员的先进性,体现一个农村基层党员干部的先锋模范作用,树立起共产党在广大农民群众心目中的崇高形象。

六、如何进行委员会选举?

党的基层组织设立的委员会委员候选人,要按照德才兼备和班子结构合理的原则提名。委员候选人的差额为应选人数的20%。

党的总支部委员会、支部委员会委员候选人,由上届委员会根据多数党员的意见确定，在党员大会上进行选举。

党的基层委员会的产生办法是：召开党员大会的，由上届党的委员会根据所辖多数党组织的意见提出候选人，报上级党组织审查同意后，提交党员大会进行选举；召开党员代表大会的，由上届党的委员会根据所辖多数党组织的意见提出候选人，报上级党组织审查同意后，提请大会主席团讨论通过，由大会主席团提交各代表团（组）酝酿讨论，根据多数代表的意见确定候选人，提交党员代表大会进行选举。

党的基层组织设立的委员会的书记、副书记，由上届委员会提出候选人，报上级党组织审查同意后，在委员会全体会议上进行选举。不设委员会的党支部书记、副书记，由全体党员充分酝酿，提出候选人，报上级党组织审查同意后，在党员大会上进行选举。

委员会委员在任期内出缺，应召开党员大会或党员代表大会补选。上级党的组织认为有必要时，也可以调动或指派下级党组织的负责人。

七、怎样实施选举？

（1）选举大会的组织和主持。召开党员大会进行选举，由上届委员会主持。不设委员会的党支部进行选举，由上届支部书记主持。召开党员代表大会进行选举，由大会主席团主持。大会主席团成员由上届党的委员会或各代表团（组）从代表中提名，经全体代表酝酿讨论，提交代表大会预备会议表决通过。委员会第一次全体会议选举常委、书记、副书记，召开党员代表大会的，由大会主席团指定一名新选出的委员主持；召开党员大会的，由上届委员会推荐一名新当选的委员主持。

（2）对候选人的介绍。选举前，选举单位的党组织或大会主席团应将候选人的简历、工作实绩和主要优缺点向选举人做出实事求是的介绍。对选举人提出的询问应做出负责的答复。根据选举人的要求，可以组织候选人与选举人见面，由候选人做自我介绍、回答选举人提出问题。

（3）监票人和计票人的产生和职责。选举设监票人，负责对选举全过程进行监督。党员大会或党员代表大会选举的监票人由全体党员或各代表团（组）从不是候选人的党员或代表中推选，经党员大会或党员代表大会表决通过。委员会选举监票人从不是书记、副书记、常委候选人的委员中推选，经全体委员表决通过。选举计票人，计票人在监票人监督下进行工作。

（4）投票方式。选举一律采取无记名投票的方式。选票上的候选人名单以姓氏笔画为序排列。选举人不能写选票的，可由本人委托非候选人按选举人的意志代写。因故未出席会议的党员或党员代表不能委托他人代为投票。选举人对候选人可以投赞成票或不赞成票，也可以弃权。投不赞成票者可以另选他人。

（5）选举结果的宣布。投票结束后，监票人、计票人应将投票人数和票数加以核对，做好记录，由监票人签字并公布候选人的得票数字；由会议主持人宣布当选人名单。

（6）选举结果的确认。实行差额预选时，赞成票超过实到会有选举权的人数半数的，方可列为候选人。进行正式选举时，被选举人获得的赞成票超过实到会有选举权的人数的一半，才得当选。当选人多于应选名额时，得票多的当选。如遇票数相等不能确定当选人时，应就票数相等的被选举人重新投票，得票多的当选。当选人少于应选名额时，对不足的名额另行选举。如果接近应选名额，也可以减少名额，不再另外进行选举。

（7）关于选举有效无效的规定。进行选举时，有选举权的到会人数超过应到会人数的4/5，会议有效。选举收回的选票等于或少于投票人数，选举有效；多于投票人数，选举无效，应重新选举。每一选票所选人数少于规定应选人数的为有效票，多于规定应选人数的为无效票。

八、什么是"两推一选"？

近几年来，各地在村级党组织建设实践中逐步探索形成了通过"两推一选"搞好村级党组织换届的办法。其操作过程分为三个阶段：

（1）党内民主推荐。换届前，村党组织召开党员大会，也可吸收非党的村委会成员、村民组长和村民代表参加，在对原党支部成员进行民主评议的基础上，推荐新一届党支部成员初步候选人（党内、党外分别计票）。乡镇党委根据投票结果，决定初步候选人，初步确定的候选人数应多于最后实际参加选举的候选人数。

（2）群众推荐。召开村民大会，对初步候选人进行信任投票。乡镇党委对过半数以上群众信任的初步候选人进行考察，确定正式候选人。

（3）党内选举。村党组织召开党员大会，按照《暂行条例》的要求，选举产生新一届党组织的委员会。

九、流动党员在哪里参加选举？

办理正式党员组织关系转移手续的流动党员，应在转入地区单位的党组织参加党内选举，享有表决权、选举权和被选举权。

开具党员证明信和持流动党员活动证外出的流动党员，应在原所在单位党组织参加党内选举，行使表决权、选举权和被选举权。

外出党员原所在党组织召开党员大会进行选举时，如外出党员确因情况特殊

第一章　村委会组织与村民自治法律常识

无法到会,经党员大会同意,可不计算为应到会人数。

十、转移和接收党员组织关系的凭证有哪些?

党员组织关系的凭证有三种,即中国共产党党员组织关系介绍信、中国共产党党员证明信和中国共产党流动党员活动证。转移和接收正式组织关系,应当凭据中国共产党党员组织关系介绍信;转移和接收临时组织关系,应当凭据中国共产党党员证明信或中国共产党流动党员活动证。

十一、党的基层组织进行换届选举前,应做好哪些筹备工作?

党的基层组织召开党员大会或党代表大会进行换届选举前,应做好以下筹备工作:

(1) 召开党的委员会全体会议,讨论研究换届选举的有关事宜,并向上级党组织呈报换届选举的请示(党的支部委员会换届选举,可以由支部委员会负责人直接向上级党组织汇报支部委员会讨论研究的情况)。

(2) 换届选举的请示经上级党组织批准后,即可发出换届选举的通知,并做好宣传教育工作。

(3) 起草换届选举的有关文件,主要有:党的委员会、纪律检查委员会工作报告,党费收缴使用情况报告,大会选举办法。

(4) 组织酝酿推荐下届委员会委员、书记、副书记等候选人预备人选,并呈报上级党组织审查批准。

(5) 做好各项会务工作,包括印制选票和相关证件、表格及布置会场等。

(6) 召开党代表大会换届选举的,党的委员会还应按规定组织指导代表的选举审查工作,并提出大会领导机构及其组成人员的讨论名单等。

十二、党的基层组织向上级党组织呈报换届选举的请示应包括哪些内容?

党的基层组织向上级党组织呈报换届选举的请示,一般应包括以下内容:

(1) 委员会任期情况。

(2) 换届选举的条件具备情况。

(3) 换届选举的形式、时间及主要议程。

(4) 下届委员会构成的指导思想和原则。

(5) 下届委员会委员、书记、副书记的名额及酝酿提名和选举产生的办法等。

召开党代表大会换届选举的,还应包括代表的名额、构成比例、分配原则、产生方法等。

十三、党的基层组织怎样起草选举办法？

党的基层组织进行换届选举时，必须按照党章和《中国共产党基层组织选举工作暂行条例》的要求，结合本单位的具体情况，制定适合本单位选举工作需要的选举办法，并须经过党代表大会（党员大会）讨论通过。选举办法是保证选举工作顺利进行的具体规则，在选举过程中，所有选举人都必须严格遵守。

选举办法一般应包括：

（1）制定选举办法的依据；

（2）选举的任务；

（3）提名确定候选人的办法；

（4）选举的方式、程序；

（5）选举的有效性和有效票的规定；

（6）确定当选人的原则；

（7）填写选票注意事项；

（8）候选人、当选人名单排列顺序的规定；

（9）监票人、计票人的产生方法；

（10）选举纪律等。

制定选举办法应注意以下问题：

（1）要符合党章和《中国共产党基层组织选举工作暂行条例》的有关规定；

（2）内容要具体、明确、全面，对选举中可能出现的各种情况要有明确的处理办法；

（3）程序、步骤要清楚，便于操作；

（4）文字要准确，简明易懂，不用可能产生歧义的字句。

十四、怎样印制选票？

选票是选举人表达意志的载体，必须认真设计、印制。总的要求是庄重、大方、清晰、准确，便于选举人填写。使用计算机计票的，选票的设计、印制还应符合计算机计票要求。候选人姓名的上方应留出空格，供选举人填写表示意见的符号，并应留有选举人填写另选他人姓名的位置。选票应标明名称，填写选票说明要简明、准确、清晰。

印制选票还应注意以下几点：

（1）用于不同选举目的的选票，在颜色上应有明显的区别；

（2）票面式样和大小要根据候选人数来确定，用纸应注意厚度适宜，便于画写符号和迅速、准确地清点选票；

(3) 为做好重新选举的准备工作，应印制一套备用选票；
(4) 选票不得编号或作标记；
(5) 选票加盖选举单位党组织印章后有效。

十五、被开除党籍和退党、劝退、除名及被取消预备党员资格的人能否重新入党？

因触犯刑律或犯严重错误被开除党籍的人和退党、自行脱党、劝告退党、党内除名的人要求重新入党，党组织应持十分慎重的态度。这些人经过党组织长期考察（其中开除党籍的必须5年以上），如果确实具备了党员条件，经严格审查，可以吸收他们重新入党。但在基层党委审批前，必须报经上一级党委审查同意。因尚不具备党员条件而被取消预备党员资格的人要求重新入党，只要经过学习和实践的锻炼，改正了缺点、错误，确实具备了党员条件的，就可以重新吸收其入党。

十六、发展党员能把文化程度作为入党条件吗？

发展党员强调注意文化素质，是因为我们党肩负着领导全国各族人民实现社会主义现代化宏伟目标的历史使命。共产党员如果没有一定的科学文化知识，就难以团结和带领群众去完成这一伟大任务。因此，在发展党员工作中，从总体上强调要注意文化素质，是完全正确的。但在具体工作中，一定要从实际出发，不能搞"一刀切"，不能把文化程度作为能否入党的一个先决条件。一些优秀工人、农民虽然文化程度低些，只要具备党员条件也可以发展他们入党，党组织要帮助他们不断提高文化素质。

十七、追认为共产党员的条件和程序是怎样的？共产党员能否加入民主党派？

追认共产党员，是接收党员的一种特殊形式，是指给那些为革命和建设事业英勇献身，事迹突出，生前曾向党组织提出入党要求，一贯表现好，符合共产党员条件，在一定范围内有影响、有教育意义的人办理入党手续。追认共产党员须由所在单位支部党员大会讨论决定，上级党组织审查，经省一级党委批准。追认党员不需要预备期。

共产党员一般不能加入民主党派。根据中央有关文件规定，为了积极帮助民主党派加强领导班子建设，进一步健全、巩固和发展中国共产党领导下的多党派合作制度，对个别适合做民主党派领导工作的中共党员，在民主党派要求和同意的前提下，经上级党委批准，可以加入民主党派组织，调到民主党派工作。

十八、什么叫直接选举与间接选举？哪些党组织实行直接选举与间接选举？

直接选举，是指有选举权的人直接参加选举、行使选举权利的选举方式。党内直接选举，一般是在党的基层组织进行，即召开党员大会，由党员直接投票选举党的支部委员会、党的总支部委员会、党的基层委员会、党的纪律检查委员会或出席上级党的代表大会的代表。

间接选举，是指有选举权的人通过选出的代表进一步行使选举权利的选举方式。党内间接选举，一般是在党的中央组织、党的地方组织和部分基层组织进行，即召开党代表大会，选举党的委员会、党的纪律检查委员会或出席上级党的代表大会的代表。

十九、什么叫差额选举与等额选举？党内哪些职务实行差额选举与等额选举？

差额选举，是指在选举中实行候选人数多于应选人数的选举。差额选举的方式有两种：一是直接采用候选人数多于应选人数的差额选举办法进行正式选举；二是先采用差额选举办法进行预选，产生候选人名单，然后进行正式选举。就党的地方组织和基层组织而言，选举产生以下党内职务要实行差额选举：①党的地方各级代表大会的代表、党的地方各级代表会议需经选举产生的代表、党的基层代表大会的代表；②党的地方各级委员会常务委员、委员、候补委员，党的地方各级纪律检查委员会常务委员、委员；③党的基层委员会、总支部委员会、支部委员会和纪律检查委员会委员、常委。

等额选举，是指候选人数与应选人数相等的选举。目前实行等额选举的，主要有党的中央政治局委员、中央政治局常务委员会委员、中央纪律检查委员会常务委员和书记、副书记，党的地方各级委员会和纪律检查委员会书记、副书记。党的基层组织的书记、副书记经上级党组织批准，也可以实行等额选举。

二十、怎样保证选举人按照自己的意志行使选举权？

在党内选举中，为保证选举人按自己的意志行使选举权，通常采取以下措施：

（1）采取无记名投票的方式。

（2）候选人名单要由党组织和选举人充分酝酿讨论，使选举人充分发表意见，并根据多数选举人的意见确定。

（3）选举人有了解候选人情况、要求改变候选人、不选任何一个候选人和

第一章　村委会组织与村民自治法律常识

另选他人的权利,任何组织和个人不得以任何方式强迫选举人选举或不选举某个人。

(4) 对妨害选举人行使民主权利,或对检举选举中违纪行为的人进行压制、打击报复的,要按违纪进行处理。

(5) 如果发生违反党章的情况,上级党的委员会在调查核实后,应作出选举无效和采取相应措施的决定,并报上一级党的委员会批准,正式宣布执行。

二十一、在党内选举中,哪些行为是妨害选举人行使民主权利的行为?党员可否放弃被选举的权利?

在党内选举中,凡是违反党章和《中国共产党基层组织选举工作暂行条例》的有关规定,采用诸如威胁、欺骗、拉拢、书写大字报、散发传单等手段,或利用家族、宗派势力等妨害选举人自由行使选举权利、表达本人意愿的行为,都是妨害选举人行使民主权利的行为。

在党内选举中,党员享有被选举的权利,也有请求放弃被选举的权利。党员按照规定的程序被提名为党代表大会代表、党的委员会委员或其他党内职务的候选人后,如因健康状况、工作能力或其他正当原因,自己认为当选以后不能胜任的,可以向党组织提出不作为候选人的请求。党组织应充分考虑党员本人的意见,并根据党员的实际情况和多数选举人的意见作出决定。如果党员放弃被选举权的请求未获同意,应尊重多数选举人的意见,服从党组织的决定。

二十二、村官在村委会中应发挥哪些作用?

村官是村委会的成员,而村委会是村内日常工作的实际组织者、领导者,可见村官是村内各项工作的直接实施人员,他们将村民会议的决定最终落到实处,在带领群众全面建设小康社会的过程中负有重大历史责任。村委会是村内各项工作的实际组织者,负责主持村内的各项日常工作。而村委会组织管理作用的实际发挥需要每个村官的努力。因此,村官应该比普通村民要更加严格要求自己,注重发挥以下几个方面的作用:

(1) 模范带头作用。"榜样的力量是无穷的",村官作为村民自治组织的成员,不仅代表着该村民组织的形象,而且是广大村民群众效仿的对象。因此,村官应该认真领会党和国家的路线、方针、政策,带头遵守国家的法规政策和村委会的各项制度、决议和决定,关心群众的利益和要求,不仅要做带领广大村民群众致富的模范,而且在社会生活的各个方面上都要严格要求自己,起表率作用,用自己的模范行动为群众树立榜样。

(2) 协调、凝聚作用。村务工作任务重,头绪多,关系复杂。既要搞好村

村官常用法律知识必读

里的经济建设又要保护好自然环境；既要保护村民的自主经营权利又要讲求整体效益，推动村民的和谐共处；既要尊重群众的风俗习惯又要保证国家法律的实施。面对多元化的利益格局，作为基层群众自治组织的干部并没有政府的行政权威来保证，只能通过村民的感情认同来执行各项任务，这就更要靠村官的智慧来通盘考虑，从点滴做起，协调方方面面的利益安排，理顺个人与组织、少数与多数、局部和整体等各方面的关系，团结全体村民，凝聚全村的智慧，拧成一股绳，推进村里各项事业蓬勃发展。

（3）化解矛盾，维护安定和谐。目前我国还处在由传统社会向现代化转型的时期，在经济高速发展的同时，也出现许多新矛盾、新问题，存在一些不安定因素。村官作为基层群众自治组织的领导者，在化解矛盾、维护基层社会安定方面具有重要作用。

（4）为群众排忧解难。作为基层群众自治性组织，村委会的主要职能就是为村民群众服务。村官作为村民的带头人和公仆，要坚持为人民服务的宗旨，关心村民群众在生产和生活中遇到的各种困难，想群众所想，急群众所急，准确把握村民群众所需所盼，多为群众做实事。

总之，村官应当充分发挥示范表率、协调利益、化解矛盾和排忧解难等方面的作用和功能，通过自己的不懈努力，促进村民自治的不断创新，发展农村经济，狠抓精神文明，办好各项基层社会事业，成为建设"生产发展、生活宽裕、乡风文明、村容整洁、管理民主"的社会主义新农村的基层骨干力量。

二十三、怎样罢免村委会成员？

依据《村委会组织法》规定，总的说来享有罢免权力的是而且只能是全体村民，也就是说作为村民自治权利的一项重要内容，只有村民才有权行使对村委会成员的罢免权，其他任何组织和个人包括乡镇政府及其领导干部都无权随意罢免或撤换村委会成员。具体到罢免程序上，有以下几个具体要求：

（1）必须有1/5以上的村民联名提出罢免要求或者议案并且明确提出罢免理由。这是因为罢免村委会成员是村内一件相当重大、严肃的事情，一定要反映出一定数量的村民的意愿，体现出真正的民意。同时也是为了防止一些小团体出于自身利益而随意罢免村官，以保持村委会的稳定性、持续性，从而能够正常运转。

（2）给予被提出罢免的村委会成员在公开场合或以其他适当方式为自己申辩的机会。

（3）召开村民会议，投票表决罢免要求。由村委会主持村民会议投票表决罢免决议，并接受当地基层政权机关的指导。对于符合法定联名人数的罢免要求，村委会不组织召开村民会议投票表决的，联名村民有权向基层政权机关或有关部门反映。投票表决时也应该坚持秘密写票、无记名投票等规则，而不能由谁说了算。

（4）须经有选举权的村民过半数通过才能罢免村委会成员。这比选举村委会成员时应更加严格。《村委会组织法》规定："有选举权的村民的过半数投票，选举有效；候选人获得参加投票的村民的过半数的选票，始得当选。"也就是最少只需要获得1/4以上有选举权的村民的投票就能够当选，而被罢免则需要有1/2以上有选举权的村民的同意。这显然体现了对村官的保护，对村民选举结果的尊重。

二十四、什么是村民自治章程？它的结构和内容是什么？

村民自治章程，它是目前农村实行村民自治、民主管理的综合性规章制度，具有结构合理、形式完备、内容广泛、语言通俗、实用规范的特点，所以被各地广泛采用。它的结构形式和内容基本趋向一致，比较统一。

章程在结构上分为总则、分则、附则，有"章"、"节"、"条"三级形式。总则为第一章，包括制定章程的依据、目的和作用。分则为若干章，少则三四章，多则七八章，一般为五章："村民组织"为一章，内容包括村民会议、村民代表会议、村委会、村委会下属各工作委员会、村民小组的设立、产生、职责、任务、相互关系、议事规则等。"经济管理"为一章，内容包括发展村办企业、劳动积累、土地管理、承包费的收取和使用、生产服务、财务管理、国家任务的完成、宅基地审批等。"社会秩序"为一章，内容包括社会治安、村风民俗、邻里关系、婚姻家庭、计划生育、户籍管理、民事调解等。"社会福利"为一章，内容包括村民的权利和义务、村民保险、兴办公益事业、养老办法、减免提留摊派款的办法、奖励学生学习的办法、村民档案管理等。"监督机制"为一章，内容包括村官的廉政制度、村民和村民代表的监督渠道、村务公开、民主评议村官等。"附则"为最后一章，内容包括本章程何时由村民会议通过、何时执行、如何修改、解释权归属等问题。当然，也有的章程分则各章的名称用"组织建设"、"物质文明建设"、"精神文明建设"和"廉政建设"来表述，但实际内容基本相同，这也是一种模式。

二十五、何为"村务公开制度"？村务公开的内容是什么？

《村民委员会组织法》第22条规定，村民委员会实行村务公开制度。村民委员会应当及时公布下列事项，其中涉及财务的事项至少每六个月公布一次，接受村民的监督：①本法第19条规定的由村民会议讨论决定涉及村民利益的事项，

村官常用法律知识必读

如本村享受误工补贴的人数及补贴标准、村办学校、村建道路等村公益事业的经费筹集方案，村集体经济项目的立项、承包方案及村公益事业的建设承包方案，宅基地的使用方案等事项及其实施情况；②国家计划生育政策的落实方案；③救灾救济款物的发放情况；④水电费的收缴以及涉及本村村民利益、村民普遍关心的其他事项。

村民委员会应当保证公布内容的真实性，并接受村民的查询。

村民委员会不及时公布应当公布的事项或者公布的事项不真实的，村民有权向乡、民族乡、镇人民政府或者县级人民政府及其有关主管部门反映，有关政府机关应当负责调查核实，责令公布；经查证确有违法行为的，有关人员应当依法承担责任。

国家有关法律法规和政策明确要求公开的事项，如计划生育政策落实、救灾救济款物发放、宅基地使用、村集体经济所得收益使用、村干部报酬等，应继续坚持公开。要继续把财务公开作为村务公开的重点，所有收支必须逐项逐笔公布明细账目，让群众了解、监督村集体资产和财务收支情况。当前，要将土地征用补偿及分配、农村机动地和"四荒地"发包、村集体债权债务、税费改革和农业税减免政策、村内"一事一议"筹资筹劳、新型农村合作医疗、种粮直接补贴、退耕还林还草款物兑现，以及国家其他补贴农民、资助村集体的政策落实情况，及时纳入村务公开的内容。农民群众要求公开的其他事项，符合相关规定的也应公开。

二十六、村务公开的形式、时间和基本程序是什么？

各地农村应坚持实际、实用、实效的原则，在便于群众观看的地方设立固定的村务公开栏，同时还可以通过广播、电视、网络、"明白纸"、民主听证会等其他有效形式公开。一般的村务事项至少每季度公开一次，涉及农民利益的重大问题以及群众关心的事项要及时公开。集体财务往来较多的村，财务收支情况应每月公布一次。村务公开的基本程序是：村民委员会根据本村的实际情况，依照法规和政策的有关要求提出公开的具体方案；村务公开监督小组对方案进行审查、补充、完善后，提交村党组织和村民委员会联席会议讨论确定；村民委员会通过村务公开栏等形式及时公布。

二十七、哪些村务事项应实行民主决策？村级民主决策的形式和程序是什么？

凡是与农民群众切身利益密切相关的事项，如村集体的土地承包和租赁、集体企业改制、集体举债、集体资产处置、村干部报酬、村公益事业的经费筹集方案等，都要实行民主决策，不能由个人或少数人决定。村民委员会的设立、撤并、范围调整，由乡级人民政府提出意见后，必须经由村民会议讨论同意，并报县级人民政府批准。集体经济已实行股份制或股份合作制改革的村，要按照改革后的有关要求进行民主决策和民主监督。村级民主决策的事项要符合党的方针政策和国家法律法规，不得有侵犯村民人身权利、民主权利和合法财产权利的内容。

村级民主决策的基本组织形式是村民会议和村民代表会议。召开村民会议，应当有本村18周岁以上村民的过半数参加，或者有本村2/3以上户的代表参加，所作决定应当经到会人员的过半数通过。村民代表会议讨论决定村民会议授权的事项。村民代表由村民依法推选产生，妇女代表要占一定比例。涉及村民利益的事项，原则上要遵循以下决策程序：由村党组织、村民委员会、村集体经济组织、1/10以上村民联名或1/5以上村民代表联名提出议案；由村党组织统一受理议案，并召集村党组织和村民委员会联席会议，研究提出具体意见或建议；由村民委员会召集村民会议或村民代表会议讨论决定；由村党组织、村民委员会组织实施村民民主决策事项的办理。对提交村民会议或村民代表会议讨论决定的事项，会前要向村民或村民代表公告，广泛征求意见；会后要及时公布表决结果；对决定事项的实施情况，要及时公布，自觉接受群众监督。涉及村民利益的重大事项，必须按照决策程序提请村民会议或村民代表会议讨论决定。

二十八、如何进行村民民主理财？民主理财小组有哪些权利？

村民民主理财由村民民主理财小组代表村民进行，民主理财小组成员由村民会议或村民代表会议从村务公开监督小组成员中推选产生。民主理财小组向村民会议或村民代表会议负责并报告工作。民主理财小组负责对本村集体财务活动进行民主监督，参与制订本村集体的财务计划和各项财务管理制度，有权检查、审核财务账目及相关的经济活动事项，有权否决不合理开支。当事人对否决有异议的，可提交村民会议或村民代表会议讨论决定。村民有权对本村集体的财务账目提出质疑，有权委托民主理财小组查阅、审核财务账目，有权要求有关当事人对财务问题作出解释。

民主理财小组要有专门的议事规则，定期召开例会，充分履行职责。集体经济组织的成员有权对本集体的财务账目提出质疑，有权委托民主理财小组查阅审核财务账目，有权要求有关当事人对财务问题作出解释，有权直接向农村经营管理部门反映本集体经济组织的财务管理状况。

二十九、什么是民主监督？如何实现村级民主监督？

村民自治中的民主监督是指由村民通过一定的形式监督村内重大事务，监督村民委员会工作及其成员的行为。根据《村民委员会组织法》的规定，村级民主监督主要是通过村务公开、民主评议和村民委员会定期工作报告等措施来实现。其中村务公开是民主监督的主要内容。全面推行村务公开是《村民委员会组织法》的一项基本要求，也是推行村民自治、落实"四个民主"的重要保障。村民委员会应当就法律规定事项进行公布，保证公布内容的真实性，并接受村民的查询；村民委员会不及时公布或公布的事项不真实的，村民有权向乡级人民政府或县级人民政府及其有关部门反映，有关政府机关应当负责调查核实，责令公布；经查证确有违法行为的，有关人员应当依法承担责任。

案例　请客拉选票，选举是否合法？

【案情】

陈某是某村的养猪专业户。几年来，陈某靠着自己的勤劳发了家，不仅盖上了小洋楼，也购买了小汽车，平时经常出入饭店酒楼。一次，在与朋友酒足饭饱之后，陈某发起了感慨，自己虽然手里有了一些钱，但觉得没有什么地位，总梦想着有一天也能过把当官的瘾。于是，他的几个朋友便着手为他谋算。最后，大家一致认为，陈某应当参加村民委员会主任的竞选。可陈某自己心里非常清楚，自己不仅没有多少文化，在村里人缘又不好，如果凭本事选肯定没戏。没有办法，陈某在与几个朋友商量后，由陈某出资，其他几个人去替他拉票。在选举前的一个多月时间里，陈某的几个朋友各显神通。有的通过亲戚去说，有的领到饭店去请，有的直接提出如果愿意投陈某一票，每人给现金100元。2011年5月11日，选举如期进行。选举结果一公布，陈某如愿以偿当选村主任，而一直在村里德高望重，群众威信很高的另一名候选人落选了。但是"纸里包不住火"，经群众举报，陈某只当了18天的村委会主任就被撤职了。

【评析】

《村民委员会组织法》第15条规定，以威胁、贿赂、伪造选票等不正当手段，妨害村民行使选举权、被选举权，破坏村民委员会选举的，村民有权向乡、民族乡、镇人民代表大会和人民政府或县级人民代表大会常务委员会和人民政府及其有关主管部门举报，有关机关应当负责调查并依法处理。以威胁、贿赂、伪造选票等不正当手段当选的，其当选无效。本案中，陈某明知自己不具备竞选村民委员会主任的条件，但为了满足自己的"官"瘾，故意采取贿赂的手段，花钱购买选票，其行为严重违反了法律的相关规定，其当选应当认定为无效。

第二章 土地承包与宅基地法律常识

一、什么是耕地？

根据《土地管理法》和国土资源部颁布的《土地分类》的规定，耕地是指种植农作物的土地，包括熟地、新开发整理复垦地、休闲地、轮歇地、草田轮作地；以种植农作物为主，间有零星果树、桑树或其他树木的土地；平均每年能保证收获一季的已垦滩地和海涂。耕地中还包括南方宽小于一米，北方宽小于两米的沟、渠、路和田埂。耕地又可分为五种：

（1）灌溉水田，指有水源保证和灌溉设施，在一般年景能正常灌溉，用于种植水生作物的耕地，包括灌溉的水旱轮作地；

（2）望天收，指无灌溉设施，主要依靠天然降雨，用于种植水生作物的耕地，包括无灌溉设施的水旱轮作地；

（3）水浇地，指水田、菜地以外，有水源保证和灌溉设施，在一般年景能正常灌溉的耕地；

（4）旱地，指无灌溉设施，靠天然降水种植旱作物的耕地，包括没有灌溉设施，仅靠引洪淤灌的耕地；

（5）菜地，指常年种植蔬菜为主的耕地，包括大棚用地。

二、《基本农田保护条例》对保护耕地有何规定？

（一）《基本农田保护条例》规定，有下列行为之一的，依照《中华人民共和国土地管理法》和《中华人民共和国土地管理法实施条例》的有关规定，从重给予处罚：

（1）未经批准或者采取欺骗手段骗取批准，非法占用基本农田的；

（2）超过批准数量，非法占用基本农田的；

（3）非法批准占用基本农田的；

（4）买卖或者以其他形式非法转让基本农田的。

（二）应当将耕地划入基本农田保护区而不划入的，由上一级人民政府责令

村官常用法律知识必读

限期改正；拒不改正的，对直接负责的主管人员和其他直接责任人员依法给予行政处分或者纪律处分。

（三）破坏或者擅自改变基本农田保护区标志的，由县级以上单位给予处罚：

（1）任何单位和个人不得在基本农田保护区内建窑、建房、建坟、挖沙、采石、采矿、取土、堆放固体废弃物或进行其他破坏基本农田的活动。

（2）任何单位和个人不得占用基本农田发展林果业和挖塘养鱼。

（3）任何单位和个人不得闲置、荒芜基本农田。经国务院批准的重点建设项目占用基本农田的，满一年不使用而又可以耕种并收获的，应当由原耕种该幅基本农田的集体或者个人恢复耕种，也可以由用地单位组织耕种；一年以上未动工建设的，应当按照省、自治区、直辖市的规定缴纳闲置费；连续两年未使用的，经国务院批准，由县级以上人民政府无偿收回用地单位的土地使用权；该幅土地原为农民集体所有的，应当交由原农村集体经济组织恢复耕种，重新划入基本农田保护区。

（4）承包经营基本农田的单位或者个人连续两年弃耕抛荒的，原发包单位应当终止承包合同，收回发包的基本农田。

三、什么是非法占用耕地罪？

非法占用耕地罪，是指违反土地管理法规，非法占用耕地改作他用，数量较大，造成耕地毁坏的行为。构成非法占用耕地罪需要具备以下几个构成要件：

（1）犯罪主体。本罪主体为一般主体，包括自然人和法人。对于自然人而言，凡达到刑事责任年龄，具备刑事责任能力的自然人均可成为本罪主体。

（2）犯罪的主观方面。本罪的主观方面表现为故意。即明知占用耕地改作他用的行为是违反土地管理法规的，对于占用耕地改作他用会造成大量耕地被毁坏的结果也是明知的。明知自己的行为会发生危害社会的结果，仍然希望或者放任结果的发生，在主观上为故意。虽然行为人非法占用耕地的动机多种多样，但不影响本罪的成立。

（3）犯罪客体。本罪侵犯的客体是国家的土地管理制度。

（4）犯罪的客观方面。本罪的客观方面表现为违反土地管理法规，非法占用耕地改作他用，数量较大，造成耕地大量毁坏。

根据《刑法》第342条的规定，犯本罪的，处5年以下有期徒刑或者拘役，并处或者单处罚金。单位犯罪的，对单位判处罚金并对直接负责的主管人员和其他直接责任人员，依上述规定处罚。

四、什么是农村居民宅基地？

在农民集体土地使用权的基础上，以使用目的的不同为标准，可以把农民集体土地使用权划分为农地使用权（承包经营权）与乡（镇）、村建设用地使用权两类；按照具体用途的不同，还可以把乡（镇）、村建设用地使用权进一步细分为乡（镇）、村企业用地使用权、乡（镇）、村公益用地使用权和农村宅基地使用权。

宅基地作为与房屋不可分离的组成部分，是指专门用于建造房屋（住宅）的那部分土地。也就是说，宅基地是指建了房屋、建过房屋或者决定用于建造房屋的土地，包括建了房屋的土地，建过房屋但已无上盖物、不能居住的土地以及准备建房用的规划地三种类型。

根据我国农民的生活习惯，农村居民宅基地一般包括：居住生活用地，如住房、厨房、牲畜房、仓库、农机房、厕所用地；四旁绿化用地，如房前屋后的竹林、林木、花圃用地；其他生活服务设施用地，如水井、地窖、沼气池用地等。在我国农村大多数地区，宅基地就是一家一户的农民居住生活的庭院用地。农村居民宅基地的所有权依照法律规定归集体所有，农民对宅基地依法只享有使用权，农村村民宅基地使用权是农民群众的一项重要财产权利。

五、什么是宅基地纠纷？

根据我国《宪法》、《土地管理法》规定，土地的所有权属于国家和集体所有，任何单位和个人不得侵占、买卖或者以其他形式非法转让土地。但土地的使用权可以依法转让。农民对宅基地没有所有权，只有使用权。宅基地纠纷只是公民因农村宅基地使用权而发生的纠纷。

宅基地纠纷的种类也是多种多样的。以纠纷的双方当事人不同，可分为双方当事人都为公民的宅基地纠纷和当事人一方或双方为国家或集体的宅基地纠纷；以宅基地纠纷的内容不同，可分为使用权界限不明确的纠纷、侵占公共宅基地或他人宅基地的纠纷、妨碍他人使用权的纠纷、毁损他人土地及房屋的纠纷等。

六、处理宅基地纠纷要注意哪些问题？

发生宅基地纠纷时，具体应注意以下几个问题：

（1）关于取得宅基地使用权方面。我国《土地管理法》规定，城镇个人建造房屋需要宅基地，应当向所在地的土地管理部门申请，经批准后才能取得宅基地使用权。农村居民建住宅，应当使用原有的宅基地和农村空闲地。使用耕地的，经乡级人民政府审核后，报县级人民政府批准；使用原有的宅基地、村内空闲地和其他土地的，由乡级人民政府批准。城镇非农业人口居民建住宅，需要使用集体所有的土地，必须经县级人民政府批准，其用地面积不得超过省、自治区、直辖市政府规定的标准，并参照国家建设征用土地的标准支付补偿费和安置补助费。凡是未经批准或者采取欺骗手段骗取批准，占用的宅基地无效，应当退回。超标准占用宅基地的超标部分应当退回。

（2）关于宅基地的使用方面。宅基地是建设住宅用地，公民必须合理使用，不得出租、买卖和变相买卖；不得以馈赠钱款、索取财物、土地入股搞联营企业等方式擅自转让。非法转让的，不但要没收非法所得，而且应收回宅基地。农村居民出卖、出租房屋的不能再申请宅基地，村民迁居并拆除房屋后腾出的宅基地，由集体组织收回，统一安排使用。

（3）关于宅基地征用方面。公民对经批准的宅基地有长期使用的权利，但不是永久不变的。如果国家因建设需要征用土地，可以经过法定程序，征用宅基地，公民个人应当服从。但如果征用土地违法，未经法定程序，公民可以拒绝，占用的可要求退还。

（4）关于历史遗留问题。"土改"时没收、征收的宅基地，已经确定给个人，由个人享有使用权。没有确定的，归集体所有。"合作化"时已经宣布归集体的，由集体所有并统一管理。"合作化"前买卖、典当的宅基地，"合作化"后进行调整或变更的，一般应维持原使用状况。宅基地经过统一规划的，以规划后确定的使用权为准，村民原用的宅基地已经统一规划另行分配了的，不得再要求收回。宅基地经过合法手续个别调整了的，以调整后的使用权为准。

七、农村宅基地违法行为包括哪些形式？

根据《土地管理法》、《土地管理法实施条例》和《基本农田保护条例》的规定，宅基地违法行为主要包括以下八类：①农村村民未经批准、非法占用土地建住宅的行为；②农村村民采取欺骗手段骗取批准，非法占用土地建住宅的行为；③农村村民建住宅超过省、自治区、直辖市规定的标准，多占土地的行为；④农村村民买卖或以其他形式非法转让宅基地的行为；⑤农村村民建住宅用地，违反乡（镇）土地利用总体规划的行为；⑥农村村民不按照批准的用途使用宅基地的行为；⑦农村村民擅自在耕地上建房的行为；⑧农村村民在基本农田保护区建房的行为。

八、法律对农民住宅用地是怎样规定的？

《土地管理法》第六十二条规定：

（一）农村村民一户只能拥有一处宅基地，其宅基地的面积不得超过省、自治区、直辖市规定的标准。

（二）农村村民建住宅，应当符合乡（镇）土地利用总体规划，并尽量使用原有的宅基地和村内空闲地。

第二章　土地承包与宅基地法律常识

（三）农村村民住宅用地，经乡（镇）人民政府审核，由县级人民政府批准。其中，涉及占用农用地的，应当办理农民用地转用审批手续。

（四）农村村民出卖、出租住房后，再申请宅基地的，不予批准。

九、农村宅基地使用权能否随房转移？

农村宅基地使用权可以随房屋买卖、赠与而转移，但前提条件是宅基地使用权的转移要经合法批准。这里应注意以下几个问题：

（一）1982年《村镇建房用地管理条例》发布之前，农村房屋买卖中宅基地使用权均随房转移，无须办理批准手续。

（二）自该条例之后宅基地使用权须经过申请批准后方可随房转移。未经审查批准，宅基地使用权不能随房转移给买主，房屋买卖亦应无效。

（三）村民迁居或者拆除房屋后腾出的宅基地，由集体收回使用权。

（四）合法继承的房屋，其宅基地使用权随房屋所有权而转移给继承人。

十、非法占用土地的应如何处理？

非法占用土地是指未经批准或者采取欺骗手段骗取批准，非法占用土地的行为。超过批准的数量占用土地，以及超过省、自治区、直辖市规定的标准，多占的土地以非法占用土地论处。

根据《土地管理法》第67条的规定，非法占用土地的，由县级以上人民政府土地行政主管部门责令其退还，对违反土地利用总体规划擅自将农用地改为建设用地的，限期拆除在非法占用的土地上新建的建筑物和其他设施，恢复土地原状，对符合土地利用总体规划的，没收在非法占用的土地上新建的建筑物和其他设施，可以并处罚款，非法占用土地的处罚是按非法占用土地每平方米30元以下的标准执行。对非法占用土地的单位的直接负责主管人员和其他直接责任人员，依法给予行政处分；构成犯罪的，依法追究刑事责任。《刑法》第342条规定，违反土地管理法规，非法占用耕地改作他用，数量较大，造成耕地大量毁坏的，处5年以下有期徒刑或者拘役，并处或者单处罚金。

十一、农村村民非法占用土地建住宅的应如何处理？

《土地管理法》第77条规定，农村村民占用土地建住宅，必须经县级以上人民政府土地行政主管部门批准。未经批准或者采取欺骗手段骗取批准，非法占用土地建住宅的，由县级以上人民政府土地行政主管部门责令退还非法占用的土地，限期拆除在非法占用的土地上新建的房屋。

十二、哪些土地应当用于调整承包土地或者承包给新增人口？

《农村土地承包法》第28条规定下列土地应当用于调整承包土地或者承包给新增人口：①集体经济组织依法预留的机动地；②通过依法开垦等方式增加的土地；③承包方依法、自愿交回的土地。根据该条的规定，集体经济组织依法预留的机动地、通过依法开垦等方式增加的土地、承包方依法、自愿交回的土地，应当用于调整承包土地或者承包给新增人口。即在因自然灾害严重毁损承包地等特殊情况下需要调整土地时，应当将这些土地用于调整承包地，在因出生、婚嫁、户口迁移等原因，新增人口时，应当将这些土地承包给新增人口。之所以这样规定，是考虑到目前我国农村人多地少，土地是农民基本生活保障，将集体预留的机动地、经开垦等增加的土地和承包方交回的土地用于调整承包土地或者承包给新增人口，既有利于保持已有承包关系的长期稳定，也有利于解决无地、少地农民的土地问题，符合广大农民的根本利益。因此，发包方应当将这些土地严格用于调整承包土地或者承包给新增人口，不得随意将这些土地以招标、拍卖、公开协商等方式承包出去。需要说明的是，在发生特殊情况需要调整土地时，应当首先将第28条规定的土地用于调整，只有在没有该条规定的土地时，才可以对个别农户之间承包的耕地和草地进行调整。而在集体有新增人口但未达到人、地矛盾突出的程度时，虽然不能对个别农户之间承包的耕地和草地进行调整，但可以将第28条规定的土地承包给新增人口。

十三、土地承包合同有哪些规定？

发包方应当与承包方签订书面承包合同。

承包合同一般包括以下条款：

（1）发包方、承包方的名称，发包方负责人和承包方代表的姓名、住所；

（2）承包土地的名称、地理位置、面积、质量等级；

（3）承包期限和起止日期；

（4）承包土地的用途；

（5）发包方和承包方的权利与义务；

（6）违约责任。

承包合同自成立之日起生效。承包方自承包合同生效时取得土地承包经营权。县级以上地方人民政府应当向承包方颁发土地承包经营权证或者林权证等证书，并登记造册，确认土地承包经营权。颁发土地承包经营权证书或者林权证书等，除按规定收取证书工本费外，不得收取其他费用。

承包合同生效后，发包方不得因承办人或者负责人的变动而变更或解除，也不得因集体经济组织的分立或者合并而变更或者解除。

国家机关及其工作人员不得利用职权干涉农村土地承包或者变更解除承包合同。

十四、关于承包经营权的保护还有哪些规定？

承包期内，承包方可以自愿将承包地交回发包方。承包方自愿交回承包地的，应当提前半年以书面形式通知发包方。承包方在承包期内交回承包地的，在承包期内不得再要求承包土地。

承包期内，妇女结婚，在新居住地未取得承包地的，发包方不得收回其原承包地；妇女离婚或者丧偶，仍在原居住地生活或者不在原居住地生活但在新居住地未取得承包地的，发包方不得收回其原承包地。

承包人应得的承包收益，依照继承法的规定继承。林地承包的承包人死亡，其继承人可以在承包期内继续承包。

十五、承包期限内，土地承包合同在什么情况下可以变更或者解除？

土地承包合同依法订立后就具有法律效力，双方当事人必须遵守，任何一方不得擅自变更或解除。但是，在承包合同履行过程中，依照最高人民法院《关于审理农业承包合同纠纷案件若干问题的规定（试行）》，如果出现以下法定情形之一，可以变更或解除合同：

（1）承包合同中约定的终止或者解除合同的条件成立的；

（2）承包人在承包期内因健康原因丧失承包能力或者死亡，继承人无力承包或者放弃继承，且又不进行转让、转包和入股的；

（3）双方当事人协商同意，并且不会损害集体利益的；

（4）发生重大自然灾害。

十六、农村遭受了特大自然灾害，承包金可以减免吗？

如果因为发生了特大自然灾害，交不起承包金，承包人可以根据自然灾害对承包合同履行的影响程度，向发包方请求缓交、减交或免交承包金。

最高人民法院《关于审理农业承包合同纠纷案件若干问题的规定（试行）》第29条规定："承包期间因发生自然灾害或者因承包方自身以外的原因，致使承包方缴纳承包金有困难，承包方要求缓交、减交或免交承包金的，人民法院可以根据实际情况，允许承包方缓交、减交或者免交承包金。"

另外，《土地承包法》第27条规定，承包期内，因自然灾害毁损承包地等特殊情形对个别农户之前承包的耕地和草地需要适当调整的，必须经本集体经济组织成员的村民会议2/3以上成员或者2/3以上村民代表的同意,并报乡(镇)人民政府和县级人民政府农业行政主管部门批准。承包合同中约定不得调整的,按照其约定不予调整。

十七、承包土地的农民全家迁入城镇生活,就应该交还承包的土地吗?

在这种情形下,农民是否交还承包的土地须视该农户成员户口是否转为城市户口而定。

根据《土地承包法》第26条的规定,承包期内,承包方全家迁入小城镇落户的,应当按照承包方的意愿,保留其土地承包经营权或者允许其依法进行土地承包经营权流转。承包期内,承包方全家迁入设区的市,转为非农业户口的,应当将承包的耕地和草地交回发包方。承包方不交回的,发包方可以收回承包的耕地和草地。承包期内,承包方交回承包地或者发包方依法收回承包地时,承包方对其在承包地上投入而提高土地生产能力的,有权获得相应的补偿。

所以,如果该农户成员还是具有农业户口的话,原土地承包关系可以维持不变,只有在他们已经转为城市户口时才要交回承包的土地。

十八、农民自己承包的土地除了自己耕种外,是否还允许有其他的经营方式?

《土地承包法》第32条规定:"通过家庭承包取得的土地承包权可以依法采取转包、出租、互换、转让或者其他方式流转。"

土地承包经营权流转,是指作为承包人的农户在坚持家庭联产承包责任制和土地承包长期稳定的前提下,将其取得的土地承包经营权,依法转包、转让、入股、出租、抵押给他人或由他人依法继承的行为。

目前,我国农村土地承包权流转的方式主要有以下几种:

(1)农户转包。指承包方在承包期内,将所承包的土地全部或部分转给第三人。在承包方与第三方确立转包关系的同时,承包方与发包方原来的土地承包经营合同关系不变。

(2)转让。承包方在承包期内将承包合同转让给第三方。承包合同一经转让,原来的合同关系终止,第三方与发包方建立新的土地承包关系。

(3)入股。农户将承包经营权折价入股,合作经营,土地经营所获得的利润,按照入股的土地分配。

国家鼓励农户将土地使用权与外来资金、设备、技术等结合,兴办股份合作制农场。农户可以以其承包的土地入股,参与农业生产性的股份合作经营。《土地承包法》第42条规定:"承包方之间为发展农业经济,可以自愿联合将土地承包经营权入股,从事农业合作生产。"

十九、什么是土地征收征用制度?

征收和征用是两个不同的法律概念。我国《宪法》第10条第3款规定:"国家为了公共利益的需要,可以依照法律规定对土地实行征收或者征用并给予补偿。"我国《土地管理法》第2条第4款规定:"国家为了公共利益的需要,可以依法对土地实行征收或者征用并给予补偿。"《宪法》、《土地管理法》为了正确处理私有财产保护和公共利益需要、公民权利和国家权力之间的关系,确立了我国土地征收征用制度。

土地征收是指为了公共利益的需要,国家把农民集体所有的土地强制征归国有;土地征用是指为了公共利益的需要,强制性地使用农民集体所有的土地。土地征收和土地征用的主要区别在于:征收是所有权的改变,征用只是使用权的改变。土地征收是国家从农民集体那里取得了所有权,发生了所有权的转移;征用则是在紧急情况下对农民集体所有土地的强制性使用,在紧急情况结束后,要把被征用的土地归还给农民集体。因此,确立土地征收征用制度,既是为了公共利益的需要,又是对农民集体所有土地在特殊情况下的一种保护。

二十、什么叫非法侵占、挪用征地费?

非法侵占、挪用征地费,是指单位或个人将属于农民集体所有的土地补偿费、安置补助费以及农民个人所有的地上附着物和青苗补偿费据为己有的行为。非法挪用征地费,是指单位或个人将被征收土地的土地补偿费、安置补助费、地上附着物和青苗补偿费挪作他用,谋取利益的行为。根据有关法律规定,侵占、挪用被征收土地的征地补偿费用和其他有关费用,构成犯罪的,依法追究刑事责任;不构成犯罪的,依法给予行政处分。

二十一、外出务工农民的土地承包经营权如何保护?

《土地管理法》第14条规定:"农民的土地承包经营权受法律保护。"对外出农民回乡务农,只要在土地二轮延包中获得了承包权,就必须将承包地还给原承包农户继续耕作。乡村组织已经将外出农民的承包地发包给别的农户耕作的,如果是短期合同,应当将承包收益支付给拥有土地承包权的农户,合同到期后,将土地还给原承包农户耕作。如果是长期合同,可以修订合同,将承包地及时还给原承包农户;或者在协商一致的基础上,通过给予或提高原承包农户补偿的方式解决。对外出农户中少数没有参加二轮延包、现在返乡要求承包土地的,要根据不同情况，民主协商，妥善处理。如果该农户的户口仍在农村，原则上应同意其继续参加土地承包，有条件的应在机动地中调剂解决，没有机动地的，可通过土地流转等办法解决。

二十二、碰到土地所有权和使用权的争议，应当如何解决？

《土地管理法》第16条规定，土地所有权和使用权争议，由当事人协商解决；协商不成的，由人民政府处理。单位之间的争议，由县级以上人民政府处理；个人之间、个人与单位之间的争议，由乡级人民政府或者县级以上人民政府处理。当事人对有关人民政府的处理决定不服的，可以自接到处理决定通知之日起30日内向人民法院起诉。在土地所有权和使用权争议解决前，任何一方不得改变土地利用现状。因此，土地所有权和使用权争议实行的是政府处理前置的原则，对处理决定不服的才可以通过司法途径解决。需要注意的是，该起诉仍属于民事诉讼，而不是行政诉讼。

二十三、什么是土地承包经营权流转？实行土地承包经营权流转有什么必要性和指导思想？流转的方式和原则是什么？

土地承包经营权流转，是指在农户土地承包权不变的基础上，承包方将自己承包的村集体的部分或全部土地以一定的条件转移给第三方经营，原承包方或第三方向村集体履行原承包合同的行为。

在我国推行土地承包经营权的流转，具有以下必要性：

（1）土地承包经营权流转是促进农村种植业结构调整的需要。

（2）土地承包经营权流转是农业经济市场化、国际化的需要。

（3）土地承包经营权流转是稳定土地承包关系的需要。

（4）土地承包经营权流转是维护农村社会稳定的需要。

我国实行土地承包经营权流转的指导思想是：

（1）农村土地承包经营权流转要在长期稳定的家庭承包经营的前提下进行。

（2）农村土地承包经营权流转必须在农民自愿的前提下进行。

（3）农村土地承包经营权流转主要应当在农户之间进行。

（4）土地承包经营权流转必须依法进行。

（5）土地承包经营权流转还必须坚持有偿原则。

《农村土地承包法》第32条规定，通过家庭承包取得的土地承包经营权可以依法采取转包、出租、互换、转让或其他方式流转。

（1）转包。转包主要发生在农村集体经济组织内部农户之间。

（2）出租。出租主要是农户将土地承包经营权租赁给本集体经济组织以外的人。

（3）互换。互换是农村集体经济组织内部的农户之间，为方便耕种和各自需要，对各自的土地承包经营权的交换。

（4）转让。转让是农户将土地承包经营权转移给他人，转让将使农户丧失所承包土地的使用权。

（5）入股。即承包方将承包土地使用权入股，参加农业股份制、农业股份合作制或实行"股田制"，并以入股股份作为分红依据。

（6）退包。是指承包户在承包期内把承包土地退交给集体，由集体重新发包的行为。

土地承包经营权流转应坚持以下原则：

（1）平等协商、自愿有偿原则。
（2）不改变土地所有权的性质和土地的农业用途的原则。
（3）流转的期限不得超过承包期剩余年限的原则。
（4）受让方须有农业生产经营能力的原则。
（5）本集体经济组织成员优先原则。

二十四、当前土地承包经营权流转中存在着哪些问题？哪些做法是土地承包经营权的流转侵权和违法行为？

当前土地承包经营权流转中存在以下问题：

（1）对土地流转认识不足。个别基层干部特别是村级干部对土地流转工作不够重视，在调整种植业结构时，没有采用土地流转这种符合市场经济规律的形式，仍然沿用行政干预和强迫命令的办法，引起群众的不满；有的地方放松了对土地流转的管理，不闻不问，任其自行发展；不少群众对土地流转不重视，不了解流转程序，不了解如何流转其行为才合法有效，因而在流转中未能很好地保护自己的合法权益。

（2）土地流转不规范。从调查结果来看，土地流转不规范主要表现为口头协议多，缺少书面的材料，发生纠纷后没有处理依据；不经发包方同意，私自流转，致使流转行为不受法律保护；流转合同不统一，个别地方条款繁琐，操作性不强。

（3）档案管理不规范。主要表现为：合同签订不及时，合同签订率低；土地流转情况未在《土地承包经营权证》内登记；没有建立土地流转台账，乡村两级政府部门不能及时掌握了解流转情况；合同入档率低，整理建档不及时，容易造成丢失和损坏。

（4）组织机构不健全。由于人员变动，合同仲裁员在岗的已所剩无几，不少县市区合同仲裁机构已无法正常开展工作,严重影响了合同纠纷的及时调解仲裁。

《农村土地承包法》第35条规定:"承包期内,发包方不得单方面解除承包合同,不得假借少数服从多数强迫承包方放弃或者变更土地承包经营权,不得以划分'口粮田'和'责任田'等为由收回承包地搞招标承包,不得将承包地收回抵顶欠款。"依据这一法规,以下四种做法,属于在土地承包经营权流转中侵犯农民权益和违反法律法规的行为:

一是单方面解除承包合同,特别是发包方。

二是假借少数服从多数强迫承包方放弃、变更土地承包经营权。

三是以划分"口粮田"和"责任田"等为由收回承包地搞招标承包。

四是将承包地收回抵顶欠款。

二十五、土地承包经营权流转合同应当包括哪些内容?因土地承包流转价款的收取而产生的纠纷应如何处理?

依据《农村土地承包法》第37条第2款的规定,土地承包经营权流转合同应当具备以下主要条款:①流转方和受流转方的姓名、住所,当事人是农户的,户主的姓名可代表全家;②流转土地的名称、位置、面积、质量等级;③土地承包经营权流转的期限,即流转的年限和起止时间,这里需要指出,流转的期限不能超过承包合同的剩余期限,即不能超过承包合同的承包期扣除已经履行的时间后剩余的时间期限;④流转土地的用途;⑤双方当事人的权利和义务;⑥流转价款及支付方式;⑦违约责任。除此之外,当事人还可约定其他内容。

发包方根据《农村土地承包法》第26条规定收回承包地前,承包方已经以转包、出租等形式将其土地承包经营权流转给第三人,且流转期限尚未届满,因流转价款收取产生的纠纷,按照下列情形分别处理:①承包方已经一次性收取了流转价款,发包方请求承包方返还剩余流转期限的流转价款的,应予支持;②流转价款为分期支付,发包方请求第三人按照流转合同的约定支付流转价款的,应予支持。

二十六、农村土地家庭承包中发包方与承包方的权利与义务是什么?

在农村土地家庭承包中,发包方应当享有以下权利:

(1)发包本集体所有的或者国家所有依法由本集体使用的农村土地,这是发包方的发包权,是享有其他权利的前提。

(2)监督承包方依照承包合同约定的用途合理利用和保护土地。

(3)制止承包方损害承包土地和农业资源的行为。

(4) 法律、行政法规规定的其他权利。

根据《农村土地承包法》第 14 条规定，发包方应当承担下列义务：

(1) 维护承包方的土地承包经营权，不得非法变更、解除承包合同。

(2) 尊重承包方的生产经营自主权，不得干涉承包方依法进行正常的生产经营活动。

(3) 依照承包合同约定为承包方提供生产、技术、信息服务。我国实行以家庭经营为基础、统分结合的双层经营体制，"统"的含义，就是要求集体经济组织做好为农户提供生产、经营、技术等方面的统一服务性工作。中央文件多次提出，要增强集体经济组织实力，更好地为农户提供产前、产中、产后的服务。

(4) 执行县、乡（镇）土地利用总体规划，组织本集体经济组织内的农业基础设施建设。

(5) 法律、行政法规规定的其他义务。

根据《农村土地承包法》第 16 条规定，承包方享有以下权利：

(1) 依法享有承包地的使用、收益和土地承包经营流转的权利，有权利自主组织生产经营和处置产品。

(2) 承包地被依法征用、占用的，有权依法获得相应的补偿。

(3) 法律、行政法规规定的其他权利。

在家庭承包中，承包方的权利与义务是对等的，承包方在享有权利的同时，也必须承担一定的义务。根据《农村土地承包法》第 17 条规定，承包方应当承担以下义务：

(1) 维持土地的农业用途，不得用于非农建设。

(2) 依法保护和合理利用土地，不得给土地造成永久性损害。

(3) 法律、行政法规规定的其他义务。

二十七、承包期内，发包方可以收回承包土地吗？

《农村土地承包法》第 26 条第 1 款规定："承包期内，发包方不得收回承包地。"这一规定对于稳定土地承包关系具有重要意义。根据这一规定，除法律对承包地的收回有特别规定外，在承包期内，无论承包方发生什么样的变化，只要作为承包方的家庭还存在，发包方都不得收回承包地，如承包方家庭中的一人或者数人死亡的；子女升学、参军或者在城市就业的；妇女结婚，在新居住地未取得承包地的；承包方在农村从事各种非农产业的；承包方进城务工的；等等，只要作为承包方的农户家庭没有消亡，发包方都不得收回其承包地。但因承包人死亡，承包经营的家庭消亡的，为避免已有承包地的承包方的继承人因继承而获得两份承包地，允许发包方收回承包的耕地和草地。

承包期内，承包方全家迁入小城镇落户的，应当按照承包方的意愿，保留其土地承包经营权或者允许其依法进行土地承包经营权流转。这里所说的"小城镇"是指县级市市区、县人民政府驻地镇和其他建制镇。

承包期内，承包方全家迁入设区的市，转为非农业户口的，应当将承包的耕地和草地交回发包方。承包方不交回的，发包方可以收回承包方的耕地和草地。需要说明的是，承包方应当交回的承包地仅指耕地和草地，并不包括林地，这是因为林地的承包经营与耕地、草地的承包经营相比有其特殊性。林业生产经营周期和承包期比较长，投入大、收益慢、风险大。稳定林地承包经营权，有利于调动承包方植树造林的积极性，防止乱砍滥伐，保护生态环境。因此，对林地承包经营权不适用耕地和草地有关收回的规定，即使承包方全家迁入设区的市，转为非农业户口的，其承包的林地也不应当收回，而应当按照承包方的意愿，保留其林地承包经营权或者允许其依法进行林地承包经营权流转。

为使承包方在交回承包地或者发包方依法收回承包地时，对承包方已向承包地的资产投入得到补偿，《农村土地承包法》第26条第4款规定："承包期内，承包方交回承包地或者发包方依法收回承包地时，承包方对其在承包地上投入而提高土地生产能力的，有权获得相应的补偿。"如承包方对盐碱度较高的土地或者荒漠化的土地进行治理，使其成为较为肥沃的土地，在交回承包地时，发包方应当对承包方因治理土地而付出的投入给予相应的经济补偿。

二十八、承包期内，发包方可以调整承包土地吗？

根据中央文件精神，缓解人、地关系的矛盾可按"大稳定、小调整"的原则在农户之间进行个别调整。"小调整"应当坚持以下原则：一是"小调整"只限于人、地矛盾突出的个别农户，不能对所有农户进行普遍调整；二是不得利用"小调整"提高承包费，增加农民负担；三是"小调整"的方案要经村民大会或村民代表大会2/3以上成员同意，并报乡（镇）人民政府和县（市、区）人民政府主管部门审批；四是绝不能用行政命令的办法硬性规定在全村范围内每隔几年重新调整一次承包地。1998年修订的《土地管理法》第14条第2款规定：在土地承包经营期限内，对个别承包经营者之间承包的土地进行适当调整的，必须经村民会议2/3以上成员或者2/3以上村民代表的同意，并报乡（镇）人民政府和县级人民政府农业行政主管部门批准。

《土地管理法》第27条第2款考虑到实践中对个别农户之间承包的土地需要适当调整的特殊情形，按照中央关于"大稳定、小调整"的前提是稳定的原则，对调整承包地的问题作出严格规定："承包期内，因自然灾害严重毁损承包地等特殊情形对个别农户之间承包的耕地和草地需要适当调整的，必须经本集体经济

第二章 土地承包与宅基地法律常识

组织成员的村民会议2/3以上成员或者2/3以上村民代表的同意，并报乡（镇）人民政府和县级人民政府农业等行政主管部门批准。承包合同中约定不得调整的，按照其约定。"

二十九、迁入小城镇落户后的农民的承包地怎么办？儿子在父亲去世后能继承其承包地收益吗？

《农村土地承包法》第26条规定，承包期内，承包方全家迁入小城镇落户的，应当按照承包方的意思，保留其土地承包经营权或允许其依法进行土地承包经营权的流转。所以国家法律规定，承包期内承包方全家迁入小城镇落户的，承包方愿意保留土地承包经营权的，发包方应当予以保留，不得收回；承包方进行土地承包经营权流转的，发包方应当允许流转，承包方有稳定的非农就业或收入来源，愿意将承包地交回的，发包方应当接受，并依法另行安排承包。

《农村土地承包法》第26条规定，承包期内，承包方全家迁入设区的市，转为非农业户口的，应当将承包的耕地和草地交回发包方。这里需要注意两个问题：一是承包方全家迁入设区的市，并且转为非农业户口，这两个条件同时具备的，才应当将承包的耕地和草地交回发包方，发包方才可以收回承包方承包的耕地和草地。二是应当交回的承包地只限于耕地和草地，不包括林地。

根据《土地承包法》第31条的规定："承包人应得的承包收益。依照继承法的规定继承。"可见，承包人死后，其继承人有权继承其收益。但是对于承包的土地本身可否继承，《中华人民共和国继承法》第4条有所涉及："个人承包，依照法律允许由继承人继续承包的，按照承包合同办理。"

《土地承包法》第31条也明确规定："林地承包的承包人死亡，其继承人可以在承包期内继续承包。"由此可以看出，儿子可以继承父亲承包的林地，具体的承包内容按父亲订立的土地承包合同执行。

案例 村民建房能否超过批准面积？

【案情】

某村村民杜先生因家中人口增多，需要加盖房屋，于2010年8月向乡政府提出申请占用该村其原居住房屋附近的2亩空地建房。在盖房过程中，杜先生故意将地基朝自家耕地移，以致多占了其承包的两分耕地。村委会发现后，立即出面制止，称杜先生未经批准，不得占用耕地，但杜先生拒绝听从劝告。村委会立即向乡政府报告了此事。2010年11月10日，乡政府土地管理部门责令杜先生在

村官常用法律知识必读

1个月内退还多占的耕地，杜先生仍不听劝告，加快速度盖房。2010年12月12日，乡土地管理所派人拆除了杜先生在两分耕地上所建的建筑物。

【评析】

根据我国《土地管理法》及《土地管理法实施条例》的规定：村民要求建房的，应事先取得乡（镇）政府或县（市）政府的批准。对符合条件可兴建自用住宅的，由土地管理部门确定宅基地使用权，丈量用地面积，并依法批准后，方可动工。农村居民建住宅使用土地，不得超过省、自治区、直辖市规定的标准，也不得超过批准的面积占地建房，超过批准的数量占用土地，侵犯了集体土地使用权，依法要按照非法占用土地处理。有关部门可责令其退还非法占用的土地，限期拆除或者没收在非法占用的土地上新建的房屋。

本案中，杜先生在建房时，超出核准的2亩空地，多占其承包的耕地。根据上述规定，应当按照非法占用土地处理。乡土地管理所有权责令其限期拆除在两分耕地上所建的住宅。虽然杜先生拒绝拆除，乡土地管理所在限期届满后可以强行拆除杜先生在两分耕地新建的建筑物。

第三章 农村经济发展与合同法律知识

一、全面取消农业税对促进农业发展、农村繁荣和农民增收有何重大意义？

（1）是全面建设小康社会的必然要求。取消农业税，完善和规范了国家与农民的利益关系，有利于更好地维护9亿农民的根本利益，促进城乡居民共同富裕，实现更大范围、更高水平的小康。

（2）是贯彻落实科学发展观的重大举措。取消农业税，不仅能降低农业生产经营成本，提高农业效益和农产品市场竞争力，而且能够调动种粮农民的积极性，增强粮食综合生产能力，维护国家粮食安全，同时也有利于把农业农村发展纳入整个现代化进程，让亿万农民共享现代化成果。

（3）是扩大内需、保持国民经济持续快速发展的促进力量。农村是一个潜力巨大的消费市场，农村集中着我国数量最多、潜力最大的消费群体，是我国经济增长最可靠、最持久的动力源泉。增加农村需求是扩大内需的根本措施。取消农业税，增加农民收入，使亿万农民的潜在购买意愿转化为巨大的现实消费需求，将进一步提高农村消费水平，从而拉动整个经济的持续增长，盘活国民经济的全局。

（4）是构建和谐社会的具体表现。农业税征管工作量大，征管成本高，处理不当还会直接影响农村党群、干群关系。取消农业税，有利于统筹城乡发展，也可以有力地促进政府特别是基层政府转变职能，把更多的精力放到履行社会管理、提供更多、更好的公共产品和公共服务上来，从而进一步改善政府与农民的关系，维护社会稳定，促进和谐社会的构建。

（5）是建设社会主义新农村的基础环节。十六届五中全会提出建设社会主义新农村，这是一个关系全局的战略举措。全面取消农业税，实行工业反哺农业、城市支持农村和多予少取放活的方针，加大各级政府对农业和农村增加投入力度，让公共财政阳光更大范围覆盖农村，充分调动广大农民的积极性，保证社会主义新农村建设始终有力、有序、有效地推进。

村官常用法律知识必读

二、我国将强化对农民和农业直接补贴的政策是什么？

2006年中央"一号文件"指出，对农民实行的"三减免、三补贴"和退耕还林补贴等政策，深受欢迎，效果明显。

2006年粮食主产区要将种粮直接补贴的资金规模提高到粮食风险基金的50%以上，其他地区也要根据实际情况加大对种粮农民的补贴力度，增加良种补贴和农机具购置补贴。还要根据农业生产和市场变化的需要，建立和完善对种粮农民的支持保护制度。

要充分挖掘农业内部增收潜力，按照国内外市场需求，积极发展品质优良、特色明显、附加值高的优势农产品，推进"一村一品"，实现增值增效。

要加快转移农村劳动力，不断增加农民的务工收入。内容包括鼓励和支持符合产业政策的乡镇企业发展，从财政、金融、税收和公共品投入等方面为小城镇发展创造有利条件，大力发展民营经济，发展壮大县域经济等。

进一步清理和取消各种针对务工农民流动和进城就业的歧视性规定和不合理限制。逐步建立务工农民社会保障制度，依法将务工农民全部纳入工伤保险范围，探索适合务工农民的大病医疗保障和养老保险办法。

三、如何大力发展农村公共事业？

全面建设小康社会的重点和难点在农村。农村经济是整个国民经济发展的薄弱环节，农村教育、卫生、文化等公共事业发展滞后的问题，更是经济、社会发展面临的突出矛盾。党的十六届五中全会《建议》特别强调了大力发展农村的公共事业。

从我国实际情况出发，借鉴国际经验，逐步解决农村经济社会发展不协调、城乡发展不协调的问题。

（1）加快建立覆盖农村的公共财政制度。调整国民收入分配结构，落实财政新增教育、卫生、文化等事业经费主要用于农村的规定，切实加大公共财政对农村社会事业的投入，让公共财政的阳光普照广大农村。经济发达地区和有条件的地方，对农村社会事业的投入力度可以更大一些，步子可以更快一些，水平可以更高一些，争取起到示范带动作用。

（2）加快建立符合市场经济要求的社会事业管理制度。合理划分政府与市场的责任，形成以政府为主导，政府、社会和市场多主体参与、共同打造农村公共产品和公共服务的新局面。

（3）加快建立城市人才对农村的支持制度。采取有效措施，完善城乡之间、区域之间的对口支援机制。

四、如何千方百计增加农民收入？

农民收入问题是当前"三农"问题的核心，是社会主义新农村建设的基本出发点和归宿。千方百计增加农民收入，使广大农民由温饱全面进入小康，是我们面临的带有根本性、全局性、政治性的历史任务。必须把促进农民增收作为做好农业和农村工作，推进农业和农村经济结构调整的基本目标，放在整个经济工作的突出位置。

（1）继续推进农业结构调整，充分挖掘农业内部的增收潜力，这是增加农民收入的现实途径。重点是组织实施优质粮食产业工程，着力支持粮食主产区重点建设旱涝保收、稳产高产的基本农田；发展农区畜牧业和农产品加工、储藏、保鲜、运销业，促进粮食加工转化增值；继续推进农产品优势区域布局规划，大力发展特色农业，优化农产品品质结构，提高农产品质量安全水平和市场竞争力；推动畜禽养殖小区建设，加快畜牧业养殖方式的转变，进一步加快畜牧业发展；推进渔业结构调整，积极发展出口优势水产品生产，不断提高优势水产品的国际竞争力。

（2）加快农村劳动力转移，拓宽农民增收渠道，这是保持农民收入持续稳定增长的根本之计。适应市场需求变化、产业结构升级和增长方式转变的要求，调整乡镇企业发展战略和发展模式，加快技术进步和体制创新，重点发展农产品加工业、服务业等劳动密集型产业，把更多的农村劳动力转移到流通、加工和服务业领域，向二、三产业要收入。政府要在政策、资金、税收、信贷等方面给予支持，鼓励发展农村个体私营等非公有制经济。清理和取消针对农民进城就业的歧视性规定及不合理收费，组织实施好农民工转移培训阳光工程，完善针对农民工的信息服务体系，切实维护农民工的合法权益，增加农民外出务工收入。

（3）加大各级政府对农业和农村发展的投入力度，这是农民增收的重要条件。按照"两个趋向"重要论断的要求，调整国民收入分配结构，依法安排并落实对农业和农村的预算支出，加大工业反哺农业、城市支持农村的力度，确保财政支农资金稳定增长。国家固定资产投资用于农业和农村的比例要保持稳定并逐步提高，加强农村道路、水电、通讯等基础设施建设，加快发展农村社会事业，全面改善农民生产生活条件。

（4）深化农村改革，这是农民增收的体制保障。政府要加快农村土地征用制度改革，严格区分公益性用地和经营性用地，明确界定政府土地征用权和征用范围，完善征用程序和补偿机制，提高补偿标准，改进分配办法，妥善安置失地农民，切实保障农民合法权益。深化粮食流通体制改革，充分发挥市场机制在配置粮食资源中的基础性作用。推进以农村税费改革为主的综合改革，进一步减轻农民负担,让农民得到更多实惠。改革和创新农村金融体制,逐步扩大农村信用社改革试点,扩大政策性银行对"三农"服务的范围,遏制农村资金外流趋势。加快建立政策性农业保险制度,减轻动物疫病和自然灾害给农民带来的损失。

五、怎样才能实现生产发展?

(1) 大力提高农业科技创新和转化能力。加快构建国家农业科技创新体系,大力提高自主创新能力。加强农业高技术研究,尽快取得一批具有自主知识产权的重大农业科技成果。改善技术创新的投资环境,鼓励大型涉农企业建立农业科技研发中心。健全基层农业技术推广体系,建立多元化的技术推广机制,加快科技成果的转化、应用和普及。

(2) 加强农村现代流通体系建设。积极推进农产品批发市场升级改造,加快农业标准化建设,促进入市农产品质量上等级、上规格。积极发展农产品、农业生产资料和消费品连锁经营,改善农村市场环境。继续实施"万村千乡市场工程",建设连锁化"农家店"。大力培育和发展农村经纪人队伍,促进农资供应和农产品流通。

(3) 稳定发展粮食生产。坚决落实最严格的耕地保护制度,切实保护基本农田,保护农民的土地承包经营权。继续实施优质粮食产业工程和粮食丰产科技工程,加快建设大型商品粮生产基地和粮食产业带,稳定粮食播种面积,提高粮食生产效益。坚持和完善重点粮食品种最低收购价政策,加强农资价格监控。继续落实对粮食主产县的奖励政策,增加中央财政对粮食主产县的奖励资金。

(4) 大力发展农业产业化经营。切实把农业产业化经营作为一件带有全局性、方向性的大事来抓,并贯穿于现代农业建设的全过程。加大扶持力度,培育壮大龙头企业,完善企业和农户利益联结机制。加快发展各类专业合作经济组织,在信贷、财税和登记等方面给予支持,提高农民进入市场的组织化程度。

(5) 加快发展循环农业。大力开发节约资源和保护环境的农业技术,重点推广废弃物综合利用技术、相关产业链接技术和可再生能源开发利用技术。积极发展节地、节水、节肥、节药、节种的节约型农业,提高农业投入品的利用效率。

六、怎样才能实现生活宽裕?

(1) 深入推进农业结构调整,充分挖掘农业内部增收潜力。在重视发展粮食生产的同时,大力发展养殖产品、园艺产品和林特产品,生产无公害、绿色、有机的健康食品,提高农产品生产效益和质量安全水平。增加优质专用农产品生产,发展精深加工业,提升农产品竞争力和附加值。进一步发挥农业观光旅游和文化传承的功能,发展一村一品,形成特色经济。

(2) 发展壮大县域经济，形成农村内部增收合力。加强规划和指导，加快投资、财政等管理体制改革，激发县域经济发展活力。以乡镇企业为发展县域经济的主要载体，以小城镇为发展县域经济的重要平台，全面振兴和繁荣农村经济，切实增强扩大农民就业、带动农村发展的能力。

(3) 促进农村富余劳动力转移就业，拓宽农民外部增收空间。把促进农民进城务工就业放到更加突出的位置，结合各地实际，抓紧制定和完善相关政策措施，尽快解决涉及农民工的各种突出问题。

(4) 提高农村劳动力整体素质，增强农民就业创业能力。大力发展农村职业教育，继续加强农村劳动力培训，提高农民的文化科技素质和职业技能，增强他们适应工业化、城镇化和农业现代化的能力。

(5) 加大扶贫开发力度，进一步减少贫困人口。继续坚持开发式扶贫的方针，加强整村推进、扶持龙头企业和转移就业培训三项重点工作。继续对生存条件艰苦的地区的贫困人口实行易地扶贫，对丧失劳动能力的贫困人口建立救助制度。

七、什么是集资？国家对向农民乱集资有什么法律和政策规定？

所谓集资，是为了兴办某项事业和某项建设，向社会无偿筹集资金的一种行为。面向农民的集资有合法集资和非法集资。其中合法集资必须具备以下的条件：

(1) 面向农民的集资必须合法，也即向农民集资，必须符合国家法律、法规和国务院或省政府的规定。

(2) 面向农民的集资必须坚持自愿、适度、出资者受益、资金定向使用的原则，不得强行集资。

(3) 集资的审批权限在中央和省两级，除农村教育集资外，省以下不得擅自出台集资项目、扩大集资范围。向农民集资，必须经省农民负担监督管理部门审核批准，否则一律无效。

党中央、国务院多次明确要求，严禁在农村搞法律规定以外的任何集资活动。《中华人民共和国农业法》第68条规定，各级人民政府及其有关部门和所属单位不得以任何方式向农民或者农业生产经营组织集资。《农民承担费用和劳务管理条例》也对《中华人民共和国农业法》的有关规定作了更加具体的补充。即向农民集资，必须在法律、法规和国务院有关政策允许的范围内进行，并遵循自愿、适度、出资者受益、资金定向使用的原则。集资项目的设置和范围的确定，须经省、自治区、直辖市以上人民政府计划主管部门会同财政主管部门、农民负担监督管理部门批准，重要项目须经国务院或者省、自治区、直辖市人民政府批准。

对违反规定在农村非法进行集资活动的,农民有权利拒绝非法集资。我国法律、法规及文件也予以了惩罚性规定。《中华人民共和国农业法》第94条规定,违反本法第68条规定,非法在农村进行集资活动的,由上级主管机关责令停止违法行为,并给予直接负责的主管人员和其他直接责任人员行政处分,责令退还违法收取的集资款。

需要说明的是,农民群众要求并自愿出资在本村范围内兴办生产、公益事业的情况,可以通过"一事一议"方式解决资金筹集问题,经村民大会讨论,待大多数村民同意后,由群众自愿筹集。这不属于增加农民负担的情况。

八、现代农民应该主要掌握哪些信息?

现代农民需要掌握的信息很多,概括而言主要应该掌握以下十大信息:

(1) 方针政策信息。要及时了解中央和各级政府关于加强农业发展的各项方针、政策、措施,如扶持农业、加大对农业的投入、减轻农民负担和增加收入的信息等。

(2) 实用技术信息。为加速科技成果向现实生产力的转变,实现效益农业,农民要掌握各种种养、农副产品深加工、食品饮料系列加工、酿制等逐渐由单一农业向立体农业转化的高新技术信息。

(3) 优良种苗信息。随着市场的发展和变化,农民要掌握高产、优质、高效粮食作物及果树、蔬菜、瓜类、药材等产业方面的名优特新种苗信息,以适应市场,增加收入。

(4) 农资供应信息。面对农资市场供应渠道多、门类复杂的现实,农民需要了解化肥、农药、农机、高效肥液、植物激素等方面的产销趋势,尤其是要了解中央和地方控价、维护农民利益的信息,还要了解鉴别假冒伪劣产品的知识,以防不法分子诈农、坑农。

(5) 市场变化信息。许多农产品尤其是经济作物,受市场变化影响极大。因此要不断获取信息,随时调整种植结构,绝不能根据往年经验,那样往往容易失败。对许多经济作物,可采取反季节种植,往往可卖得好价钱。

(6) 气象变化信息。农业生产是露天生产,与气象条件关系密切,农民要随时了解气象部门对气象形势的预测,预知中短期的气象情况,做到早防范、有的放矢地种植某些作物或采取抵御异常气候变化的对策,减轻自然灾害的危害程度。

(7) 防治病虫信息。病虫害对农业丰产威胁较大,农民必须随时了解农技、植保部门对植物病虫情报及发展趋势的预报,做到及时防治,把灾害降到最低限度。

（8）劳务信息。需要到外地打工的农民，要先了解外地劳务方面的信息，不可盲目外出。

（9）经商信息。从事经商的农民，需不断了解商品供求情况和价格变化等信息。

（10）致富信息。一些农民以种植业为基础多业并举，在田里、山里、水里找到致富路，成为农村致富的带头人。农民多了解这方面的信息，可以在实践中开创致富路。

九、国家对农机补贴的政策是什么？

（1）购机补贴。中央财政、省级财政应当分别安排专项资金，对农民和农业生产经营组织购买国家支持推广的先进适用的农业机械给予补贴。按不超过机具价格的30%进行补贴。具体补贴标准由各省、自治区、直辖市制定。补贴资金的使用应当遵循公开、公正、及时、有效的原则，可以向农民和农业生产经营组织开放，也可以采用贴息方式支持金融机构向农民和农业生产经营组织提供贷款购买先进适用的农业机械。

（2）燃油补贴。国家根据农业和农村经济发展的需要，对农业机械的农业生产作业用燃油安排财政补贴。燃油补贴应当向直接从事农业机械作业的农民和农业生产经营组织发放。

（3）补贴范围。补贴的农业机械应符合国家农业产业政策、农业可持续发展和环境保护的要求，且需经农机鉴定机构检测合格。主要补贴小麦、水稻、玉米、大豆四大粮食作物作业机械、大中型拖拉机等农用动力机械。农田作业机具主要包括：耕整、种植、植保、收获和秸秆还田等机具；粮食及农副产品的产后处理机械；秸秆、饲草加工处理及养殖机械。

年度重点补贴的机具种类，由各省、自治区、直辖市根据农业部的项目指南确定。省级农机主管部门会同省级财政部门，根据农业部批复，进行公开招标，确定年度补贴机具的种类、型号、价格及供应厂商。省级和项目实施区农机主管部门通过媒体及向村级张榜等形式，向农民公布补贴机具的种类、型号、价格、供应厂商和补贴数量、补贴金额、优先补贴条件等。县级农机主管部门负责组织购机者向供货方购机，购机时农民应提交购机补贴合同，并按扣除补贴金额后的机具差价款交款提货，供货方出具购机发票。

十、如何管理联合收割机跨区作业？

自2003年9月1日起施行的《联合收割机跨区作业管理办法》要求：从事跨区作业的联合收割机，应由机主向当地县级以上农机管理部门申领《联合收割机跨区收获作业证》（以下简称《作业证》）。《作业证》实行免费发放，逐级向农业部登记备案。申领《作业证》的联合收割机应当具备以下条件：

（1）具有农机监理机构核发的有效号牌和行驶证；

（2）参加跨区作业队；

（3）省级农机管理部门规定的其他条件。

不得对没有参加跨区作业队的联合收割机发放《作业证》，不得跨行政区域发放《作业证》。《作业证》由农业部统一制作，全国范围内使用，当年有效。《作业证》应随身携带，一机一证，严禁涂改、转借、伪造和倒卖。严禁没有明确作业地点、没有《作业证》的联合收割机盲目流动，扰乱跨区作业秩序。联合收割机驾驶员应熟练掌握联合收割机操作技能，熟悉基本农艺要求和作业质量标准，持有农机监理机构核发的有效驾驶证件。

十一、联合收割机作业应遵守哪些安全技术规程？

为保证人身和机器安全，驾驶联合收割机必须遵守以下安全技术规程：

（1）禁止非驾驶人员驾驶联合收割机。

（2）按规定启动发动机，并预先检查变速杆挡位和卸粮手柄是否放在分离位置。

（3）在发动机启动、接合脱粒离合器和行走离合器前，必须给信号，以保证安全。

（4）收割机运转时，不允许用手或脚触摸机器的工作部件，各种调整和保养只有在发动机停止运转后才能进行。

（5）收割机工作时，地面最大坡度不超过15度，上下坡时不宜停车或停车换挡。在斜坡上作业必须停车时，应先踩离合器踏板。

（6）经常检查刹车机构和转向机构的工作可靠性，发现问题及时解决。

（7）卸粮时，禁止用铁器、木器推送粮箱里的粮食，更不允许人跳进粮箱里，用手、脚推送粮食。

（8）机器停止作业后，应将变速杆置于空挡位置，切断脱粒离合器，在割台放到可靠的支撑物之前，禁止人到割台下工作。

（9）及时清理残留在发动机和散热器护罩上的茎秆碎物。

（10）及时排除发动机燃油以及液压系统的漏油现象。

（11）经常检查电线的连接和绝缘情况，电路导线上不应沾有油污。

（12）不许在正在收割的地块内加油。严禁在机器上和作物旁边吸烟。

（13）收割开始前，应在收割机上装一个状态良好的灭火器。

（14）在公路上行驶时应将割台油缸锁定装置锁住。

十二、怎样向退耕还林的农户提供资金和粮食补助？

国家按照核定的退耕还林实际面积，向土地承包经营权人提供粮食补助、种苗造林补助费和生活补助费。具体补助标准和补助年限按照国务院有关规定执行。

尚未承包到户和休耕的坡耕地退耕还林的，以及纳入退耕还林规划的宜林荒山荒地造林，只享受种苗造林补助费。种苗造林补助费和生活补助费由国务院计划、财政、林业部门按照有关规定及时下达、核拨。

补助粮食应当就近调运，减少供应环节，降低供应成本。粮食补助费按照国家有关政策处理。

粮食调运费用由地方财政承担，不得向供应补助粮食的企业和退耕还林者分摊。

省、自治区、直辖市人民政府应当根据当地口粮消费习惯和农作物种植习惯以及当地粮食库存实际情况合理确定补助粮食的品种。

补助粮食必须达到国家规定的质量标准。不符合国家质量标准的，不得供应给退耕还林者。

退耕土地还林的第一年，该年度补助粮食可以分两次兑付，每次兑付的数量由省、自治区、直辖市人民政府确定。从退耕土地还林第二年起，在规定的补助期限内，县级人民政府应当组织有关部门和单位及时向持有验收合格证明的退耕还林者一次性兑付该年度补助粮食。

兑付的补助粮食，不得折算成现金或者代金券。供应补助粮食的企业不得回购退耕还林补助粮食。

种苗造林补助费应当用于种苗采购，节余部分可以用于造林补助和封育管护。

退耕还林者自行采购种苗的，县级人民政府或者其委托的乡级人民政府应当在退耕还林合同生效时一次性付清种苗造林补助费。集中采购种苗的，退耕还林验收合格后，种苗采购单位应当与退耕还林者结算种苗造林补助费。

退耕土地还林后，在规定的补助期限内，县级人民政府应当组织有关部门及时向持有验收合格证明的退耕还林者一次性付清该年度生活补助费。退耕还林资金实行专户存储、专款专用，任何单位和个人不得挤占、截留、挪用和克扣。任何单位和个人不得弄虚作假、虚报冒领补助资金和粮食。

退耕还林所需前期工作和科技支撑等费用，国家按照退耕还林基本建设投资的一定比例给予补助，由国务院发展计划部门根据工程情况在年度计划中安排。退耕还林地方所需检查验收、兑付等费用，由地方财政承担。中央有关部门所需

村官常用法律知识必读

核查等费用,由中央财政承担。

实施退耕还林的乡(镇)、村应当建立退耕还林公示制度,将退耕还林者的退耕还林面积、造林树种、成活率以及资金和粮食补助发放等情况进行公示。

十三、兴办动物养殖场需要办理哪些手续?

依据《中华人民共和国动物防疫法》(以下简称《动物防疫法》)第20条和《畜禽养殖污染防治管理办法》第6条的规定,兴办动物养殖场所应当按照规定办理相关手续。申请人应当向县级以上地方人民政府兽医主管部门提出申请,并附具相关材料。受理申请的兽医主管部门应当依照《动物防疫法》和《中华人民共和国行政许可法》(以下简称《行政许可法》)的规定进行审查。经审查合格的,发给动物防疫条件合格证,动物防疫条件合格证应当载明申请人的名称、场(厂)址等事项;不合格的,应当通知申请人并说明理由。需要办理工商登记的,申请人凭动物防疫条件合格证向工商行政管理部门申请办理登记注册手续。此外,新建、改建和扩建畜禽养殖场,必须按建设项目环境保护法律、法规的规定,进行环境影响评价,办理有关审批手续。畜禽养殖场的环境影响评价报告书(表)中,应规定畜禽废渣综合利用方案和措施。

十四、种畜禽生产经营的要求和条件是什么?

种畜禽生产是畜牧业发展的基础,直接影响着畜牧业商品生产的质量和数量。依法对种畜禽生产经营进行管理,对提高种畜禽生产的质量,杜绝假冒伪劣品种流入种畜禽市场,保证我国畜牧业持续、稳定、健康发展是非常重要和必要的。因此,《种畜禽管理条例》规定,对种畜禽生产经营实行许可证管理制度。所有从事畜禽生产经营的单位和个人,必须符合一定的条件,取得《种畜禽生产许可证》,并凭证办理工商登记注册后,方可开展种畜禽生产经营活动。

生产经营种畜禽的单位和个人,必须符合下列条件:

(1)符合良好繁育体系规划的布局要求。
(2)所用种畜禽合格、优良,来源符合技术要求,并达到一定数量。
(3)有相应的畜牧兽医技术人员。
(4)有相应的防疫设施。
(5)有相应的育种资料和记录。

十五、合同的含义与形式是什么?它包括哪些条款?

合同又称契约,是平等民事主体的自然人、法人及其他组织之间设立变更、终止民事权利与义务关系的协议,也是双方当事人意思表示一致的协议。

第三章　农村经济发展与合同法律知识

合同形式包括书面形式、口头形式和其他形式。在现实生活中，有许多商品交换活动都是通过合同的形式表现出来的。农民购买种子、农药等农业生产资料，有的需要签订购销合同，有的尽管没订立正式合同，但卖方出具的发票、说明书、标签等都是合同的内容。还有车船票、寄存条等都是合同的表现形式。农民在农贸市场销售粮食或青菜，虽然没有出具书面的东西，其实是在履行简便快捷的口头合同。

合同的内容由当事人约定，一般包括以下条款：

（1）当事人的名称或者姓名和住所。指自然人的姓名、住所以及法人和其他组织的名称、住所。

（2）标的。标的指合同当事人权利和义务共同指向的对象。

（3）数量。数量指衡量合同当事人权利和义务大小的尺度，是以数字和计量单位来表示的尺度。

（4）质量。质量指检验标的内在素质和外观形态优劣的标志。国家对质量规定了许多标准，此外，当事人还可以自行约定质量标准。

（5）价款或者报酬。价款，指合同一方当事人向交付货物的另一方当事人以货币形式支付的代价，如买卖合同中的价金、租赁合同中的租金、借款合同中的利息等。报酬，指合同一方当事人向提供劳务的另一方当事人以货币形式支付的代价，如建设工程合同中的工程费、保密合同中的保密费、运输合同中的运费等。

（6）履行期限、地点和方式。履行期限指当事人履行合同和接受履行的时间，根据履行期限的不同，合同履行可分为即时履行、定时履行、分期履行。履行地点指合同当事人履行合同与接受履行的地方。履行地点的确定具有重要意义，它是确定标的验收地点的依据，也是确定风险由谁承担的依据，还是确定标的物所有权转移的依据。履行方式指当事人履行合同与接受履行的方式，包括交货方式、实施行为方式、验收方式、付款方式、结算方式等。

（7）违约责任。违约责任指合同当事人不履行合同义务或者履行合同义务不符合约定而应承担的民事责任，主要包括支付违约金和损失赔偿金两种方式。

（8）解决争议的方法。解决争议的方法指合同当事人解决合同纠纷的方式、地点。方式包括仲裁、诉讼；地点是关于仲裁、诉讼的管辖机关所在地。当事人可以选择仲裁或者诉讼作为解决合同争议的方法。如果当事人在合同中既没有约定仲裁条款，又没有约定诉讼条款，可以通过诉讼的渠道解决合同纠纷。

当事人可以参照各类合同的示范文本订立合同。合同的示范文本指由特定机关事先拟定的对当事人订立合同起示范作用的合同文本。合同条款的有些内容是拟定好的，有些内容是需要当事人自己商定填入的。合同的示范文本只是对当事人订立合同起参考作用,它不是格式合同(或者叫要式合同),也不要求当事人必须采用合同的示范文本,即合同的成立与生效和当事人是否采用示范文本并无直接关系。

十六、格式合同特点是什么?法律对格式合同有哪些限制?

根据格式条款订立的合同,一般称为标准合同,或称格式合同。格式合同,是指当事人为了重复使用而预先拟定,并在订立合同时未与对方协商的合同。格式合同的特点是:

(1) 合同条款与形式的标准化。标准合同的条款通常由一方当事人将预先确定的合同条款印制于一定的文件,如车船票、保险单、运输单等之上。

(2) 合同条款具有预先确定性。即合同条款是由一方当事人预先拟定,或者由某些超然于双方当事人利益之上的社会团体、国家授权机关制定,或由法律直接事先规定。

(3) 合同一方当事人的不确定性。在订立合同前,一方当事人总是特定的,如保险公司等,但相对方则是不确定的,一般是社会上分散的广大消费者。

(4) 合同双方当事人地位在实际上的不平等性。其中,要约人总是拥有雄厚的经济实力或垄断地位,并且往往凭借此优势在合同中随意规定免责条款以减轻或者免除其责任,而相对人却只能被动地接受合同条款,并无协商余地。

由于格式合同具有上述特点,所以合同法对提供格式条款的一方当事人做了诸多限制,以保护对方当事人的合法权益。

(1) 提供格式条款的一方应当遵循公平的原则确定当事人之间的权利和义务,并采取合理的方式提请对方注意免除或者限制其责任的条款,按照对方的要求,对该条款予以说明。

(2) 格式条款具有《合同法》第52条和第53条规定的情形,或者免除提供格式条款一方当事人主要义务、加重对方责任、排除对方当事人主要权利的,该条款无效。

(3) 对格式条款的理解发生争议的,应当作出不利于提供格式条款一方当事人的解释。格式条款和非格式条款不一致的,应当采用非格式条款。

十七、合同转让的含义是什么?与合同变更有何区别?

合同转让,即合同权利和义务的转让,又可称合同主体的变更,是指合同当事人一方依法将其合同的权利和义务全部地或者部分地转让给第三人。合同转让并不改变原合同的权利和义务内容,只是发生合同主体的变化,是以新的债权人代替原合同的债权人,或以新的债务人代替原合同的债务人。根据合同转让的权利和义务的不同，合同转让可分为合同权利的转让、合同义务的转移以及合同权利义务一并转让三种形态。

从上述概念可以看出，合同转让与合同变更是有非常明显的区别的，主要表现为以下几点：

（1）合同转让系由第三人取代原债权人或债务人的地位而成为合同当事人；而合同的变更只发生在合同当事人之间，不涉及第三人。

（2）合同转让只涉及合同主体的变更，不涉及合同内容的变化；而合同的变更则表现为合同内容的改变，不涉及合同主体的变化。

（3）在合同转让中，除第三人加入合同关系的情况外，因合同主体的变化将导致原合同关系消灭而产生一种新的合同关系；但在合同变更的情况下，当事人只对原合同的某些条款进行修改和补充，合同关系仍然保持效力，不发生原合同关系消灭的问题。

十八、合同解除的定义是什么？一般如何划分？

合同的解除，是指合同有效成立后，当特定条件或原因出现时，一方当事人或双方通过意思表示，使合同的权利和义务关系归于消灭，从而使合同对双方当事人不再具有约束力的一种行为。合同解除是合同终止的一种不正常的方式。

按照合同解除原因的不同，合同的解除一般分为法定解除和约定解除两种。

（1）法定解除。即一方当事人直接基于法律规定的原因而解除合同。例如，我国合同法第94条列举可以解除合同的五种情况。

（2）约定解除。即基于双方当事人的约定而解除合同。这种约定可以是订立合同时的双方合意，也可以是事后双方的协商一致。我国《合同法》第93条规定："当事人协商一致，可以解除合同。当事人可以在合同中约定解除合同的条件。解除合同的条件成就时，解除权人可以解除合同。"这一规定的含义是：①订立合同时，双方可以约定解除合同的条件，一旦条件成就，双方都有权解除合同；②在合同成立之后，当事人双方可以通过协商，达成一致意见，提前终止合同，从而消灭合同的债权债务关系。

十九、违约责任的含义是什么？违约责任有哪些特征？

违约责任，又称违反合同的民事责任，是指当事人因违反合同应当承担的法律责任，即违约方须向守法方承担财产责任。法律责任多种多样，如刑事责任、行政责任和民事责任，具体说来，违约责任是民事责任的一种。违约责任具有如下法律特征：

（1）违约责任仅存在于当事人之间，其主体具有相对性。所谓违约责任的相对性，是指违约责任只能在特定的当事人之间发生；合同关系以外的人，不负违约责任；合同当事人也不对第三人承担违约责任。这种相对性具体表现在以下三方面：①合同当事人应对因自己违约所造的后果承担法律责任，而不能将责任推卸给他人；②因第三人的行为造成债务不能履行，债务人仍须对债权人承担违约责任，而后有权向第三人追加补偿；③债务人只能向债权人承担违约责任，而不应向国家或第三人承担违约责任。其理由是，只有债权人和债务人才是合同的当事人，国家和第三人并非合同的主体。

（2）从性质上讲，违约责任是一种纯粹的财产责任。法律只强调违约者用其财产来弥补因违约给对方所造成的损失。这是因为合同本身是一种财产关系，因而违反合同所承担的责任也应当是一种财产责任；追究刑事责任、行政责任，不属于违约责任的范畴。因此，任何人都无权对违约人施行人身制裁，更不能采取拘留、关押、体罚等强制手段来惩治债务人。否则，就是侵权，甚至构成犯罪。

（3）违约责任可以由当事人约定，其内容具有一定程度的任意性。根据合同自由的原则，在法律规定的范围内，当事人对违约责任可以事先安排。具体表现出：当事人可以事先约定违约金的数额；可以预先约定损害赔偿额的计算方法，甚至确定具体数额；还可以设定对免责条款的限制和补充。对违约责任的事先约定，既充分表达了当事人的意愿，又使违约责任的内容具有一定的任意性。这样做有利于合同纠纷的及时解决，有利于减少当事人的未来风险。需要指出的是，承认违约责任的一定任意性，并不意味着否认或减弱违约责任的强制性。如果失去违约责任的强制性，那么债务也就失去对当事人的约束力。

（4）违约责任应体现公正性。违约责任制度的设立，旨在弥补因一方违约行为给对方所造成的损害，因而它具有明显的补偿性。当一方违约使合同关系遭到破坏，导致双方当事人的利益失去平衡，法律通过追究违约责任的方式，使受害人遭到的损失得到应有的补偿，从而使双方的利益状况达到平衡。这充分体现了违约责任的公正性。从违约责任的补偿性出发，当事人约定赔偿金，只能相当于受害人所遭受的实际损失。如果约定的赔偿金过高，则过高部分无效。这是平等、等价原则的体现。

二十、违约金的含义是什么？合同法关于违约金是如何规定的？

违约金是违约责任形式中最常见的一种。它是指一方当事人不履行合同时依法律规定或合同约定向对方支付一定数额的货币或表现为一定价值的财物。

根据我国《合同法》第114条规定，当事人可以约定一定数额的违约金，视为违约的损失赔偿，也可以约定因违约产生的损害赔偿额的计算方法。同时，无论采用何种方式,如果出现违约金或损害赔偿数额过高或过低的显失公平的问题,法律把裁量权赋予法官来进行调整,以平衡各方间的利益。

在当事人对违约金没有约定的情况下,违约金或赔偿金应相当于因违约所造成的损失,包括可得利益损失。由于可得利益作为间接损失,可能会在某一具体案件中使违约方遭受巨大损失,在这种情况下,应当遵循可预见规则来平衡双方当事人的利益分配,即可得利益不得超过违反合同一方订立合同时应当预见到的因违反合同可能造成的损失。若包括间接损失在内的实际损失超出了违约方可预见范围,则超出部分不予赔偿。

违约金除了可以由双方当事人在合同中自行约定,也可以依照法律规定进行。

二十一、借款合同的含义是什么?它与借贷合同有什么关系?

借款合同,是指借款人向贷款人借款,到期返还借款并支付利息的合同。借款合同的标的物仅限于金钱,习惯上又称之为金钱借贷合同。一般分为银行借贷合同和民间金钱借贷合同。以银行等金融机构为贷款人的合同称为银行借贷合同或信贷合同;而公民个人之间的借款合同则称为民间金钱借贷合同。因此,借款合同的当事人一般有两类,可以是银行及其他金融机构,也可以是公民个人;向银行借款,借款人的资格没有限制,而向个人借款,借款人限于公民个人。

借贷除金钱借贷外,还包括实物借贷,即一方将一定量的实物交付他方所有,他方于约定的期限内归还同种、同质、同量实物的协议。至于借贷是否包括使用借贷(借用合同),理论上存在不同看法,多数学者认为,借贷仅限于消费借贷,具体分为银行借贷和民间借贷两种,不包括使用借贷。由此看来,借款合同是借贷合同的一种。

二十二、哪些借贷合同不受法律保护?

合法的借贷关系,借款人应给付合法的利息;非法的借贷关系,不受法律保护,不仅不能产生行为人预期的法律后果,还可能受到处罚。无效借贷合同主要包括以下几种:

(1)借贷进行非法活动。出借人明知借款人从事非法活动而借款给他,对行为人要处以收缴、罚款、拘留,甚至追究刑事责任。例如,借款给他人从事毒品买卖。

(2)非法金融业务活动。包括:①非法吸收公众存款;②变相吸收公众存款;③未经依法批准,以任何名义向社会不确定对象进行非法集资;④非法发放贷款、办理结算、票据贴现、资金拆借、信托投资、金融租赁、融资担保、外汇买卖;⑤中国人民银行认定的其他非法金融业务活动。

(3)非金融企业以合法借贷掩盖的非法金融活动:①非金融企业以借贷名

义向职工非法集资；②非金融企业以借贷名义向社会非法集资；③非金融企业以借贷名义向社会公众发放贷款；④其他违反法律、行政法规的行为。

（4）企业之间的借贷合同。企业之间相互借贷，历来为我国法律和政策所禁止。企业之间的借贷合同，法院除判决返还本金外，对出借方已经取得或约定取得的利息应当收缴，对借款方应处以相当于银行利息的罚款。

（5）明为联营，实为借贷的合同。企业法人、事业法人作为联营一方向联营体投资，但不参加共同经营，也不承担联营的风险责任，不论盈亏均按期收回本息，或者按期收取固定利润的，名为联营，实为借贷，违反了有关金融法规，应当确认合同无效。除本金可以返还外，对出资方已经取得或者约定取得的利息应当收缴，对另一方则应处以相当于银行利息的罚款。

（6）违背真实意图的借贷关系。一方以欺诈、胁迫等手段乘人之危，使对方在违背真实意图的情况下所形成的借贷关系，应认定无效。

（7）高利贷利息。最高人民法院《关于人民法院审理借贷案件的若干意见》规定：民间借贷的利率可以适当高于银行的利率，但最高不得超过银行同类贷款利率的4倍（包含利率本数），超出此限度的，超出部分的利息不予保护。

二十三、租赁合同的含义是什么？特征是什么？

租赁合同是出租人将租赁物交付承租人使用、收益，承租人支付租金的合同。交付物的一方称出租人，使用物的一方称承租人，被交付使用的物称租赁物，租金为承租人取得租赁物的使用权的代价。

租赁合同具有以下特征：

（1）租赁合同标的物是特定的非消耗物。租赁合同的标的物可以是动产，如汽车；也可以是不动产，如房屋。由于合同终止后，承租人须向出租人返还租赁物，故租赁物只能是非一次性消耗物。租赁合同的这一特征使其与借款合同区别开来。

（2）租赁合同是转移财产使用权的合同。在租赁合同中，出租人不转移财产的所有权，只转移财产的使用收益权。租赁合同的这一特征是其与买卖、赠与等转移财产所有权合同的根本区别。

（3）租赁合同具有期限性。租赁合同的出租人仅以收取租金为代价，将租赁物交承租人限期使用收益，因此，租赁合同具有期限性，不适用于财产的永久性使用。我国《合同法》第214条明确规定，当事人约定的租赁期限不得超过20年，超过20年的，超过部分无效。

（4）租赁合同是双务合同。租赁合同的出租人负有使承租人对租赁物使用的义务，承租人负有交付租金的义务，因此租赁合同为双务合同。

（5）租赁合同是有偿合同。租赁合同双方的义务互为对价，因此租赁合同为有偿合同。

（6）租赁合同是诺成合同。租赁合同自双方达成协议时成立，故为诺成合同。

另外，租赁合同通常包括租赁物的名称、数量、用途、租赁期限、租金及其支付方式和期限、租赁物的维修等条款。

二十四、运输合同的含义及特征是什么？货物运输保险的含义及货物发生毁损灭失后如何索赔？

运输合同，亦称运送合同，是关于承运人将旅客或者货物运输到约定的地点，旅客、托运人或者收货人支付票款或者运费的一种协议。

运输合同具有以下法律特征：

（1）运输合同属于提供劳务的合同。承运人通过一定的运输行为使货物或者旅客发生了空间位移，合同的标的是劳务而非货物和旅客，承运行为并不涉及货物的使用价值，也不涉及所有权的转移。

（2）运输合同一般具有标准合同的性质。货物运输合同的形式是运输部门拟定好的运单，合同格式、条款、运输条件都已事先规定好，托运人必须按要求填写，不得变更。旅客运输合同的形式则是票据。

（3）合同有多个关系人介入。在多数情况下，除托运人和承运人以外，往往还有收货人参加。收货人并非合同的签订者，但由于享有合同的权利、承担合同中的义务，因而合同签订后，也就成为合同的当事人。

（4）运输合同的运输风险大，涉及的因素复杂，故与其他合同相比有着较多的特殊性，各类运输合同大多有专门的法律、法规、国际条约和国际惯例调整。

（5）运输合同大多数是诺成合同。运输合同自签订后即可成立，只有少数合同是实践合同，要由托运人将托运货物交付承运人，合同才成立。

（6）运输合同是双务有偿合同。

货物运输保险是指托运人或承运人向保险公司交付保险费，当保险货物遭受损失时，由保险公司按照承保险种的责任范围承担赔偿责任的保险。如果托运人或收货人投保了货物运输保险，货物在运输途中毁损灭失，托运人或收货人有权按实际损失获得赔偿。最高人民法院《关于保险货物发生损失引起运输合同赔偿纠纷如何适用法律的批复》指出，对已投保货物运输保险的货物，由于承运人的责任造成损失的，应由承运人按货物的实际损失赔偿；如果保险公司根据保险合同先予赔偿的，由于投保额不足，保险赔款与实际损失差额部分，由承运人赔偿。如果是足额投保，保险公司赔偿之后，投保人不能再要求承运人赔偿。因为

村官常用法律知识必读

货物的价值是可计算的，只要承运人或保险人足额赔偿，托运人的损失就得到了补偿，因此，不能再要求赔偿。

二十五、什么是赠与合同？赠与合同能撤销吗？

赠与合同是赠与人将自己的财产无偿给予受赠人，受赠人表示接受赠与的协议。

《合同法》第186条规定，赠与人在赠与财产的权利转移之前可以撤销赠与。例如，张某与李某是朋友，张某答应送给李某一块手表，后来由于某种原因，张某又撤销了赠与，张某无须再将自己的财产无偿给予李某。一般意义上的赠与合同是以财产实际交付为赠与合同成立的前提条件。

二十六、承揽合同的含义及内容是什么？

承揽合同，又叫加工承揽合同，是承揽人按照定作人的要求完成工作，交付工作成果，定作人给付报酬的合同。接受委托并利用自己的智力、劳力、工作条件为他方完成工作成果的一方称为承揽人，支付报酬委托他人为自己完成一定工作成果的一方称为定作人。承揽人按照约定的品质、规格、数量、期限等条件完成特定的工作，并将其成果交付给定作人，定作人及时接收并按约定的金额、期限向承揽人支付报酬。承揽人的交付工作成果与定作人的支付报酬互为对价，所以承揽合同是双务、有偿合同。承揽合同包括加工合同、定作合同、修理合同、复制合同、测试合同、检验合同、建房合同、印刷合同、房屋修缮合同等。

承揽合同的标的（当事人权利和义务指向的对象）是工作成果，而不是工作过程或劳务、智力的支出过程。例如，甲接受乙的委托为乙修理汽车，这是承揽合同的一种，甲只有在把车修好交付给乙时才有权向乙请求支付修理费，乙也只有在此时才有支付修理费的义务。如果甲花了数天时间，未能将汽车修好，他就无权要求乙付费，虽然甲确实在这辆车上花了许多时间、精力。因为这项承揽合同的目的是修好汽车，其标的是修好的汽车这项工作成果，而不是甲的时间、精力本身。承揽合同作为完成工作成果型的合同，与服务合同有本质的区别。服务合同如授课合同，一般不可能约定授课一定达到某种效果，如必须通过某项考试，授课过程本身就是合同的标的。有的厨师、修理工、裁缝的培训广告中称，到期学不会者可以免费再学只是一种优惠条件，并不是保证达到一定效果，承揽合同的标的一般是有形的，或至少要以有形的载体表现，不是单纯的智力技能。

承揽合同的内容包括承揽的标的、数量、质量、报酬、承揽方式、材料的提供、履行期限、验收标准和方法等条款。其中承揽方式包括来料加工、来件装配、来样加工、包工包料、只包工不包料等。

二十七、施工合同包括哪些内容？承包单位能将其承包的全部建筑工程转包给他人吗？

施工合同的内容包括：
（1）工程范围；
（2）建设工期、中间交工工程的开工和竣工时间；
（3）工程质量；
（4）工程造价；
（5）技术资料交付时间；
（6）材料和设备供应责任；
（7）拨款和结算；
（8）竣工验收；
（9）质量保修范围和质量保证期；
（10）双方相互协作的其他条款。

《建筑法》第28条规定，禁止承包单位将其承包的全部建筑工程转包给他人，禁止承包单位将其承包的全部建筑工程肢解以后以分包的名义分别转包给他人。但是，建筑工程总承包单位可以将承包工程中的部分工程发包给具有相应资质条件的分包单位；除总承包合同中约定的分包外，必须经建设单位认可。施工总承包的，建筑工程主体结构的施工必须由总承包单位自行完成。

建筑工程总承包单位按照总承包合同的约定对建设单位负责；分包单位按照分包合同的约定对总承包单位负责。总承包单位和分包单位就分包工程对建设单位承担连带责任。即当分包工程出现质量问题时，建设单位既可以追究总承包单位的责任，也可以追究分包单位的责任。

我国相关法律法规禁止总承包单位将工程分包给不具备相应资质条件的单位，禁止分包单位将其承包的工程再分包。

二十八、农民工应当如何与用人单位签订劳动合同？

劳动合同是劳动者与用工单位之间确立劳动关系，明确双方权利和义务的协议。建立劳动关系应当订立劳动合同。订立和变更劳动合同，应遵循平等自愿、协商一致的原则，不得违反法律、行政法规的规定。劳动合同必须具备以下条款：
（1）劳动合同期限。即劳动合同的有效时间。
（2）工作内容。即劳动者在劳动合同有效期内所从事的工作岗位（工种），以及工作应达到的数量、质量指标或者应当完成的任务。
（3）劳动保护和劳动条件。即为了保障劳动者在劳动过程中的安全、卫生

村官常用法律知识必读

及其他劳动条件,用人单位根据国家有关法律、法规而采取的各项保护措施。

(4) 劳动报酬。即在劳动者提供了正常劳动的情况下,用人单位应当支付的工资。

(5) 劳动纪律。即劳动者在劳动过程中必须遵守的工作秩序和规则。

(6) 劳动合同终止的条件。即除了期限以外其他由当事人约定的特定法律事实,这些事实一出现,双方当事人间的权利和义务关系终止。

(7) 违反劳动合同的责任。即当事人不履行劳动合同或者不完全履行劳动合同,所应承担的相应法律责任。

根据有关法律法规规定,用人单位与农民工订立劳动合同时,应当将工作过程中可能产生的职业病(包括职业中毒)危害及其后果、防护措施和待遇等如实告知农民工,并在劳动合同中写明,不得隐瞒或者欺骗。农民工在已订劳动合同期间因工作岗位或者工作内容变更,从事所订立劳动合同中未告知的存在职业病(包括职业中毒)危害的作业时,用人单位应当依照前款规定,向农民工履行如实告知的义务,并协商变更原劳动合同相关条款。用人单位违反前两款规定的,农民工有权拒绝从事存在职业中毒危险的作业,用人单位不得因此单方面解除或者终止与农民工所订立的劳动合同。

《安全生产法》规定,生产经营单位与从业人员订立的劳动合同,应当载明有关保障从业人员劳动安全、防止职业危害的事项,以及依法为从业人员办理工伤社会保险的事项。生产经营单位不得以任何形式与从业人员订立协议,免除或者减轻其对从业人员因生产安全事故伤亡依法应承担的责任。违法订立这类协议的,该协议无效,对生产经营单位的主要负责人、个人经营的投资人处2万元以上10万元以下的罚款。

劳动合同的内容除以上必备条款外,劳动者与用人单位还可以在法律、法规允许的范围之内,协商约定其他内容作为劳动合同的约定条款,如试用期限、商业秘密的保护和补充保险、福利待遇等。

劳动合同应以书面形式订立。劳动保障部《关于非全日制用工若干问题的意见》规定,对从事非全日制工作的人员,劳动合同期限在一个月以下的,经双方协商同意,可以订立口头劳动合同。但劳动者提出订立书面劳动合同的,应当以书面形式订立。非全日制劳动合同的内容由双方协商确定,应当包括工作时间和期限、工作内容、劳动报酬、劳动保护和劳动条件五项必备条款。

二十九、用人单位违法解除劳动合同应该如何处理?

《劳动法》及《违反〈劳动法〉有关劳动合同规定的赔偿办法》规定,用人单位不得随意解除劳动合同。用人单位违法解除劳动合同的,由劳动保障行政部门责令改正；对劳动者造成损害的，应当承担赔偿责任。

具体赔偿标准是：

（1）造成劳动者工资收入损失的，按劳动者本人应得工资收入支付给劳动者，并加付应得工资收入25%的赔偿费用；

（2）造成劳动者劳动保护待遇损失的，应按国家规定补足农民工的劳动保护津贴和用品；

（3）造成劳动者工伤、医疗待遇损失的，除按国家规定为劳动者提供工伤、医疗待遇外，还应支付劳动者相当于医疗费用25%的赔偿费用；

（4）造成女职工和未成年工身体健康损害的，除按国家规定提供治疗期间的医疗待遇外，还应支付相当于其医疗费用25%的赔偿费用；

（5）劳动合同约定的其他赔偿费用。

三十、什么是集体合同？怎样订立集体合同？

集体合同不同于劳动合同，它是由工会代表职工与企业之间就劳动报酬、工作条件、工作时间、休息休假、劳动安全卫生、社会保险福利待遇等事项，通过集体协商谈判所签订的一种书面协议。《劳动法》规定，企业职工一方可以就劳动报酬、工作时间、休息休假、劳动安全卫生、社会保险福利待遇等事项，签订集体合同。集体合同草案应当提交职工代表大会或者全体职工讨论通过。集体合同一经依法订立，对企业和全体职工（包括工会会员和非工会会员）都具有普遍的约束力。即使部分人对集体合同的某些条款持有不同意见，该合同对持有不同意见的人也同样具有约束力。集体合同对劳动合同及其当事人也具有法律约束力，企业与职工之间签订的劳动合同中所约定的劳动条件、劳动报酬、工作时间、休息休假方面的标准，不得低于集体合同的规定，否则，劳动合同无效。如果劳动合同约定的条件高于集体合同，那么，劳动合同是有效的。

订立集体合同要遵循以下程序：

（1）推举或指定协商代表。集体协商代表每方为3～10名，双方人数对等，并各确定1名首席代表。双方另行指定1名记录员。用人单位代表由用人单位行政指派。职工代表，已建立工会的用人单位由工会组织派出代表；未建立工会的用人单位由职工民主推举代表，并须得到半数以上职工的同意。用人单位一方的首席代表，由用人单位法定代表人担任或指派。工会一方的首席代表，通常由工会主席担任或由工会主席书面委托。集体协商代表一经产生，无特殊情况，必须履行义务。遇到不可抗力因素造成空缺的，应按上述规定指派或推举新的代表。

（2）起草集体合同草案。签订集体合同之前，工会应当收集职工和企业有关部门的意见，单独与企业共同拟订集体合同草案，可以参照下列资料：有关法律、法规和政策；与本企业有关的国家宏观调控的政策措施；同行业和具有可比性企业的劳动标准；企业生产经营情况及有关的计划、指标；政府部门公布的有关物价指数等数据资料；本地区就业状况资料；集体合同范本；与签订集体合同有关的其他资料；等等。

（3）协商。集体协商的内容、时间、地点由双方共同商定。协商前，双方应就协商的内容各自准备提纲或要点。在不违反有关保密法律、法规的规定和涉及企业商业秘密的前提下，协商双方有义务向对方提供与集体协商有关的情况或资料。在协商过程中，双方应遵循平等、自愿、权利和义务相一致、合法有效等原则。无论是哪一方当事人提出的草案文本，对方当事人无正当理由都不得拒绝。对合同内容有不同看法的，应由企业与工会委员进行协商。

（4）审议。集体合同草案经当事人协商修改后，应提交职工代表大会或全体职工审议、讨论。集体合同起草委员会或起草小组根据全体职工的意见，对集体合同草案进行修改，并提交职工代表大会或者全体职工通过。

（5）签字。集体合同草案经职工代表大会或者职工大会审议通过后，交企业行政领导和工会主席签字，双方法定代表签字后，集体合同即告成立。

（6）确认和登记。用人单位及工会就集体合同达成协议后，应当将合同文本送政府有关部门确认。政府部门如果有异议，可指令合同当事人进行修正。没有异议的，政府部门即予以确认和登记。政府部门自收到合同登记申请后15日内未提出异议的，集体合同即行生效。

（7）公布。集体合同登记生效后，企业必须至迟在半个月内告知全体职工。

案例　未经村民会议讨论就签订的承包合同有效吗？

【案情】

王先生与某村村民委员会于2009年1月1日订立了租用土地合同书。村民委员会将本村现有97亩耕地租给王先生作育苗生产使用，每年每亩土地租赁费为230元，年租金总额为22500元；租用期限为30年，即从2009年1月1日至2038年12月底止；当地上级政府及有关部门给予的发展种植苗木、林业或其他项目的优惠政策归王先生享受，村民委员会应协同上级按规定落实到王先生的租用地面上。王先生于同年春在所租用的土地上栽植60亩左右的桃树和枣树，30亩左右的柳树，因在黄海大道两侧用柳树苗木繁育，经租赁者申请，某镇政府给予减免2年的土地租金优惠政策（2009~2010年），合计45000元。2011年1月20日王先生将当年租金22500元交付村委会。2012年冬天，王先生地里栽植的桃树、枣树等全部被冻死；30亩左右的柳树苗，也因与王先生合作的北京某苗木公司倒闭而失去了销售渠道。王先生便通知村民委员会提前解除合同。没等该村村民委员会同意，王先生便自行撤走了。王先生单方解除合同的行为，惹恼了村民委员会，他们在多次协商未果的情况下，将王先生告上了法庭。

【评析】

《土地管理法》第14条规定："农民集体所有的土地由本集体经济组织的成员承包经营，从事种植业、林业、畜牧业、渔业生产。土地承包经营期限为30年。发包方和承包方应当订立承包合同。约定双方的权利和义务。承包经营土地的农民有保护和按照承包合同约定的用途合理利用土地的义务。农民的土地承包经营权受法律保护。在土地承包经营期限内，对个别承包经营者承包的土地进行适当调整的，必须经村民会议三分之二以上成员或者三分之二以上村民代表的同意，并报乡（镇）人民政府和县级人民政府农业行政主管部门批准。"第15条规定："国有土地可以由单位或者个人承包经营，从事种植业、林业、畜牧业、渔业生产。农民集体所有的土地，可以由本集体经济组织以外的单位或者个人承包经营，从事种植业、林业、畜牧业、渔业生产。发包方和承包方应当订立承包合同，约定双方的权利和义务。土地承包经营的期限由承包合同约定。承包经营土地的单位和个人，有保护和按照承包合同约定的用途合理利用土地的义务。农民集体所有的土地由本集体经济组织以外的单位或者个人承包经营的，必须经村民会议三分之二以上成员或者三分之二以上村民代表的同意，并报乡（镇）人民政府批准。"《村民委员会组织法》第19条规定："涉及村民利益的下列事项，村民委员会必须提请村民会议讨论决定，方可办理：乡统筹的收缴方法，村提留的收缴及使用；本村享受误工补贴的人数及补贴标准；从村集体经济所得收益的使用；村办学校、村建道路等村公益事业的经费筹集方案；村集体经济项目的立项、承包方案及村公益事业的建设承包方案；村民的承包经营方案；宅基地的使用方案；村民会议认为应当由村民会议讨论决定的涉及村民利益的其他事项。"

本案中，某村民委员会租赁给王先生经营的土地系集体所有，由本集体经济组织以外的单位或者个人承包经营的，必须经村民会议三分之二以上成员或者三分之二以上村民代表的同意，该村民委员会将集体所有的土地租给王先生经营未经这一法定程序，也未报经所在镇政府的批准，因村民委员会未按《土地法》的有关规定签订租赁合同，同时违反了国家法律法规禁止性规定，导致双方间订立的土地租赁合同无效，双方均有过错。合同无效或者被撤销后，因该合同取得的财产，应当予以返还；有过错的一方应当赔偿对方因此所受到的损失，双方都有过错，应当各自承担相应的责任。

第四章　农民与农民工权益保障法律常识

一、农民的基本权利是什么？

（1）平等权，即公民根据法律规定，享有同等权利，承担同等义务，在法律面前一律平等；

（2）选举权和被选举权，即公民依法享有选举各级人民代表大会代表的权利，选举村民自治组织组成人员的权利；

（3）批评、建议、申诉、控告、检举权，即公民对于任何国家机关和国家工作人员，有提出批评建议的权利，对于任何国家机关和国家工作人员的违法失职行为，有向有关国家机关得出申诉、控告或者检举的权利；

（4）言论自由和出版自由；

（5）结社自由和集会、游行、示威自由；

（6）人身自由权，即公民不受非法逮捕、拘禁，不被非法剥夺、限制自由以及非法搜查身体；

（7）人格尊严权，即公民的人格应当受到他人和社会的尊重，受国家法律的保护，任何人不得以任何方式侵犯；

（8）住宅不受侵犯的权利；

（9）通信自由和通信秘密权；

（10）宗教信仰自由，任何国家机关、社会团体和个人不得强制公民信仰宗教或者不信仰宗教，不得歧视信仰宗教的公民和不信仰宗教的公民；

（11）从事科学研究、文学艺术创作和其他文化活动的自由；

（12）受教育的权利；

（13）有劳动能力的公民有劳动的权利；

（14）休息权；

（15）获得物质帮助的权利，即公民在法律条件下，有从国家和社会得到经济上或物质上的帮助的权利。同时，农民还依照法律法规享有其他各项权利。比如，依照《村民委员会组织法》规定享有参与民主选举、决策、管理、监督的权利；依照《土地管理法》规定享有对集体所有的土地、林地、果园、水面、荒山的承包经营权利等。

二、如何切实维护农民的民主权利？

中央于1988年制定了《村委会组织法（试行）》，1998年进行修订，并正式颁布实施。

2002年7月中共中央办公厅、国务院办公厅下发的《关于进一步做好村委会换届选举工作的通知》（中办发〔2002〕14号），对民主选举特别是如何保障农民的选举权利作出了明确规定。

2004年中共中央办公厅、国务院办公厅下发了《关于健全和完善村务公开和民主管理制度的意见》（中办发〔2004〕17号），17号文件共分六大部分二十条，也称"村务公开二十条"。对落实农民群众的知情权、决策权、参与权、监督权（四权）提出了许多新的明确的政策措施，为农民群众依法维护自己的民主权利提供了依据和保障。如设立村务公开监督小组，监督村干部公开村务、财务；对村干部进行民主评议和财务审计。又如明确规定：未经村民会议或村民代表会议讨论决定，任何组织或个人擅自以集体名义借贷，变更与处置村集体的土地、企业、设备、设施等，均无效，村民有权拒绝，造成的损失由责任人承担，构成违纪的给予党纪政纪处分，涉嫌犯罪的移交司法机关依法处理。

2006年中央一号文件《中共中央国务院关于推进社会主义新农村建设的若干意见》指出，要健全村党组织领导的充满活力的村民自治机制，进一步完善村务公开和民主议事制度，让农民群众真正享有知情权、参与权、管理权、监督权。完善村民"一事一议"制度，健全农民自主筹资筹劳的机制和办法，引导农民自主开展农村公益性设施建设。开展村务公开民主管理示范活动。加强农村法制建设，深入开展农村普法教育，增强农民的法制观念，提高农民依法行使权利和履行义务的自觉性。

三、农村超生子女能上户口吗？

超生、早婚生育和非婚生育的婴儿是可以落户的，属于人口普查的范围。公安部、国家计划生育委员会在1988年10月25日《关于加强出生登记工作的通知》中规定，任何地方都不得制定限制计划生育的婴儿落户的法规。对未办理独生子女证、没有施行节育手术、超生计划生育婴儿的人，以及早婚、非婚生育婴儿的人，应当给予批评教育直至进行行政和经济处罚，但对婴儿都应当给予落户。

四、农民受到没有法定依据或者没有遵守法定程序的行政处罚，该怎么办？

对于公民、法人或其他组织违反行政管理秩序的行为，行政机关应当给予行政处罚。但是，行政处罚本身也必须具有法定的依据，遵守法定的程序。《行政处罚法》第3条规定："公民、法人或者其他组织违反行政管理秩序的行为，应当给予行政处罚的，依照本法由法律、法规或者规章规定，并由行政机关依照本法规定的程序实施。""没有法定依据或者不遵守法定程序的，行政处罚无效。"

也就是说，没有法定依据或者没有遵守法定程序的行政处罚行为是无效行政行为，而依据一般行政法理论，对于一个无效的行政行为，任何一个公民都有合理的抵抗权。对于这样的行政行为，被处罚者可以拒绝执行或者不予理会；或者先予执行，然后再申请行政复议或提起行政诉讼。

五、违反法律规定，向农民收费、罚款、摊派的应当如何追究法律责任？农民应如何抵制乱收费、乱罚款？

违反法律规定，向农民或者农业生产经营组织摊派、非法收费、罚款或者强制集资的，由上级机关追究其行政责任。所谓上级机关是指违法行为人所在单位的上一级机关。具体规定可见《农业法》第93条，向农民或者农业生产经营组织违法收费、罚款、摊派的，上级主管机关应当予以制止，并予公告；已经收取钱款或者已经使用人力、物力的，由上级主管机关责令限期归还已经收取的钱款或者折价偿还已经使用的人力、物力，并由上级主管机关或者所在单位给予直接负责的主管人员和其他直接责任人员行政处分；情节严重，构成犯罪的，依法追究刑事责任。

任何机关或者单位向农民或者农业生产经营组织收取行政、事业性费用必须依据法律、法规的规定。收费的项目、范围和标准应当公布。没有法律、法规依据的收费，农民和农业生产经营组织有权拒绝。任何机关或者单位对农民或者农业生产经营组织进行罚款处罚必须依据法律、法规、规章的规定。没有法律、法规、规章依据的罚款，农民和农业生产经营组织有权拒绝。任何机关或者单位不得以任何方式向农民或者农业生产经营组织进行摊派。除法律、法规另有规定外，任何机关或者单位以任何方式要求农民或者农业生产经营组织提供人力、财力、物力的，都属于摊派。农民和农业生产经营组织有权拒绝任何方式的摊派。

六、国家对农民建房收费的规定是什么？

农民建房收费是指农民依法使用农村集体土地新建成、翻建自用住房时负担的行政事业性收费。财政部、国家发展和改革委员会、农业部《关于公布农民建房收费等有关问题的通知》(财综〔2004〕5号)规定：①国土资源部门收取的土地证书工本费，普通证书每本5元，国家特制证书每本20元，由农民朋友自愿选择。②建设部门收取的《房屋所有权登记证书》工本费，每本10元。

七、"一项制度、八个禁止"具体是指什么？

所谓"一项制度"，是指严格执行提留统筹费的预决算制度。

所谓"八个禁止"是指：

（1）禁止平摊农业特产税、屠宰税；
（2）禁止一切要农民出钱出物出工的达标升级活动；
（3）禁止一切没有法律、法规依据的行政事业性收费；
（4）禁止面向农民的集资；
（5）禁止各种摊派行为；
（6）禁止强行以资代劳；
（7）禁止在村里招待下乡干部，取消村组招待费；
（8）禁止用非法手段向农民收款收物。

对违反"一项制度、八个禁止"规定的，必须追究责任，严肃查处。进一步加强农民负担监督卡的发放和管理工作。农民承担的提留统筹费，必须通过农民负担监督卡分解落实到户。凡未将监督卡发放到户的，农民有权拒绝缴纳款物和出工。要维护农民负担监督卡的严肃性，规范卡内项目，严禁加项加码或在卡外乱收费。

八、何谓"三乱"？怎样治理"三乱"？

所谓"三乱"，是指超出国家规定的乱收费、乱集资和乱罚款。针对一些地方和部门向农民乱收费、乱集资和乱罚款的严重问题，中共中央、国务院在《关于切实做好减轻农民负担工作的决定》中规定：

（1）停止审批一切面向农民的新的收费项目。要抓紧清理面向农民的各种收费。中央和地方已明令取消的项目不得恢复，仍在执行的要坚决停止；擅自设立的收费项目要坚决取消，偏高的收费标准要坚决降下来；必须纠正只收费不服务、多收费少服务或强制性服务等错误做法。清理后的收费项目和标准，要向农民公布。

（2）禁止向农民"搭车"收费。在结婚登记、中小学生就学、建房和计划生育指标等审批、办理过程中，都不得向农民"搭车"收费。婚姻登记机关在办理结婚登记时，只能收取国家规定的结婚证书工本费，不得规定当事人必须购

村官常用法律知识必读

买保险、书刊、纪念品以及缴纳各种保证金和押金等。实施义务教育的中小学校只能收取学杂费、课本费以及确需统一购买的作业本费等。除此之外，学校和教师不得代收其他任何费用。

（3）禁止违法经营农业生产资料，严肃查处违反国家价格政策的乱涨价行为。

（4）禁止非法向农民罚款。向农民罚款，必须有法律、法规、规章依据。凡无法律、法规、规章依据的罚款项目，一律取消。有些地方因农民未完成种植、养殖任务而处以罚款的做法是错误的，要坚决纠正。

九、什么是赔礼道歉和行政赔偿？

赔礼道歉，是指赔偿机关因其行为侵害了公民、法人或者其他组织的人格权等合法权益所承担的向受害人承认错误，表示歉意的责任方式。这同消除影响、恢复名誉一样，也是一种非财产性的责任方式。赔礼道歉通常是在一定场合由赔偿机关向受害人当面进行，特殊情况下也可以由赔偿机关以书面形式进行。赔礼道歉作为国家赔偿中对公民、法人和其他组织名誉权、荣誉权侵权损害的一种弥补方式，可以单独适用，也可以与其他方式合并适用。

行政赔偿，是指行政机关及其工作人员因过错所作出的具体行政行为侵犯公民、法人或者其他组织的合法权益并且造成损害时，行政机关应承担的法律责任。

行政赔偿一般认为有以下几个特点：

（1）行政赔偿与行政主体的职务行为相联系，行政主体的职务行为构成行政赔偿的基础。

（2）行政赔偿是行政行为违法。

（3）行政赔偿的直接责任者为行政主体，不管违法的行政行为是否通过行政机关工作人员来表现，也不管行政机关工作人员在执行职务中有无过错，违法行为所引起的法律后果均由行政机关承担或先行承担。

十、什么是人身权？人身权包括哪些内容？

人身权是指与权利主体人身不可分离，没有直接财产内容的权利。人身权的主体可以是公民，也可以是法人。

公民的人身权种类有：

（1）生命权、健康权。《民法通则》第198条规定："公民享有生命健康权。"

（2）姓名权。《民法通则》第99条规定："公民享有姓名权，有权决定、使用和依照规定改变自己的姓名，禁止他人干涉、盗用、假冒。"

(3) 肖像权。《民法通则》第 100 条规定："公民享有肖像权，未经本人同意，不得以营利为目的使用公民的肖像。"所谓"以营利为目的"，是指使用他人的肖像来达到自己一定的经济目的。如未经本人同意，将其照片陈列在照相馆的橱窗内或用来做广告、商标等。《最高人民法院关于贯彻执行〈中华人民共和国民法通则〉若干问题的意见（试行）》第 139 条规定："以营利为目的，未经公民同意利用其肖像做广告、商标、装饰橱窗等，应当认定为侵犯公民肖像权的行为。"

(4) 名誉权。《民法通则》第 101 条规定："公民、法人享有名誉权，公民的人格尊严受法律保护，禁止用侮辱、诽谤等方式损害公民、法人的名誉。"以书面、口头等形式宣扬他人隐私，或者捏造事实公然丑化他人人格，以及用侮辱、诽谤等方式损害他人名誉造成一定影响的，应当认定为侵害公民名誉权的行为。

(5) 荣誉权。公民的荣誉权是指公民在学习、生产、工作、作战等方面成绩显著而获得的光荣称号。《民法通则》第 102 条规定："公民、法人享有荣誉权，禁止非法剥夺公民、法人的荣誉称号。"

侵害公民的姓名权、肖像权、名誉权、荣誉权的，根据《民法通则》第 120 条的规定，必须承担停止侵害，恢复名誉，消除影响，赔礼道歉，赔偿损失的民事责任。如果侵犯公民的名誉权情节严重，构成犯罪的，按刑法有关侮辱罪、诽谤罪、诬陷罪的规定处罚。

(6) 婚姻自主权。《民法通则》第 103 条规定："公民享有婚姻自主权，禁止买卖、包办婚姻和其他干涉婚姻自由的行为。"

法人的人身权种类包括名称权、名誉权和荣誉权。

十一、什么是姓名权？姓名权包括哪些内容？

所谓姓名权，是指自然人依法享有的决定、变更和使用自己姓名并排除他人干涉或非法使用的权利。姓名权保护的客体并不限于公民在户籍机关正式登记的姓名，还包括公民使用的能够用来确定和代表其个人特征的其他姓名。

姓名权主要包括以下三方面的内容：

(1) 姓名的决定权。即公民有权决定自己的姓名。公民可以决定姓父姓或姓母姓，也可以决定姓其他的姓。除了决定自己的正式姓名，还有权决定自己的艺名、笔名、化名、别名等。

(2) 姓名的使用权。即公民依法使用自己姓名的权利。公民可以使用自己的姓名，也可以不使用自己的姓名，可以依法允许他人使用自己的姓名，公民还可以要求他人正确使用自己的姓名。

(3) 姓名的变更权。指公民依照规定改变自己姓名的权利。这一权利是公民姓名决定权的自然延伸。如变更正式姓名还须到户籍登记机关办理变更登记手续。

十二、公民的名誉权被他人侵犯怎么办？

公民的名誉权是指公民对自己的社会评价享有的不受他人侵犯的权利。名誉，俗称名声，是社会对某公民的品德、才能、思想、作风等的综合评价。一个人的名誉直接关系着公民个人的社会地位和尊严。一个人的名誉是十分珍贵的，它不仅能得到他人的尊重和信赖，也是公民从事民事活动的有利条件。公民依法享有名誉权，公民为维护自己的名誉权必须注意以下几点：

（1）公民必须明确名誉权的权利内容。①公民有维护自己名誉尊严的权利，名誉既然是社会对于一个公民的各方面的综合评价，这种综合评价是公民长期以来生活作风、品德、才能和素养的客观反映，因此对于该具有客观性的评价，公民有保持这种评价的完整性、客观性的权利。②公民的名誉权受到侵害，公民有权向法院提起诉讼。诉权是维护自己权利的合法方式，也是名誉权权利内容的一个不可分割的部分。

（2）公民应掌握认定侵害名誉权行为的依据。侵害名誉权，主要表现为侮辱和诽谤两种方式，侮辱是指用暴力或口头、文字等方式公然侮辱他人，损害他人的人格尊严。侮辱行为的构成须具备以下要件：①在主观上侵权人是故意的，也就是有意识地要损害他人名誉、人格。如果是无意中说了有损于他人名誉、人格的话，并非故意侮辱的，不构成侮辱行为。②在客观上侵权人实施了引起他人精神痛苦和屈辱的言辞或行为。③侮辱行为必须具有公然性，即有第三人或更多的人在场或者用能够使众多的人看到或听到的方式进行侮辱。④侮辱行为须具有针对性，即侮辱行为是针对特定的人进行的。如果在公共场所无目标的谩骂，无针对性，不构成侮辱行为。诽谤是指无中生有，捏造事实，破坏他人名誉、人格的行为。诽谤行为必须具备以下几个条件：①诽谤人在主观上必须具有过错，它包括故意和过失这两种心态。②在客观上侵权人实施了足以使他人名誉受到损害的行为，包括以捏造、夸大和歪曲事实的行为来降低对该公民的社会评价。③诽谤行为具有公然性和针对性。

（3）公民的名誉权受到侵害可以要求侵权人终止侵权行为，公开赔礼道歉，公开消除侵权行为所造成的不良影响，恢复名誉，也可要求侵权人赔偿损失。如果侵权人对公民的请求不予理睬，公民可以向法院起诉。

十三、公民的肖像权被他人侵犯怎么办？

公民的肖像权是指公民对于自己的照片、画像、录像、塑像等具有物质载体的视感影像依法享有的不受侵犯的权利。《民法通则》明确规定了公民享有肖像权。为维护自己的肖像权，公民应注意掌握以下几点：

（1）公民首先应明确肖像权的内容和自身的权益。公民肖像权的内容主要包括：①公民有权通过各种方式再现自己的个人形象。②公民可以拥有自己的肖像，可以保存、收藏自己的肖像。③公民有权使用自己的肖像和允许他人使用自己的肖像。许可他人使用自己的肖像，公民有获得酬金的权利。④侵犯公民肖像权，公民有提起诉讼的权利。

（2）公民应注意掌握侵犯肖像权的认定依据。侵犯肖像权行为的认定一般应把握两个标准：①未经同意而使用他人肖像。未经本人同意使用其肖像表明侵权人对他人肖像人格利益的不尊重，其行为破坏了他人肖像的个人专有性和完整性，应当受到制裁。如果经过本人同意而使用其肖像，就不构成侵犯肖像权的行为。②侵犯肖像权必须是以营利为目的行为。以营利为目的是指以使用某人的肖像达到招揽顾客、推销商品的目的或直接将肖像制作成为或复制成为商品出售盈利。未经他人同意而以营利为目的使用他人肖像既损害了权利人的人格，也损害了权利人因他人利用自己的肖像进行商业行为而获取物质利益的权利，这在法律上是不允许的。例如，照相馆未经本人同意，不将底片交给顾客或者将顾客艺术人像存放橱窗招揽顾客，即属于侵犯公民肖像权。

（3）公民应注意区分合理使用他人肖像和侵犯肖像权行为的界限。未经本人同意而以营利为目的使用他人肖像即构成对肖像权的侵犯。下列情况属合理使用：①为公益目的而使用他人肖像，例如宣传某人的先进事迹，在报纸、电视台、电影中使用先进人物的照片；②新闻报道拍摄照片和影像；③通缉逃犯和罪犯而使用他人肖像；④寻人启事刊登照片等。

（4）侵犯公民肖像权，公民可以向侵权人提出终止该侵权行为的请求；也可以要求侵权人向自己赔礼道歉，并可以请求侵权人支付赔偿金。如果侵权人置之不理，公民也可以向法院提起诉讼。

十四、公民的荣誉权被他人侵犯怎么办？

荣誉权是指公民有获得并保持各种嘉奖的权利。公民依法享有的荣誉包括各种荣誉称号、证书、勋章、奖章、奖状等。公民的荣誉是在学习、生产、工作或战斗中表现突出，成绩卓著，立有功勋而获得的光荣称号。例如先进工作者、战斗英雄、劳动模范、优秀党员、最佳男、女主角等都是光荣称号。获得荣誉称号的公民为维护自己的权利，必须掌握以下几点：

（1）公民首先应明确荣誉权的权利内容。①公民有获得和保持荣誉的权利，荣誉权并非每个公民生而有之，只有当公民具备一定的优胜条件才能获得此殊荣，一旦获得即表明该公民具有了一种美好的名誉和良好的名声，对该荣誉公民有维护和保持的权利。②对于侵害荣誉权的行为，公民有提起诉讼的权利。

（2）公民应注意掌握侵犯荣誉权的表现和认定责任的依据。侵犯荣誉权主要表现为：①非法剥夺公民的荣誉称号。一般而言，对公民已获得的荣誉称号，其他公民和法人非依法律规定不得剥夺、取消公民的荣誉称号，只有在法律有规定的条件下才允许剥夺公民的荣誉称号。除依法剥夺外，其他情况公民和法人不得任意剥夺和取消他人的荣誉称号。②非法诋毁公民的荣誉权。对公民已获得的荣誉称号，侵权人诬蔑其是用弄虚作假、谎报成绩骗取的荣誉称号，这种诽谤和诋毁行为不仅是对荣誉称号的损害，也是对公民名誉的损伤。对于侵犯荣誉权的认定，一方面要掌握侵权行为的违法性和损伤性；另一方面要掌握侵权人的主观过错性。

（3）侵犯公民的荣誉权，公民可以请求侵权人公开赔礼道歉和消除因侵权造成的不良影响，也可以请求侵权人赔偿损失，如果侵权人对公民的请求置之不理，公民还可以向人民法院起诉，要求人民法院强制侵权人立即停止侵权行为，消除影响、恢复名誉、赔礼道歉，并可以要求物质赔偿。这里应注意，所有因停止侵害、消除影响、恢复名誉、赔礼道歉所产生的登报广播、发表启事、公告费用一律由侵权人承担。

十五、什么是侵权行为？侵权行为和违约行为有何不同？

侵权行为广义上是指对他人的财产或者人身损害承担民事责任的行为；狭义上是指因为过错侵害他人的财产或者人身权利并应当承担民事责任的行为。

《民法通则》第106条第2款、第3款规定："公民、法人由于过错侵害国家的、集体的财产，侵害他人财产、人身的，应当承担民事责任。没有过错，但法律规定应当承担民事责任的，应当承担民事责任。"

侵权行为与违约行为均为民事违法行为，区别是：

（1）违法性质不同。侵权行为是对民事法规的直接违反，而违约行为则是当事人对有效合同的违反。

（2）行为主体不同。侵权行为的主体只要有意识能力即可，不一定是完全行为能力人。违约行为的主体一般为有行为能力人。

（3）侵犯的客体范围不同。侵权行为侵害的客体是包括债权在内的一切民事权利，而违约行为侵权的客体仅限于合同规定的债权。

十六、侵犯人身自由的赔偿标准是什么？人身损害的赔偿标准是什么？

国家机关侵犯公民人身自由的具体表现，包括违法拘留、收容审查、搜查，

第四章　农民与农民工权益保障法律常识

错误逮捕、错误判决并已执行，违法使用武器、警械造成公民身体伤害等。由于上述违法行为使公民的人身自由权利受到侵犯。对于这类违法侵权行为引起的损害，有关国家机关应负赔偿责任，一般采取金钱赔偿的方式。我国《国家赔偿法》规定侵犯人身自由的赔偿标准是：侵犯人身自由的每日赔偿金按照国家上年度职工日平均工资计算。

根据《国家赔偿法》规定，侵犯公民健康权造成身体损害的赔偿金按下列规定计算：

（1）造成身体损害的，应当支付医疗费，以及赔偿因误工而减少的收入，减少的收入每日的赔偿金按照国家上年度职工日平均工资计算，最高额为国家上年度职工年平均工资的5倍。

（2）造成部分或全部丧失劳动能力的，应当支付医疗费以及残疾赔偿金。残疾赔偿金根据丧失劳动能力的程度确定，部分丧失劳动能力的最高额为国家上年度职工平均工资的10倍，全部丧失劳动能力的为国家上年度职工年平均工资的20倍。造成全部丧失劳动能力的，对其扶养的无劳动能力的人，应当支付生活费。

规定中所指的医疗费主要是指受害人为恢复健康进行治疗的花费。包括药费、护理费、营养费、交通费及住院费等。误工收入是指由于受伤治疗，受害者无法继续正常工作或生产，由此而损失的收入。残疾赔偿金是指因残疾失去的收入和解决致残后的生活困难所需的费用。残疾赔偿金的额度是根据丧失劳动能力的程度确定的。我国《国家赔偿法》规定了残疾赔偿金最高额。生活费是指由于侵权致使公民全部丧失劳动能力的，对其扶养的无劳动能力的人支付的生活救助费用。生活救济费的额度需参照当地民政部门有关生活救济的规定办理。被扶养人是未成年人的，生活费给付至18周岁止；其他无劳动能力的人，生活费给付至死亡时止。

十七、对名誉权、荣誉权的损害如何补救？

根据《国家赔偿法》第30条的规定，赔偿义务机关对依法确认有下列情形之一，并造成受害人名誉权、荣誉权受到损害的，其补救的途径是应当在侵犯行为影响的范围内，为受害人消除影响、恢复名誉、赔礼道歉。该情形包括下列几项：

（1）行政机关及其工作人员违法拘留或者违法采取限制公民人身自由的行政强制措施。

（2）非法拘禁或者以其他方法非法剥夺公民人身自由。

（3）行使侦查、检察、审判职权的机关及其工作人员对没有犯罪事实或者没有事实证明有犯罪重大嫌疑的人错误拘留。

（4）行使侦查、检察、审判职权的机关及其工作人员对没有犯罪事实的人错误逮捕。

（5）依照审判监督程序再审改判无罪，原判刑罚已经执行的。

上述五项中的赔偿义务机关，都是国家的行政或司法机关。上列机关及其工作违法对公民所进行的拘留、拘禁、逮捕、定罪以及所采取的其他限制、剥夺公民人身自由的措施，除了对公民的人身权造成严重侵害以外，还会对公民造成极大的精神损害，严重地侵犯公民的名誉权和荣誉权。因为法律除了作为行为规范以外，还是一种道德评判的尺度。在我国，有关机关采取上述措施将在一定范围内对受害人的名誉、名声造成恶劣的影响，它不仅给受害人造成沉重的心理负担和精神痛苦，而且也将妨碍受害人进行正常的工作和生活，同时还将这种精神痛苦和消极影响传递给与受害人关系密切的亲朋好友。

确立对精神损害——名誉权、荣誉权损害的补救，之所以采用由赔偿义务机关在侵权行为影响的范围内，为受害人消除影响、恢复名誉、赔礼道歉的方式予以补救，而不是像对财产权、人身权造成损害那样以赔偿金或其他财产形式予以赔偿，主要是出于：①对名誉权、荣誉权的损害毕竟不同于对财产权、人身权的损害，很难直接以财产赔偿的形式给以精神的补救，因为对名誉权、荣誉权的损害程度难以精确测定并将此种损害程度换算成定额财产量。②对名誉权、荣誉权的损害，是一种可复原性损害。造成此种损害的赔偿义务机关通过公开撤销原公务决定、承认错误、为受害人平反、赔礼道歉等积极方式，可以在一定程度内为受害人恢复名誉，消除原公务行为所造成的消极影响，从而实现对名誉权、荣誉权损害的补救。

十八、政府将从哪几方面维护农民工合法权益？

2006年1月18日召开的国务院常务会议，审议并原则通过《国务院关于解决农民工问题的若干意见》，明确了做好农民工工作的指导思想、基本原则和政策措施，是解决农民工问题的重要指导性文件。会议强调，解决农民工问题要坚持公平对待，一视同仁；强化服务，完善管理；统筹规划，合理引导；因地制宜，分类指导；立足当前，着眼长远。当前要着力做好以下几个方面工作：

（1）抓紧解决农民工工资偏低和拖欠问题。严格规范用人单位的工资支付行为，建立工资支付监控制度和工资保证金制度，确保农民工工资按时足额发放。严格执行最低工资制度，制定和推行小时最低工资标准。

（2）依法规范农民工劳动管理。严格执行劳动合同制度，加强对用人单位订立和履行劳动合同的指导和监督。依法保障农民工的职业安全卫生权益。切实保护女工和未成年工权益，严格禁止使用童工。

（3）搞好农民工就业服务和职业技能培训。进一步清理和取消各种针对农民工进城就业的歧视性规定和不合理限制。

（4）积极稳妥地解决农民工社会保障问题。依法将农民工纳入工伤保险范围，抓紧解决农民工大病医疗保障，探索适合农民工的养老保险办法。

（5）切实为农民工提供相关公共服务。按照属地化管理的原则，逐步健全覆盖农民工的城市公共服务体系。保障农民工子女平等接受义务教育，搞好计划生育管理和服务，多渠道改善农民工居住条件。

（6）健全维护农民工权益的保障机制。保障农民工依法享有的民主政治权利，保护农民工土地承包权益。加大维护农民工权益的执法力度。

（7）促进农村劳动力就地就近转移。大力发展乡镇企业和县域经济，提高小城镇产业集聚和人口吸纳能力，扩大当地转移就业容量。

十九、外出务工的农民工需要办理哪些证件？到什么地方办理？

外出务工的农民工一般需要具备以下几种证件：

（1）身份证。在户口所在地的公安派出所办理。

（2）婚育证。在户口所在地县级人民政府计划生育行政管理部门或者乡（镇）人民政府、街道办事处办理。婚育证的主要对象是已婚育龄女性。

（3）外出人员就业登记证。在户口所在地的县级以上劳动保障部门办理。有的地方受县级劳动保障部门委托，乡（镇）劳动保障管理站（所）也可以办理。

（4）外来人员就业证。在务工所在地的劳动保障部门办理，一般由所在单位代办。

（5）暂住证。在务工所在地的公安部门办理，一般由所在单位代为办理。

除上述证件外，如果从事的工作属于实行职业资格证书制度的，务工者还需要有劳动保障部门颁发的《职业资格证书》。在公共场所工作的，还需要卫生防疫部门颁发的健康合格证。

二十、农民工可以加入工会吗？

工会组织的主体是职工，入会的唯一条件是社会身份。社会身份既具有阶级性又具有群众性。是不是以工资收入为主要生活来源的劳动者，是界定农民工社会身份的唯一依据，而不是其他。

细分来看，参加和组织工会的权利人，必须具备两个条件：一是以工资为主要生活来源，这是现代工人阶级的一个典型标志，这一条农民工已经具备；二是他们是劳动关系中的劳动者，而不是劳动力的使用者，也就是与用人单位相对应的直接生产者,这一条农民工也完全具备。

农民工能不能加入工会,是一个涉及工会组织性质、成分的重要原则问题。因此,不仅要有准确的身份界定,还必须有充分的法律政策依据,并严格按照法律政策办事。发展城镇农民工入会主要有三大法律政策依据:

第一个是《宪法》依据。《宪法》第二章第33条规定:"中华人民共和国公民在法律面前人人平等。"在第35条又明明白白地写着:"中华人民共和国公民有言论、集会、结社、游行、示威的自由。"这就从两个方面说明,首先,农民工作为中国农民在国家所有的法律规定面前,与城镇职工一样是平等的,绝无二等公民之说,所有,法律赋予公民的权利和义务,农民工都一样享有,不能人为地将农民工列入"另册"。《宪法》所赋予的结社权是我国公民的一项基本权利。这一权利对于广大城镇农民工来说,集中表现为他们参加和组织工会的权利,已经得到了政府的确认,受到了来自法律的保护,是合法的。

第二个是《劳动法》依据。《劳动法》第7条规定:"劳动者有权依法参加和组织工会。"这就是说,既然承认农民工是劳动者,那他们就享有依法参加和组织工会的权利。别的城镇职工作为劳动者可以,同样作为劳动者的农民工为什么不可以参加和组织工会?

第三个是《工会法》依据。新修改的《工会法》第3条规定:"在中国境内的企业、事业单位、机关中以工资收入为主要生活来源的体力劳动者和脑力劳动者,不分民族、种族、性别、职业、宗教信仰、教育程度,都有依法参加和组织工会的权利。任何组织和个人不得阻挠和限制。"《中国工会章程》的会员条件在第一条中的表述和《工会法》是完全一致的,两者都将"以工资收入为主要生活来源的体力劳动者和脑力劳动者"作为建会和入会的衡量标准。只要承认现阶段的农民工同属于工人队伍的新成员,让符合条件的农民工参加和组织工会,就具有充分的法律依据。不让他们加入和组织工会,则是严重的违法行为。

二十一、农民工可以通过哪些途径来有效地维护自身权益?

现实中,劳动者权益保护方面最薄弱的环节就是农民工权益保护,农民工作为社会群体中的弱势群体,劳动法所规定的基本劳动权在实行中受到了种种限制,劳动环境恶劣,工资被长期拖欠,职业病屡屡发生,生产事故时刻威胁着他们的生命,被非法搜身的事件不绝于耳。

因为缺少法律知识和维护自身合法权益的意识,不少农民工在权益受侵害时,采取的办法不太可取。一种是依靠家乡在打工地设立的劳务办事处,遇到权益被侵害的事件,由办事处和当地的劳动、司法、民政、公安部门打交道,以求问题的解决,也取得了一定的维权效果。另一种是请律师,直接到法院告状打官司，这种办法对于农民工来说，无论是支付诉讼费用，还是取证判决，以至于执行等都困难重重，不是真正好的维权办法。还有一种就是不找政府、不找法院，以"同乡会"等非法形式，甚至借助于打工者内部的"黑恶势力"去"私了"，以求将维权问题"摆平"，但这种办法往往会发展成为非法组织，不但达不到农民工维权的目的，而且轻则容易使他们坠入非法组织的泥潭，重则为坏人和心怀叵测的危险分子所利用。把本来善良可欺、求助无门的农民工引上歧途，最终败坏农民工的声誉和形象，是根本不可取的。

农民工维权的有效办法只有一个，那就是依照《工会法》和《劳动法》的要求，加入和成立统一的工会组织。因为在企业和农民工的关系中，雇主方处于强者的地位，而农民工则处于弱势地位。只有通过法律授予工会相应的维护权利，依靠工会集中职工的利益和意志，才能够形成和企业主事实上的平等主体地位，才能保障在企业和职工之间签订真正平等的合同和协议。而工会具有法人资格，享有独立的权利，独立的财产并有能力承担相应的法律责任，这是工会维护农民工权益的优势和基础。政府则通过立法，保证工会权利的顺利行使，并对妨害工会行使维护农民工权益的行为给予法律制裁。"组织起来力量大"、"团结就是力量"。因此，只有建立和加入工会组织，才是农民工维护自身权益既合法又有效的办法。

二十二、农民工进行双向维权有何法律依据？当前农民工经济权益受到侵犯的现象有哪些？

农民工建立双向维权机制的法律依据很多，如《宪法》、《中华人民共和国工会法》、《中华人民共和国劳动法》，中共中央、国务院的规定等，还有其他许多有关的法律法规，如部颁规定，各省、市、自治区有关地方法规等。其中，最主要的依据是《中华人民共和国宪法》、《中华人民共和国工会法》、《中华人民共和国劳动法》中的有关建立双向维权机制的法律条文。

当前农民工经济权益受到侵犯的现象有：
（1）工资被无故或长期拖欠。
（2）不能享受最低工资和基本生活保障。
（3）不能享受同工同酬、按劳分配的公平待遇。
（4）不能享受休息休假的权利，加班加点不能依法取得相应的加班报酬。
（5）不能享受养老、失业和工伤医疗保险等福利待遇。
（6）随意遭处罚和克扣工资，无端遭辞退，并且不合理的押金也不退还。

二十三、为农民工维权有什么社会意义？

第一，为农民工维权是全面建设小康社会的保障。我国工人阶级队伍始终是

村官常用法律知识必读

推动我国先进生产力发展和社会全面进步的根本力量，包括农民工在内的工人阶级是全面建设小康社会宏伟目标的主力军。因此，维护亿万农民工的合法权益，对于全面建设小康社会，至关重要。

第二，为农民工维权是推动经济社会健康发展的需要。目前，农民工是全国建筑、纺织、采掘和一般服务业的劳动主体，已成为我国产业工人的重要组成部分。他们在非农产业的各个领域靠辛勤劳动创造了巨大的社会财富，是改革开放以来国民经济快速增长的主要推动者。

第三，为农民工维权是保障社会稳定的需要。保障社会稳定是顺利推进改革开放和现代化建设的前提，是人民群众的根本利益所在。由于历史和文化诸方面的原因，农民工确实存在素质不高和法律意识淡薄的问题。大批农民进城务工，给城市的社会治安、城市管理等带来了许多新的问题和难度。因此，维护其合法权益是关乎社会稳定的重大政治问题。

二十四、农民工维权有何宗旨？

农民工维权不仅关系到农民工的切身利益，也关系到社会的发展和进步，其宗旨有以下几点：

第一，农民工维权旨在保障法律面前人人平等，宪法规定："中华人民共和国公民在法律面前一律平等。"农民工作为公民应当在法律、政策和法规面前，享受平等的待遇。农民工与城市职工的平等关系，主要体现在政治权利的平等、经济权利的平等和劳动权利的平等三个方面。

第二，农民工维权旨在引导农村富余劳动力合理流动。做好农村富余劳动力转移就业服务工作，引导其合理流动，是贯彻党中央、国务院"公平对待、合理引导、完善管理、搞好服务"政策的方针。维护农民工合法权益，就应加大力度，引导亿万农民工实现由盲目到明确，由无序到有序，由分散到有组织地合理流动，及时、准确地提供劳务信息，清除各种不合法的城市"门槛"，让农民工各尽其能，各得其所。

第三，农民工维权旨在推动社会进步。工人阶级是先进生产力的代表，对社会的进步和发展起着重要的作用。与社会化大生产相联系的农民工已成为中国工人阶级的重要组成部分，是我国经济和社会发展中的重要新生力量。因此，维护他们的合法权益，发挥他们的重要作用，对社会进步起着有力的推动作用。

第四，农民工维权旨在保障社会稳定。大量农民进城务工，在加快城市建设和经济发展的同时，也给城市带来了一些不安定因素。因此，维护农民工合法权益，必须围绕社会稳定这一总体目标来进行，以农民工的稳定确保社会的稳定。

第五，农民工维权旨在扩大党的阶级基础。大批农民工进城务工，壮大了工人阶级的队伍。目前，农民工已成为我国工人阶级不可分割的重要组成部分，重视农民工就必须做好农民工权益的维护工作，使之成为工人阶级的重要力量，成为我们党最坚实的阶级基础。

二十五、怎样根据农民工的特点进行维权？

（1）农民工遇到不公正待遇，从根本上说，是社会对农民工还存在认识偏见，没有把农民工作为工人阶级的一部分来看待，因而导致农民工的合法权益得不到保障。所以，转变对农民工的偏见，消除不合理的限制和歧视性的做法，是农民工维权的前提。

（2）从农民工的松散无序现状看，最大限度地把农民工组织到工会中来，是维护其合法权益的有效途径。同时，应该针对农民工的两地性和流动性特点，实行双向维权。具体做法：一是依法推进新建企业特别是农民工较为集中的企业的建会工作；二是在务工中发展农民工加入工会组织；三是在农民工家乡建立外出务工人员工会联合会，发展农民工入会；四是建立流动会员会籍管理制。

（3）当前，维护农民工的合法权益，最突出的是要解决好拖欠和克扣农民工工资、安全生产无保障等问题。有关部门必须尽快健全对用工单位的督查监管体制，加强对涉及农民工合法权益问题的处理力度，一定要讲究实效，不能以罚代管。工会要积极协助有关部门纠正和解决侵害农民工利益的事件，并且采取具体措施，通过一定的工作程序和方法，依法对农民工维权。

（4）工会要从源头上参与涉及农民工的政策法规的制定，监督各项政策法规的贯彻落实。要加大宣传力度，呼吁全社会关心和帮助农民工，在企业全面推行劳动合同和集体合同制度，推行厂务公开和健全职代会制度，完善职工民主管理机制，并进一步健全劳动争议、调解、仲裁机制，促使农民工的维权问题得到及时、公正、合理的解决。因此，从源头上参与维护，是农民工维权的根本保证。

（5）教育农民工提高综合素质，增强自主择业、适应能力和自我维护意识。首先，要加强法律法规知识的学习；其次，要加强文化知识和职业技能的培训；最后，要加强安全生产常识和公民道德规范标准的培训。

二十六、农民工作为公民应享有哪些权利？

（1）享有宪法和法律规定的权利，并且在法律面前一律平等。
（2）年满18周岁的公民享有选举权和被选举权。
（3）享有人身自由和人格尊严不受侵犯的权利。
（4）享有言论、出版、集会、结社、游行、示威自由的权利。
（5）享有劳动和休息休假的权利。

(6) 享有对国家机关及工作人员提出批评和建议的权利。
(7) 享有参加养老保险等社会保障的权利。
(8) 享有从国家和社会获得物质帮助的权利。
(9) 享有受教育的权利。

二十七、农民工应享有哪些政治民主权利？

(1) 享有依法加入工会组织的权利。
(2) 享有选举权、被选举权和表决权。
(3) 享有参与企业民主管理和民主监督的权利。
(4) 享有参加各项社会活动的权利。
(5) 享有子女接受义务教育的权利。
(6) 享有合法权益受工会保护的权利。

二十八、为什么说农民工应该享有和城镇职工一样的权利？

第一，农民工作为中华人民共和国公民理应享有与城镇职工同等的公民权利，即法律面前一律平等。

第二，农民工作为城市的建设者、劳动者，已经成为工人阶级队伍的新成员，理应和城镇职工一样享有同等权利。

第三，从农民工的作用、贡献以及劳务经济发展趋势来看，农民工更应和城镇职工一样享有同等权利。

二十九、国家出台了哪些政策保障农民工子女平等接受义务教育？如何保障农民工子女享受义务教育的权利？

《国务院关于解决农民工问题的若干意见》规定，农民工输入地政府要承担起农民工同住子女义务教育的责任，将农民工子女义务教育纳入当地教育发展规划，列入教育经费预算，以全日制公办中小学为主接收农民工子女入学，并按照实际在校人数拨付学校公用经费。城市公办学校对农民工子女接受义务教育要与当地学生在收费、管理等方面同等对待，不得违反国家规定向农民工子女加收借读费及其他任何费用。输入地政府对委托承担农民工子女义务教育的民办学校，要在办学经费、师资培训等方面给予支持和指导，提高办学质量。输出地政府要解决好农民工托留在农村的子女的教育问题。

2003年12月25日，财政部、劳动保障部、公安部、教育部、人口计生委联合下发了《关于将农民工管理等有关经费纳入财政预算支出范围有关问题的通知》，其中规定，各地教育行政部门要配合政府有关部门认真贯彻执行《国务院办公厅转发教育部等部门关于进一步做好进城务工就业农民子女义务教育工作意见的通知》精神，建立并完善保障进城务工就业农民子女义务教育的工作制度和经费筹措保障机制。教育行政部门要将进城务工就业农民子女义务教育工作纳入当地普及九年义务教育工作的范畴，充分发挥全日制公办中小学的接受主渠道作用，加强对接受进城务工就业农民子女义务教育为主的社会力量所办学校的扶持和管理，指导和督促中小学认真做好接受就学和教育教学工作。积极采取措施，切实减轻进城务工就业农民子女教育费用负担，做到收费与当地学生一视同仁。

案例 出嫁女应该同其他村民享有同样的合法权益吗？

【案情】

肖村是广东某市的一个农村，近年来，由于到广东打工人员的不断增多，很多肖村的女孩便嫁给了外地来广打工人员，户口也继续留在了本村，但依据该村村规民约的规定，出嫁女没有权利承包村集体经济组织的土地，因此出嫁女们的土地被村里收回分给了其他村民。随着城镇建设规模的不断扩大，该村的土地被征用，土地补偿金和生活补助费按照分地人口数平均分给了有土地的农民。这些出嫁女因为没有土地也就没有分得应该属于她们的土地补偿金和生活补助费。出嫁女们对村民委员会的做法表示不满，认为他们的做法违反了法律法规的规定，于是便找到村干部理论，但村干部却说，"嫁出去的女，泼出去的水"，既然已经出嫁了，就不再是本村的人了，当然不能和其他村民一样享有权利，况且这是村规民约规定了的内容，应该遵照执行。

【评析】

《宪法》第33条规定，凡具有中华人民共和国国籍的人都是中华人民共和国公民。中华人民共和国公民在法律面前一律平等。第48条规定，中华人民共和国妇女在政治的、经济的、文化的、社会的和家庭的生活等各方面享有同男子平等的权利。国家保护妇女的权利和利益，实行男女同工同酬。《农村土地承包法》第5条规定，农村集体经济组织成员有权依法承包由本集体经济组织发包的农村土地。任何组织和个人不得剥夺和非法限制农村集体经济组织成员承包土地的权利。第6条规定，农村土地承包，妇女与男子享有平等的权利。承包中应当保护妇女的合法权益，任何组织和个人不得剥夺、侵害妇女应当享有的土地承包经营权。《妇女权益保障法》第30条规定，农村划分责任田、口粮田等，以及批准宅基地，妇女与男子享有平等权利，不得侵害妇女的合法权益。妇女结婚、离

村官常用法律知识必读

婚后，其责任田、口粮田和宅基地等应当受到保障。《土地管理法实施条例》第26条规定，土地补偿费归农村集体经济组织所有；地上附着物及青苗补偿费归地上附着物及青苗的所有者所有。征用土地的安置补助费必须专款专用，不得挪作他用。需要安置的人员由农村集体经济组织管理和使用；由其他单位安置的，安置补助费支付给安置单位；不需要统一安置的，安置补助费发放给被安置人员个人或者征得被安置人员同意后用于支付被安置人员的保险费用。因此，只要是中华人民共和国的公民，不论男女都应该平等地享有宪法和法律规定的权利。本案中，出嫁女们出嫁后户口没有迁出，仍然生活在本村，仍然是本村集体经济组织成员，有权承包集体经济土地。该村村民委员会对出嫁女不分土地、不给补偿金的做法是对妇女合法权益的侵害，其"嫁出去的女，泼出去的水"的说法，更是对妇女地位的歧视。该村村规民约的这条相关规定，同《宪法》、《农村土地承包法》及《妇女权益保障法》等法律的相关规定明显相抵触，根据《村民委员会组织法》的相关规定应该是无效的。

第五章 计划生育与户籍法律常识

一、什么是计划生育？我国现行的计划生育政策是什么？

所谓计划生育，是指人类社会发展到一定文明程度后，为适应客观环境和人类自身发展的需要，自觉地在全社会采取的调节生育行为的总称。即在公民中实行有计划的控制生育，实现人类生产的计划控制。计划生育的特点是根据社会经济发展的需要，制订统一的人口计划，家庭按照国家的生育政策生育子女、繁衍后代，把人口规模控制在国家人口计划的范围内，实现人口发展同经济、社会发展相适应，同资源利用和生态环境保护相适应。

根据我国《人口与计划生育法》第18条的规定，国家稳定现行生育政策，鼓励公民晚婚晚育，提倡一对夫妻生育一个子女；符合法律、法规规定条件的，可以要求安排生育第二个子女。具体办法由省、自治区、直辖市人民代表大会或者其常务委员会规定。少数民族也要实行计划生育，具体办法由省、自治区、直辖市人民代表大会或者其常务委员会规定。

之所以要稳定现行生育政策，是因为生育政策的制定和完善必须充分考虑群众的实际困难和承受能力，使广大群众能够接受和执行，各级干部好做工作。我国的低生育水平还不稳定，各地计划生育工作的开展也不平衡，加之我国人口基数大和人口增长的惯性作用，我国人口的总量还会在相当长的时间内继续增长。综合考虑我国经济社会协调发展和可持续发展的需要，当前的人口形势和对未来人口发展前景预测，既没有收紧的必要，也没有放松的条件，因此一段时间内，继续稳定国家现行生育政策是十分必要的。

二、计划生育工作坚持的方针和方法是什么？

我国开展计划生育的基本方针是坚持以宣传教育、避孕、经常性工作为主。通过开展全民性的人口与计划生育基础知识教育和计划生育生殖健康科普知识教育，有针对性地提供有效的教育、信息、咨询服务，开展"婚育新风进万家"活动，提高广大群众实行计划生育的自觉性；依靠科技进步，及时向群众提供安

村官常用法律知识必读

全、有效、适宜的避孕节育措施和优质的计划生育生殖保健服务，不断满足人民群众在计划生育、生殖保健领域日益增长的需求；为了帮助解决群众实行计划生育存在的实际困难，国家建立和完善计划生育利益导向机制，对实行计划生育的家庭给予必要的奖励，制定优惠政策，推动有关部门制定有利于计划生育的相关社会经济政策，通过多种途径，建立有利于计划生育的社会保障制度。

计划生育管理的方法，是指为了提高计划生育工作效率，在管理活动中采取的办法、手段、措施等的总称。

1. 行政方法

计划生育管理行政方法，是指国家设置的计划生育行政机关，为了贯彻执行国家制定的计划生育政策，按照行政方式，运用行政手段，进行行政管理的方法。行政方法具有一定的权威性、时效性和强制性。计划生育工作是一项政策性、技术性很强的工作，对一些关键问题和特殊问题，因事、因人制宜是必需的。

2. 经济方法

经济方法是按照客观经济规律，运用经济手段来调节人们有计划地生育的管理方法。它是行政干预、法律手段和思想教育工作的重要补充，是完成计划生育管理行之有效的手段。在计划生育管理工作中，一方面，按照客观经济规律的要求，提高计划生育工作的经济效益；另一方面，在管理婚育人群时，也要将执行现行计划生育政策的好坏同他们的经济利益相结合，使他们从自身的经济利益角度考虑自己的生育行为。国家及各省、市、自治区都制定了一些具体的经济措施，主要有奖励和处罚两大类。

3. 宣传教育方法

宣传教育方法是通过耐心细致的思想工作来进行管理的一种方法。通过宣传教育可以提高计划生育工作人员对计划生育事业的认识，稳定专业队伍，调动他们的工作积极性；通过宣传教育可以逐步提高广大育龄群众对计划生育重要性和必要性的认识，增强实行计划生育的自觉性，使他们的生育行为与现行的生育政策相一致。目前，生育政策与部分群众，尤其是农民群众的生育意愿还存在着一定的差距，缩小这种差距也需要运用宣传教育的方法。

4. 法律方法

法律方法是依法进行管理的方法。法律方法的依据不仅包括国家制定的各种法律，还包括各级政府及部门制定的行政法规、制度、规范等。使用法律方法可以明确计划生育工作人员的职责、权力、义务以及行为规范等，使他们正常地发挥自己的职能，同时也为婚育人群提供了生育方面的行为准则。法律方法有很强的规范性，要求以法律法规为依据，一视同仁，不能随意变动。

三、什么是计划外生育的行为？

计划外生育的行为是指违反计划生育管理和人口生育计划，无生育指标或者虽有生育指标，但不符合生育间隔期而生育的各种行为。一般来说，计划外生育主要表现为下列几种情况：

（1）未到法定婚龄结婚并生育和非婚生育的行为。在认定这种计划外生育行为时，应当明确几个问题：①未到法定婚龄结婚是指男女双方中，只要其中一方没有达到法定婚龄而结婚的行为。这种婚姻因为夫妻双方不符合结婚的实质要件，所以建立的婚姻关系是一种违法的婚姻关系，不具有法律效力，法律不给予保护。由于其婚姻关系的无效性，故结婚后生育的孩子不能纳入生育计划。②非婚生育主要是指无婚姻关系的生育，它一般包括非婚生育和婚姻关系以外的生育两种情况。由于这种生育有违道德常理和法律，因而也不能纳入人口的生育计划。

（2）只允许生育一个孩子而生育第二个孩子的，属于计划外生育。这种情况下的计划外生育因夫妻双方不符合第二胎生育计划的条件，没有第二个孩子的生育计划指标。因此，第二个孩子从怀胎到生育都是计划外的行为。

（3）未达到间隔年限而生育第二个孩子的。这种计划外生育，是指第二个孩子的生育时间不符合人口生育计划的要求。换句话说，当事人在生育了第一个孩子之后，因为各种原因，希望生育第二个孩子，而且符合当地计划生育法规关于生育第二个孩子的条件和资格，已经纳入生育计划，是计划内的第二胎生育。但是，当事人未按计划生育管理所要求的第一个孩子与第二个孩子间的生育间隔年限，提前生育，而违背了生育计划，导致了计划外生育。

（4）生育三个或三个以上孩子的。我国计划生育政策是提倡一对夫妇只生一个孩子，严格控制二胎，坚决禁止三胎。因而生育三个或三个以上孩子的，当然属于违反了计划生育的计划外生育行为。

可见，只有实行晚婚和按照法定婚龄结婚后生育一个孩子以及符合生育第二胎的条件，并有生育指标的才是计划内生育，其他的生育均为计划外生育。

四、计划生育工作由谁主管？

根据《人口与计划生育法》的规定，国务院领导全国的人口与计划生育工作。地方各级人民政府领导本行政区域内的人口与计划生育工作。国务院计划生育行政部门负责全国计划生育工作和与计划生育有关的人口工作。县级以上地方各级人民政府计划生育行政部门负责本行政区域内的计划生育工作和与计划生育有关的人口工作。县级以上各级人民政府其他有关部门在各自的职责范围内，负

村官常用法律知识必读

责有关的人口与计划生育工作。

国务院和地方各级人民政府领导全国及本行政区域内的人口与计划生育工作，主要表现在：把人口与计划生育工作摆到可持续发展的首要位置，纳入经济和社会发展的总体规划，负责组织实施，坚持一把手亲自抓、负总责；认真研究新情况，协调制订符合实际的工作计划，组织各方面力量抓好落实，切实做到责任到位，措施到位，投入到位；协调督促有关部门积极参与、齐抓共管人口与计划生育工作；坚持和完善人口与计划生育目标管理责任制，对下级政府和本级计划生育部门分别进行责任考核，落实"一票否决"制度；加强计划生育干部队伍建设，落实人员、任务、报酬，确保计划生育工作机构的稳定；把计划生育经费纳入各级政府的财政预算，切实予以保证。

国务院计划生育行政部门是国家计划生育委员会。国家计划生育委员会的主要职责是：拟定计划生育工作的方针、政策；组织起草人口与计划生育的法律、法规草案；协助有关部门制定相关的社会经济政策，推动人口与计划生育工作的综合治理；研究我国人口发展战略，根据国务院确定的人口控制目标，制定全国人口发展中长期规划和人口计划、计划生育事业发展规划，负责计划生育统计工作，组织实施计划生育抽样调查，参与全国人口统计数据的分析研究等。县级以上人民政府计划生育行政部门的主要职责是：结合各地实际，贯彻执行党中央、国务院制定的计划生育方针、政策、法律、法规；根据国家编制的人口规划和人口计划拟定并确保完成本地人口发展规划和人口计划；在当地党委政府领导下，制订并实施人口与计划生育方案，开展经常性的宣传教育、综合服务、科学管理工作等。

县级以上人民政府其他有关部门的人口与计划生育工作职责是：根据本级政府确定的职责分工，结合本部门业务特点，协助计划生育部门共同抓紧抓好人口与计划生育工作；参与研究人口与计划生育工作中的重大问题，研究、制定有利于人口与计划生育工作的相关社会经济政策及措施，为落实计划生育基本国策提供政策支持、工作指导、经费保障。所谓"与计划生育工作有关的人口工作"，主要是指：计划生育行政部门会同有关部门共同做好提高人口素质工作以及综合治理出生人口性别比升高问题的工作；参与人口理论研究、人口统计数据分析以及人口发展综合性、前瞻性研究，参与拟定人口发展规划，参与妇女儿童、老龄工作以及社会保障工作，参与人口流动、城镇化的综合治理；配合做好有关出生缺陷干预、生殖道感染、性病、艾滋病预防及治疗工作。

五、农村计划生育村民自治的含义是什么？在什么情况下可以生育第二个子女？

计划生育村民自治是指村民委员会在党和政府的领导下根据国家计划生育政

第五章 计划生育与户籍法律常识

策和有关法律法规的规定动员和组织群众制定计划生育自治章程和村规民约，实施计划生育民主决策、民主选举、民主管理和民主监督，实行村务公开；鼓励群众自觉实行计划生育，维护群众的合法权益，增进群众的身心健康。同时，发挥基层计划生育协会的作用，实行群众自我教育、自我管理和自我服务。

符合下列条件之一的可以照顾生育第二个子女：

（1）只有一个子女，经指定医疗单位诊断证明为非遗传性病残，不能成长为正常劳动力的；

（2）夫妻双方均为独生子女，并且只有一个子女的；

（3）婚后五年以上不育，经指定医疗单位诊断为不孕症，依法收养一个子女后又怀孕的；

（4）再婚夫妻双方只有一个子女的；

（5）从边疆调入本市工作的少数民族职工，调入前经当地县级以上计划生育主管机关批准允许生育第二个子女且已怀孕的；

（6）照顾生育第二个子女的条件：女方年龄不低于28周岁，生育间隔不得少于四年。

六、村级计划生育为什么要实行民主管理和民主监督？

扩大基层民主，实行村民自治，由村民依法办理自己的事情，是社会主义民主在农村最广泛的实践，也是巩固农村基层政权，密切干群关系，促进经济发展和社会进步的重要举措。计划生育民主管理和民主监督是村民自治的重要内容，是广大村民依据国家有关法律、法规和政策，实行计划生育自我教育、自我管理、自我服务，并对政府履行计划生育职责情况进行监督的实践活动。实行计划生育民主管理和民主监督，是落实"三个代表"重要思想，维护农民群众计划生育合法权益的具体体现；是贯彻实施依法治国基本方略，加强农村基层民主法制建设，提高计划生育依法行政水平的重要环节；是坚持科学发展观，深化人口和计划生育综合改革，建立人口和计划生育工作新机制，加快实现工作思路和工作方法"两个转变"的必然要求。村级计划生育民主管理和民主监督工作的开展，标志着我国农村基层人口和计划生育工作继"乡为主"、"村为主"之后，又进入了一个新的发展阶段。

20世纪90年代以来，全国各地在不同范围和不同程度上开展了计划生育民主管理和民主监督工作，一些地方已经创造了许多好的做法和经验，对促进村民自治，维护群众的合法权益，提高人口和计划生育工作水平，发挥了重要作用。但就全国来看，目前还普遍存在认识不统一、发展不平衡、操作不规范和重形式轻内容等问题。这在一定程度上影响了人口和计划生育综合改革的进程，制约着农村人口和计划生育工作整体水平的提高。各级人口和计划生育、民政部门和各地计划生育协会要以邓小平理论和"三个代表"重要思想为指导,增强做好计划生育民主管理和民主监督工作的自觉性和紧迫感,努力为基层计划生育民主实践创造良好的政策和制度环境,推动我国人口和计划生育事业稳定、健康、持续发展。

七、避孕药具的发放渠道有哪些?个体医疗机构能否从事计划生育手术?

我国目前避孕药具供应、发放渠道主要有两条:一条由各级计划生育部门组成,县以上由各级计划生育药具管理站负责,县以下由计划生育服务站承担,自上而下地组成了一个纵横交错、四通八达的供应发放网络,这是避孕药具计划免费供应的主渠道;另一条是由医药商业门市部、供销合作社、卫生医疗单位等部门组成的零售网络实行有价销售。这是避孕药具计划免费供应的补充渠道,以方便不同情况的不同需要。

个体医疗机构不得从事计划生育手术。这是因为计划生育手术的成败有着十分重要的意义,如果发生了事故,不仅损害受术者的身心健康,还会造成很坏的影响,影响计划生育基本国策的落实。因此,法律对从事计划生育手术的资格进行了严格的限制。

八、《人口计划生育法》在保护妇女和女婴方面有哪些法律规定?

《人口计划生育法》第22条规定,禁止歧视、虐待生育女婴的妇女和不育的妇女。禁止歧视、虐待、遗弃女婴。妇女在繁衍后代、养育子女以及家庭生活中扮演重要角色,承担着重要的责任。由于我国受几千年封建社会的生育文化影响,在计划生育工作中,特别在农村广大地区,还不同程度地存在重男轻女、传宗接代、多子多福、早婚早育等传统观念和男女不平等的现象。在计划生育工作中充分体现和保护妇女合法权益,直接关系到妇女政治、经济、社会及家庭地位的提高和计划生育基本国策的落实。因此,《人口计划生育法》明确规定:"开展人口与计划生育工作,应当与增加妇女受教育和就业机会、增进妇女健康、提高妇女地位相结合。"

九、因节育手术给受术农民带来并发症、后遗症等不良后果,该怎么办?

因节育手术带来并发症、后遗症等不良后果的农民的生产、生活困难,采取以乡(镇)解决为主,社会救济为辅的办法,具体由所在乡(镇)及行政村分等级给予解决。解决并发症农民的生产、生活困难应以扶助发展生产为主，对其生活困难需要照顾补助者，要照顾到本人已基本康复能劳动自给为止，其标准不得低于当地人均生活水平。

依据卫生部颁发的《节育并发症管理办法》的规定，节育并发症者因节育手术带来并发症先应按照卫生部颁发的《男女节育手术并发症诊断标准》由县级以上技术鉴定小组科学地作出判定，手术事故造成后遗症的，参照国务院颁发的《医疗事故处理条例》处理。

农民所在乡（镇）及行政村分等级解决生产、生活困难时，应以《节育并发症鉴定办法》划定的等级作为依据。具体等级如下：

一等：

（1）善后：发给一定安葬费、抚恤金；其子女由所在乡、镇给予照顾。

（2）生产：农忙期间由所在村民委员会实行定期困难补助或组织帮工。一切提留款和义务工视具体情况给予减免。

（3）生活：由民政部门进行定期困难补助。有条件的乡、镇可商请当地政府照顾本人或家庭其他有劳动能力成员在乡、镇企业就业。

二等：

（1）生产：农忙期间由村民所在村民委员会实行定期或不定期困难补助，免除部分提留款和义务工。

（2）生活：可用社会救济和乡镇提留办法实行不定期困难补助。

三等：

生活：可用社会救济和乡镇提留的办法或当地区、乡村从公益金及超生子费中给予照顾。

四等：只需要作一般性治疗。

另外，根据《节育并发症鉴定办法》的规定，确定等级的标准有：①因节育手术直接造成手术对象死亡者为一等。②因节育手术对象残废、完全丧失劳动力和生活自理者为二等。③因节育手术造成手术对象组织器官损伤并累及功能障碍，影响正常劳动和生活者为三等。④因节育手术影响对象组织器官操作，但不损及功能障碍，只需作一般治疗者为四等。

十、对实行计划生育的夫妻，有哪些奖励与社会保障措施？

《中华人民共和国人口与计划生育法》（2001年12月29日第九届全国人民代表大会第二十五次会议通过）规定，国家对实行计划生育的夫妻，按照规定给予奖励。

国家建立健全基本养老保险、基本医疗保险、生育保险和社会福利等社会保

村官常用法律知识必读

障制度，促进计划生育。

国家鼓励保险公司举办有利于计划生育的保险项目。

有条件的地方可以根据政府引导、农民自愿的原则，在农村实行多种形式的养老保障办法。

公民晚婚晚育，可以获得延长婚假、生育假的奖励或者其他福利待遇。

妇女怀孕、生育和哺乳期间，按照国家有关规定享受特殊劳动保护并可以获得帮助和补偿。

公民实行计划生育手术，享受国家规定的休假；地方人民政府可以给予奖励。

自愿终身只生育一个子女的夫妻，国家发给《独生子女父母光荣证》。

获得《独生子女父母光荣证》的夫妻，按照国家和省、自治区、直辖市有关规定享受独生子女父母奖励。

法律、法规或者规章规定给予终身只生育一个子女的夫妻奖励的措施中由其所在单位落实的，有关单位应当执行。

独生子女发生意外伤残、死亡，其父母不再生育和收养子女的，地方人民政府应当给予必要的帮助。

地方各级人民政府对农村实行计划生育的家庭发展经济，给予资金、技术、培训等方面的支持、优惠；对实行计划生育的贫困家庭，在扶贫贷款、以工代赈、扶贫项目和社会救济等方面给予优先照顾。

十一、因生育病残儿要求再生育的怎么办？

根据《中华人民共和国人口与计划生育法》、《病例残儿医学鉴定管理办法》的规定，因生育病残儿要求再生育的，应当向县级人民政府计划生育行政部门申请医学鉴定，经县级人民政府计划生育行政部门初审同意后，由设区的市级人民政府计划生育行政部门组织医学专家进行医学鉴定；当事人对医学鉴定有异议的，可以向省、自治区、直辖市人民政府计划生育行政部门申请再鉴定。省、自治区、直辖市人民政府计划生育行政部门组织的医学鉴定为终局鉴定。具体办法由国务院计划生育行政部门会同国务院卫生行政部门制定。

十二、对于流动人口的计划生育应怎样管理？

根据《流动人口计划生育工作管理办法》的规定，对于流动人口的计划生育管理，应该落实"两地"管理责任，建立"两地"协作制度。流动人口户籍地、现居住地（以下简称"两地"）要严格执行《流动人口的计划生育工作管理办法》规定的流动人口计划生育工作实行"两地"共同管理、以现居住地为主的原则和国家计生委《流动人口婚育证明管理规定》中关于"两地"管理责任的规定,认真负责地做好工作。

流动人口户籍地要在成年流动人口外出前开展必要的、有效的计划生育宣传教育;做好《流动人口婚育证明》(以下简称《婚育证明》)办证、换证工作,对已外出的应予补办,努力提高办证率;从为群众服务、减轻群众负担出发,热忱为流动人口提供各项服务,严格做到不高收费、不乱收费、不"搭车"收费;负责任地做好与现居住地的联系和信息沟通工作。

流动人口现居住地要加强对《婚育证明》的查验工作,负责对待已婚育龄女性流动人口的日常管理工作,努力提高验证率;督促未办理《婚育证明》的流动人口限期补办,不得在现居住地代办《婚育证明》,不得以临时服务卡长期替代《婚育证明》;维护《婚育证明》的统一性、权威性,不得以地方自行印制的流动人口婚育证明(或其他类似证件)在本地取代《婚育证明》。

对流动人口的计划外生育行为,由其现居住地或户籍地依法予以处理。

为加强"两地"协作,各地根据实际情况,要建立以下具体管理制度:

(1)户籍地流动人口计划生育管理合同制度。户籍地村、居委会(或乡镇、街道)要与流动人口中的已婚育龄妇女(或需要签订合同的育龄人员)签订计划生育管理合同,明确双方的权利与义务,应遵守有关的流动人口计划生育管理法规、规章,以及避孕节育检查情况等信息的反馈时间、方式等。合同的有效期应与《婚育证明》的有效期一致。

(2)现居住地流动人口计划生育经常化管理制度。将已婚育龄流动人口纳入现居住地的日常管理,实行与户籍人口同宣传、同服务、同管理、同考核。

(3)"两地"信息通报制度。现居住地与户籍地要通过《流动人口育龄妇女计划生育信息通报单》(以下简称《信息通报单》),及时通报流动人口中未持《婚育证明》或出现节育措施与证明所记载不相符合、无生育计划即怀孕等情况,以及有关育龄妇女婚姻、生育、避孕节育、缴纳社会抚养费等信息。收到《信息通报单》的一方必须及时回复,并配合做好有关工作。未及时回复的,由上级计划生育部门督促回复并根据情况给予通报批评。

《信息通报单》由国家计生委规定统一格式。各省(区、市)计生委按照统一格式和要求,自行印制。

(4)"两地"协调制度。流出和流入人口较多的省级计生委间建立联席会议或协调制度,定期商定有关共同管理的原则和制度,加强对重点、难点问题的协调解决。省计生委政策法规处(或流动人口处)负责协调具体事项。

(5)逐步实现流动人口计划生育信息计算机管理。积极创造条件,逐步采用计算机管理系统做好"两地"间的信息联络、反馈工作。与公安等部门联合

村官常用法律知识必读

办公进行流动人口计划生育管理的地方,应首先配备计算机。

十三、什么是社会抚养费?

根据《中共中央、国务院关于加强人口与计划生育工作稳定低生育水平的决定》(中发〔2000〕8号)的有关精神,2000年9月1日,财政部、国家发展计划委、国家计生委联合发出通知,决定将目前使用的"计划外生育费"名称变更为"社会抚养费",并要求各地抓紧履行名称变更的法律程序。变更名称后,各地在收取社会抚养费的同时,不得再收取计划外生育费。社会抚养费的收取范围和标准仍按国家计划生育委员会、财政部、原国家物价局联合颁布的《计划外生育费管理办法》(国计生财字〔1992〕86号)和省、自治区、直辖市的有关规定执行。社会抚养费收支按照财政部《关于将部分行政事业性收费、政府性基金纳入预算管理的通知》(财预〔2000〕127号)的规定进行管理。通知自发布之日起执行。

国家立法将"计划外生育费"改称"社会抚养费",其征收的目的、性质未发生变化,更加符合我国法制建设的要求。关于目前社会抚养费的征收、管理、使用的运作方法,应按照国家有关行政收费的法律、法规的规定和财政部的有关制度、要求操作。

"社会抚养费"概念产生的背景:我国于20世纪80年代全面推行计划生育以来,各地计划生育政策普遍规定了对夫妻过多生育子女进行经济限制的措施。20世纪80年代初、中期后,各地先后制定了地方计划生育法规,对这种经济限制措施的名称规范地称为"计划外生育费"。90年代中期以后,根据我国法制建设新形势的需要,以及《行政处罚法》的颁布实施要求,各地方计划生育法规对计划外生育费的性质重新界定为补偿性收费,划清了其与行政处罚罚款的界限。1995年8月,以国务院新闻办名义发表的《中国的计划生育》白皮书,将"社会抚养费"作为经济限制措施对世界公布,称:"对多生育子女的家庭,则征收一定数额的社会抚养费,这样做既是对多生育子女行为的限制,也是多生育子女者给予社会的一种补偿。"

"社会抚养费"的性质应视为对违背地方计划生育法规规定多生育子女、较多占用社会资源的夫妻征收的补偿性、行政性收费。不符合《人口与计划生育法》的规定生育子女的公民,应当按照规定缴纳社会抚养费。

社会抚养费的征收标准,分别以当地城镇居民人均可支配收入和农村居民年人均纯收入为计征的参考基本标准,结合当事人的实际收入水平和不符合法律、法规规定生育子女的情节,确定征收数额。社会抚养费的具体征收标准由省、自治区、直辖市规定。

任何单位和个人不得违反法律、法规的规定擅自增设与计划生育有关的收费项目,提高社会抚养费征收标准。

社会抚养费的征收,由县级人民政府计划生育行政部门作出书面征收决定;县级人民政府计划生育行政部门可以委托乡(镇)人民政府或者街道办事处作出书面征收决定。

十四、社会抚养费应怎样征收?

不符合《人口与计划生育法》第18条规定生育子女的流动人口的社会抚养费的征收,按照下列规定办理:①当事人的生育行为发生在其现居住地的,由现居住地县级人民政府计划生育行政部门按照现居住地的征收标准作出征收决定;②当事人的生育行为发生在其户籍所在地的,由户籍所在地县级人民政府计划生育行政部门按照户籍所在地的征收标准作出征收决定;③当事人的生育行为发生时,其现居住地或者户籍所在地县级人民政府计划生育行政部门均未发现的,此后由首先发现其生育行为的县级人民政府计划生育行政部门按照当地的征收标准作出征收决定。

当事人在一地已经被征收社会抚养费的,在另一地不因同一事实再次被征收社会抚养费。

社会抚养费的征收决定,自送达当事人之日起生效。当事人应当自收到征收决定之日起30日内一次性缴纳社会抚养费。当事人一次性缴纳社会抚养费确有实际困难的,应当自收到征收决定之日起30日内向作出征收决定的县级人民政府计划生育行政部门提出分期缴纳的书面申请,并提供有关证明材料。县级人民政府计划生育行政部门应当自收到当事人的申请之日起30日内作出批准或者不批准分期缴纳的决定,并书面通知当事人。征收社会抚养费,应当向当事人出具由省、自治区、直辖市人民政府财政部门统一印制的社会抚养费收据。社会抚养费的具体征收、缴纳方式,由省、自治区、直辖市根据当地实际情况规定。

当事人未在规定的期限内缴纳社会抚养费的,自欠缴之日起每月加收欠缴社会抚养费的2‰的滞纳金;仍不缴纳的,由作出征收决定的计划生育行政部门依法申请人民法院强制执行。当事人对征收决定不服的,可以依法申请行政复议或者提起行政诉讼。行政复议或者行政诉讼期间,征收决定不停止执行;但是,《行政复议法》、《行政诉讼法》另有规定的除外。

社会抚养费及滞纳金应当全部上缴国库,按照国务院财政部门的规定纳入地方财政预算管理;任何单位和个人不得截留、挪用、贪污、私分。计划生育工作必要的经费,由各级人民政府财政予以保障。县级以上人民政府计划生育、财政、计划(物价)、审计、监察等部门,应当加强对社会抚养费征收管理工作的

村官常用法律知识必读

监督、检查。

当事人所在单位或者村民委员会、城市居民委员会，应当依法配合做好社会抚养费的征收工作。违反法律、法规的规定，擅自增设与计划生育有关的收费项目或者擅自提高社会抚养费征收标准的，依照《违反行政事业性收费和罚没收入收支两条线管理规定行政处分暂行规定》处理。截留、挪用、贪污、私分社会抚养费的，依照刑法关于贪污罪、挪用公款罪、私分国有资产罪的规定，依法追究刑事责任；尚不够刑事处罚的，对直接负责的主管人员和其他直接责任人员依法给予降级、撤职或者开除的行政处分。

十五、为什么说"夫妻双方在实行计划生育中负有共同的责任"？

妇女在人类发展中占有重要地位，妇女既承担着物质资料再生产的任务，也承担着人类自身繁衍的重担。育龄妇女在婚后要经历或者可能经历妊娠、分娩、哺乳、育儿等生殖活动，她们要比男人承担更大和更多的健康风险，并且，在计划生育中也是避孕措施的主要承担者，甚至有时不得不承担由于非意愿妊娠导致人工流产所带来的更严重的健康风险。因此，我国《人口与计划生育法》规定："夫妻双方在实行计划生育中负有共同的责任。"此项规定的宪法依据是《宪法》第49条第2款的规定，即"夫妻双方有实行计划生育的义务"，第48条的规定，即"中华人民共和国妇女在政治的、经济的、文化的、社会的和家庭的生活等各方面享有同男子平等的权利"。

所谓"夫妻双方在实行计划生育中负有共同的责任"，应当从以下几个方面理解：①夫妻双方地位平等，双方都有要求实行计划生育的权利，也有实行计划生育的义务；②夫妻有同等的参与权、决定权，尤其要强调的是妻子不仅仅处于受支配地位；③夫妻要互相支持，平等协商，自觉遵守计划生育法律法规；④生育控制的责任不仅在女性，男性应积极支持女性采取避孕措施，自身也应当积极地承担起采取避孕节育措施的责任。

十六、育龄夫妻可以享受哪些免费的计划生育技术服务项目？

《人口与计划生育法》第21条规定："实行计划生育的育龄夫妻免费享受国家规定的基本项目的计划生育技术服务。前款规定所需经费，按照国家有关规定列入财政预算或者由社会保险予以保障。"根据国务院《计划生育技术服务管理条例》和国务院计划生育行政部门、财政部门、卫生行政部门、发展计划部门等有关文件规定，免费提供的计划生育服务项目一般包括：孕情、环情监测；提供避孕药具；放置和取出宫内终止妊娠器、绝育术、人工终止妊娠术、常规的各项医学检查；计划生育手术并发症的诊治等。

第五章 计划生育与户籍法律常识

免费提供服务的经费来源主要有：避孕药具由国家财政负担；向农村实行计划生育的育龄夫妻免费提供避孕节育技术服务由各级财政设立专项予以保障；城市实行计划生育的育龄夫妻避孕节育技术服务的经费通过参加生育保险、医疗保险和其他相关社会保险，由社会统筹基金支付或地方财政负担；对西部困难地区免费提供避孕节育技术服务所需经费，由中央财政通过转移支付给予补助。

实行计划生育的夫妻可以免费享受基本项目的计划生育技术服务，是中国推行计划生育的一项重要措施。《人口与计划生育法》第一次从法律上明确了育龄夫妻享有免费享受基本项目的计划生育技术服务的权利。由于目前中国经济发展水平的局限，国家还不能把所有现行的避孕节育方法都纳入免费提供的范畴。根据国家财力实际情况，免费提供的计划生育技术服务项目仅限于"基本项目"的范围。

十七、为什么推行计划生育也要依法行政、文明执法？

实行计划生育是一项基本国策，推行这项基本国策，既需要靠各级政府的大力推动，也需要社会各方面的广泛参与。《人口与计划生育法》规定了各级政府、政府部门、村民委员会、居民委员会、社会团体、企业事业组织等在计划生育工作中的职责分工。各级政府、政府部门、村民委员会、居民委员会、社会团体、企业事业组织等要按照法律规定做好计划生育工作。所谓依法行政，是指各级政府及其工作人员应当在法律和法规规定的范围内活动，不得超越法律或者法规的规定擅自行事。具体来说：①行政机关在制定规范、实施立法活动等抽象行政行为时应做到依法行政，符合法律优先的要求；②行政机关在作出决策以及具体行政行为时应遵循依法行政原则，行政机关及其工作人员的行政行为必须有明确的法律依据，必须体现权、责统一的原则，不仅要遵守或依据实体法，也要遵守程序法，所有违法行为必须予以撤销或改变；③一切行政行为都要自觉接受人民群众的监督。

依法行政，文明执法是对所有行政机关及其工作人员的要求，各级人民政府及其工作人员在落实计划生育工作时也应当做到这一点。众所周知，我国是在生产力不发达、社会保障制度不健全且保障水平比较低的情况下开展计划生育工作的，群众实行计划生育不可避免地会遇到一些生活、生产和养老等方面的实际问题。群众的生育意愿和国家的生育政策还有一定的距离，计划生育工作难度大，被称为"天下第一难事"。为了完成工作目标，部分地方不注意工作方法，出现了"上房揭瓦"和"赶猪牵牛"等粗暴、野蛮的执法行为，严重侵犯了群众的合法权益，损害了党群、干群关系，也造成了不良的国际影响。因此，实行计划生育要坚持"三为主"的方针，既要加强行政管理，又要做好群众的工作，应

村官常用法律知识必读

当充分发挥广大群众的自觉性。从根本上禁止打骂人、强取财物、推倒房屋等野蛮行为,真正做到依法行政、文明执法。

十八、计划生育奖励制度包括哪些具体内容?

《人口与计划生育法》第23条规定:"国家对实行计划生育的夫妻,按照规定给予奖励。"计划生育奖励是我国计划生育政策的组成部分之一。实行计划生育奖励不仅是对实行计划生育的群众进行经济补偿和解决群众实行计划生育的后顾之忧的需要,也是适应市场经济发展、政府职能转变以及加快法制建设的必然要求。

对实行计划生育的夫妻,应当按照国家计划生育的有关规定、各地的计划生育条例或办法、规章以及各部门各企事业单位的有关规定给予相应的奖励。目前,有关计划生育奖励的规定主要有:①增加晚婚晚育假、产假,加发独生子女父母退休金或养老保险金。②发放独生子女父母奖励费并在子女入托、入学、就医等方面给予独生子女家庭适当照顾。③对实行计划生育的农民适当减免义务工、统筹款、提留款。城镇职工分配住房、城镇企业招工,农村划分责任田、自留地、宅基地等方面,给独生子女家庭予以适当优先和照顾。④开展以农村计划生育养老保险为主要内容的计划生育保险。⑤把计划生育工作与农村发展经济、扶贫开发、建设文明幸福家庭等结合起来。

十九、生育保险权益受到侵害时该怎么办?

根据国家有关规定,女职工生育保险权益受到侵害时,有权向所在单位的主管部门或当地劳动部门提出申诉。受理申诉的部门应当自收到申诉之日起30日内作出处理决定;女职工对处理不服的,可以在收到处理决定书之日起15日内向人民法院起诉。

二十、"准生证"办不下来是谁的责任?

方某夫妇是河南某镇农民,在外省某城市从事商店零售业。2003年8月方某妻子怀孕了,他们回老家办"准生证",老家计生部门却说2004年可能有新的政策下来,生第一个孩子不用"准生证"了,就不给他们办理。可是他们回到他们所住的城市小区后,小区居委会多次要求他们出示"准生证",要不然就要罚款500元钱。方某夫妇不知道该如何是好。

根据我国计划生育法律和政策的规定,凡符合生育条件要求生育的农村育龄夫妻,须向户籍所在地乡镇人民政府提出申请,由乡镇人民政府按政府下达的人口计划指标办理"准生证"。办理一胎"准生证"需要当事人先到其户口所在地的村委会填写一胎申请表,由村委会加具意见后,携带男、女双方户口簿、身份证、结婚证、照片、孕检证明等资料,到乡(镇)政府办理"准生证"。办理"准生证"之后,公民的生育行为是合法的。

作为乡(镇)办证机关,其职责是依法为前来办理"准生证"的公民及时办理"准生证",不得找借口拒绝和推延。因此,方某夫妇回老家办理"准生证",当地乡(镇)计生部门应当给予办理,而不能无故推脱刁难。

当然,方某夫妻未领到"准生证"这一事件的发生,与2003年国家计生委在部分省、市进行的计划生育综合改革试点有一定的联系。这次试点有一个比较显著的变化就是生育第一胎孩子的育龄夫妻,可以自由选择生育时间,不必在固定的时间内申领"准生证"。这给了当事人更多的自由和权利,也是符合广大育龄公民的愿望的。但是就目前而言,该项改革仅处于试点阶段,新政策还没有出台,因此,"准生证"仍应该办。方某和妻子可以采取以下几种方式解决"准生证"问题:第一,可以要求其老家的计生部门给他们办理"准生证"。如果仍不给办理的话,方某可以选择向有关部门投诉,以促使问题的解决。第二,如果方某现在所居住的地方有相关计划生育文件许可外省在该地打工者办理"准生证",那么也可以采取这种方式办理"准生证"。第三,也可以采取办理流动人口婚姻证明及相关手续的方式,向居住地有关部门证明小孩是第一胎或是计划内生育的情况。

二十一、什么是计划生育行政执法中的"七个不准"?

(1)不准非法关押、殴打、侮辱违反计划生育规定的人员及其家属。

(2)不准毁坏违反计划生育规定人员家庭的财产、庄稼、房屋。

(3)不准不经法定程序将违反计划生育规定人员的财物抵缴计划外生育费。

(4)不准滥设收费项目、乱罚款。

(5)不准因当事人违反计划生育规定而株连其亲友、邻居及其他群众;不准对揭发、举报的群众打击报复。

(6)不准以完成人口计划为由而不允许合法的生育。

(7)不准组织对未婚女青年进行孕检。

二十二、伪造、变造、买卖计划生育证明,应承担何种法律后果?

《人口与计划生育法》规定,伪造、变造、买卖计划生育证明,由计划生育行政部门没收违法所得,违法所得5000元以上的,处违法所得2倍以上10倍以下的罚款;没有违法所得或者违法所得不足5000元的,处5000元以上2万元以下的罚款;构成犯罪的,依法追究刑事责任。

以不正当手段取得计划生育证明的,由计划生育行政部门取消其计划生育证明;出具证明的单位有过错的,对直接负责的主管人员和其他直接责任人员依法给予行政处分。

二十三、违规生育子女的,应承担何种法律责任?

《人口与计划生育法》第18条规定,违规生育子女的公民,应当依法缴纳社会抚养费。

未在规定的期限内足额缴纳应当缴纳的社会抚养费的,自欠缴之日起,按照国家有关规定加收滞纳金;仍不缴纳的,由作出征收决定的计划生育行政部门依法向人民法院申请强制执行。

如缴纳社会抚养费的人员是国家工作人员的,还应当依法给予行政处分;其他人员还应当由其所在单位或者组织给予纪律处分。

二十四、利用现代技术鉴定胎儿的性别是违法行为吗?

利用现代技术鉴定胎儿性别是违法行为,《母婴保健法》、《母婴保健法实施办法》和《计划生育技术服务管理条例》中都有相关的规定。《人口与计划生育法》第35条规定:"严禁利用超声技术和其他技术手段进行非医学需要的胎儿性别鉴定;严禁非医学需要的选择性别的人工终止妊娠。"《关于禁止非医学需要的胎儿性别鉴定和选择性别的人工终止妊娠的规定》对此作出了详细的规定,禁止非医学需要的胎儿性别鉴定和选择性别的人工终止妊娠;未经卫生行政部门或计划生育行政部门批准,任何机构和个人不得开展胎儿性别鉴定和人工终止妊娠手术。法律法规另有规定的除外。

二十五、新农村户籍改革的方向是什么?

户籍管理是世界各国最根本的社会管理制度。户籍管理制度在社会管理中作用是明显的,它一方面可以通过公民身份登记,从而证明身份并确立民事权利和行为能力;另一方面可以为政府制定国民经济和社会发展规划、劳动力合理配置等提供基础数据和资料。此外,户籍管理是治安管理的基础和重点,在维护治安、打击犯罪方面起到了巨大作用。

我国现行的户籍制度是计划经济时代的产物,随着市场经济体制的逐步建立和完善,划分"农业户口"和"非农业户口"、实行城乡分割的户籍管理二元结构,阻碍了人力资源的优化配置和地区间的合理流动,无法形成城乡统一的劳动力市场;不利于城市化建设和农村经济的发展,不适应形势发展的要求;不利于我国农业人口城市化的顺利进行。因此户籍制度改革的目标是消除二元特征,淡化城市户籍的高附加值,增加农村户口的含金量,使之不再成为人才流动的壁垒和资源配置的障碍。

未来的农业和农村工作将消除制约城乡协调发展的体制性障碍,促进城乡资源要素的合理流动和优化配置。这便要改革劳动和就业管理体制,建立城乡统一的劳动力市场和公平竞争的就业制度,改革户籍管理制度,逐步建立城乡统一的户口登记管理制度,放宽城市户口迁移限制,逐步建立城乡衔接的社会保障体系,促进社会保障向农村覆盖。

二十六、我国公民换领居民身份证的情况与费用是怎样的?居民身份证的有效期是如何规定的?

公民在下列情况时需要换领居民身份证:

(1) 公民应当在居民身份证有效期满之日的3个月前申报换领新证,户口登记机关应当在旧证有效期满前将新证发给本人;

(2) 公民常住户口迁出常住地辖区和行政区域的,在迁入地办理户口登记手续的同时换领居民身份证;

(3) 公民需要变更、更正居民身份证登记的内容,在履行申请变更、更正手续的同时申报换领新证;

(4) 公民的居民身份证污损、残缺不能辨认时,应当申报换领新证。

我国公民申请换领、补领居民身份证,需要重新填写《常住人口登记表》,交近期标准相片两张,并按规定交纳证件工本费。申报换领新证的,户口登记机关发给新证的同时收回旧证。申报补领新证的,原证作废。按照《国家发改委、财政部、公安部关于居民身份证收费标准及有关问题的通知》规定,公民首次申领或换领二代证工本费每证20元,遗失补领或损坏换领的工本费每证40元。照相收费由公司按物价标准收取,每证10元,打印4张照片。

居民身份证的有效期规定如下:

(1) 十六周岁以上公民的居民身份证的有效期为十年、二十年、长期;

(2) 十六周岁至二十五周岁的,发给有效期十年的居民身份证;

(3) 二十六周岁至四十五周岁的,发给有效期二十年的居民身份证;

(4) 四十六周岁以上的,发给长期有效的居民身份证;

(5) 未满十六周岁的公民,自愿申请领取居民身份证的,发给有效期五年的居民身份证。

二十七、需要使用居民身份证的具体事务有哪些?

《中华人民共和国居民身份证条例实施细则》规定:

1. 公民在办理下列事务,需要证明身份时,可以出示居民身份证:

(1) 选民登记;

(2) 户口登记;

(3) 兵役登记;

(4) 婚姻登记;

(5) 入学、就业;

(6) 办理公证事务;

(7) 前往边境管理区;

(8) 办理申请出境手续;

(9) 参与诉讼活动;

(10) 办理机动车、船驾驶证和行驶证,非机动车执照;

(11) 办理个体营业执照;

(12) 办理个人信贷事务;

(13) 参与社会保险,领取社会救济;

(14) 办理搭乘民航飞机手续;

(15) 投宿旅店办理登记手续;

(16) 提取汇款、邮件;

(17) 寄卖物品;

(18) 办理其他事务。

2. 1989 年《公安部印发〈关于在全国实施居民身份证使用和查验制度的请示〉的通知》中,对"办理其他事务"作了某些补充说明:

(1) 报考各类高等学校或者中等职业、专业学校;

(2) 提前支取定期储蓄存款,储蓄存款单据挂失,支取银行汇票、本票、现金支票、旅行支票、信用卡和汇兑款项;

(3) 办理家庭财产保险和人身保险业务;

(4) 办理计划生育手续;

(5) 申报个人取得的各项应税收入,办理税务登记和纳税事项;

(6) 办理聘用、雇用和离、退休手续;

(7) 申请前往边防禁区、经济特区、戒严区通行证件;

(8) 申领出海渔民、船民证件和船舶证簿;

(9) 办理海关手续;

(10) 报名参加文艺、体育竞赛或者比赛;

(11) 私人房屋产权登记;

(12) 使用银行支票购买商品;

（13）办理拍卖、典当、租赁手续和出售生产性废旧金属；
（14）办理印刷业务；
（15）刻制印章；
（16）认领走失儿童和认领遗失物品；
（17）借阅属于开放范围的档案资料；
（18）进入党政军机关等部门；
（19）申请举行集会、游行、示威；
（20）各部门认为需要公民出示居民身份证以证明身份的其他事项。

二十八、第二代身份证发证的对象和范围是怎样的？身份号码编制的规则是什么？

与领取一代身份证不同，不满16岁的公民也可以采取自愿的原则申请领取第二代身份证。公安机关将进一步扩大第二代身份证发证的对象和范围，公民从一出生到16岁的年龄段都可以申请领取身份证。实行身份证制度过程中，很多军人、武警官兵在从事一些社会活动时，没有证件很不方便，经过研究允许对军人、武警发放身份证件。公安机关正在为部队服现役的军人、武警编制公民身份号码。另外，公安机关把发证的对象扩大到服刑、劳教和被羁押的人，取消了原来的身份证条例中的限制性规定。香港同胞、澳门同胞、台湾同胞在符合条件的情况下也可以申请领取第二代居民身份证。

按照《中华人民共和国居民身份证法》的规定，公民身份号码是每个公民唯一的、终身不变的身份代码，由公安机关按照公民身份号码国家标准编制，由18位数字组成。前6位为地址码，第7～14位为出生日期码，第15～17位为顺序码，第18位为校验码。具体含义是：地址码表示公民被赋码时常住户口所在县（市、旗、区）的行政区划代码，出生日期码表示公民出生的公历年月日，顺序码表示在同一地址码所标识的区域范围内对同年同月同日出生的人编定的顺序号（奇数分配给男性，偶数分配给女性），校验码采用数据处理校验码系统计算产生。公民身份证号码所体现的地址仅为赋码户籍所在地地址，并不一定代表该公民现户籍所在地。

二十九、为什么不得随意扣留公民的居民身份证？伪造身份冒充他人招摇撞骗应受到何种处罚？

居民身份证是公民证明其身份的法定证件，由国家立法确认，具有高度的法定权威性，能够有效地证明公民身份。公安机关除对于依照《中华人民共和国刑事诉讼法》被执行强制措施的人以外，不得扣留公民的居民身份证。这是因为公

村官常用法律知识必读

民在办理涉及权益的事务时,需要随时使用居民身份证,还要接受公安机关的查验。从维护法律的严肃性和保护公民的合法权益出发,除法律另有规定的外,其他任何单位和个人在办理涉及公民权益的事务时,可以要求其出示居民身份证,但不得扣留或者要求作为抵押。

冒充国家机关工作人员或者以其他虚假身份招摇撞骗的,处5日以上10日以下拘留,可以并处500元以下罚款;情节较轻的,处5日以下拘留或者500元以下罚款。冒充军警人员招摇撞骗的,从重处罚。

案例　计划生育仅仅是妻子的事吗?

【案情】

农民李某与张某结婚后,生育了一个男孩。张某不想再生育,想到乡卫生院采取避孕措施。李某先是不同意,还想再生一个孩子,但按照国家的计划生育政策,他们不具备生育第二胎的条件,在妻子的反复劝说下,李某才同意了妻子采取避孕措施。半年后,由于避孕措施未能有效地发挥作用,张某再次意外怀孕,不得不到医院做了人流。张某向丈夫提出要求,希望李某到医院去做结扎。李某却坚决不同意,认为这都是女人的事,一个大男人去做什么结扎。李某的这种说法正确吗?

【评析】

《人口与计划生育法》规定:"夫妻双方在实行计划生育中负有共同的责任。"这项规定是对《宪法》第49条第2款"夫妻双方有实行计划生育的义务"和第48条"中华人民共和国妇女在政治的、经济的、文化的、社会的和家庭的生活等各方面享有同男子平等的权利"的具体化和进一步的贯彻落实。妇女在人类发展中占有重要地位,妇女既承担着物质资料再生产的任务,也承担着人类自身繁衍的重担。育龄妇女在婚后要经历或者可能经历妊娠、分娩、哺乳、育儿等生殖活动,她们要比男人承担更大和更多的健康风险,并且在计划生育中也是避孕措施的主要承担者,甚至有时不得不承担由于非意愿妊娠导致人工流产所带来的更严重的健康风险。因此,法律规定夫妻共同承担计划生育的责任是十分必要的。

所谓"夫妻双方在实行计划生育中负有共同的责任",包含以下几个方面的内容:①夫妻双方地位平等,双方都有要求实行计划生育的权利,也有实行计划生育的义务;②夫妻有同等的参与权、决定权,尤其要强调的是妻子不仅仅是处于受支配地位；③夫妻要互相支持，平等协商，自觉遵守计划生育法律法规；④生育控制的责任不仅在女性，男性应积极支持女性采取避孕节育措施，自身也应当积极地承担起采取避孕节育措施的责任。

在本案中，李某对妻子张某按照国家的计划生育政策采取避孕措施，不予支持，是错误的。张某在采取避孕措施后又意外怀孕，被迫做人流，要求丈夫采取避孕措施，是合理的。按照计划生育法律政策的规定，李某也有计划生育的义务。他应当积极支持妻子采取避孕节育措施，同时自己也应当承担起避孕节育的法律责任。李某拒绝采取避孕节育措施的做法，没有履行自己的计划生育义务，也是对妻子享有的计划生育平等权利的侵犯。因此，张某除了自己采取有效的避孕措施之外，还可以向村委会、计划生育行政部门寻求帮助，让丈夫履行计划生育义务。

第六章 婚姻家庭与继承法律常识

一、结婚登记时除了收取婚姻证书费之外,是否可以收取其他费用?

婚姻登记是我国民政机构的一项重要工作,涉及千家万户。因此,婚姻登记机关如何办理婚姻登记在我国法律、法规中有严格规定。

我国 2003 年 10 月 1 日开始实施的《婚姻登记条例》规定,当事人办理婚姻登记或者补领结婚证、离婚证应当缴纳工本费。工本费的收费标准由国务院价格主管部门会同国务院财政部门规定并公布。婚姻登记机关办理婚姻登记,除按收费标准向当事人收取工本费外,不得收取其他费用或者附加其他义务。如果婚姻登记机关及其婚姻登记员在办理婚姻登记或者补发结婚证、离婚证时,超过收费标准收取费用的,对直接负责的主管人员和其他直接责任人员依法给予行政处分。违反该规定多收取的费用,应当退还当事人。

二、农民在办理结婚登记时要缴纳哪些费用?

根据《婚姻登记条例》的规定,对符合法定条件的婚姻双方当事人办理结婚登记,只收取婚姻证书的工本费。婚姻登记机关要求缴纳其他额外费用的做法是不合法的,婚姻登记人有权拒绝缴纳,并有权对其违法行为进行监督。

法律、法规对结婚登记收费有一些具体的规定,归纳如下:

(1) 我国公民的结婚证书分为精装和简装两种,精装结婚证为每对人民币 9 元,简装为每对人民币 2 元(该费用随着证书成本的变化会有所调整)。婚姻登记管理机关应当同时具备两种结婚证书,以供当事人自由选择。

(2) 严禁婚姻登记机关在办理婚姻登记时"搭车"收费。

(3) 各物价部门在认为必要时,要会同本地人民政府部门对婚姻登记收费进行全面的清理检查,对违法行为应当查处。对违法所得要尽量退还本人,实在不能退还的,应收缴财政,情节严重的,除给予相应的行政处罚外,建议监察部门对其主要负责人也给予行政处分。

三、什么是婚前财产？结婚后对婚前财产怎样处理？

夫妻双方结婚以前各自所有的财产为婚前财产。包括房屋、储蓄、衣物；家庭副业或个体经营者用于生产经营的设备、资金和利益；接受的赠与或继承的财产；与前配偶离婚时分得的财产；复员转业军人的复员费、转业费、医疗费；以及双方各自为准备结婚而购置的财产；等等，都属于婚前财产，应归个人所有，他方不得干预或侵占。

结婚后，如夫妻双方协商约定（可以是书面约定，也可以是口头约定，但最好经过公证机关或没有利害关系的第三者证明，以免发生纠纷时无从查证），对各方的婚前财产不分彼此，均作为夫妻共同财产，这在法律上也是允许的。结婚前各方购买的结婚用品，能够明确分清的，就属于各方的婚前财产；如难以分清为谁所有，或在恋爱过程中，双方感情较好，将工资收入合在一起，购置结婚所需的物品，一般应为夫妻共同所有的财产。

四、男女双方户籍不在同一地区，如何办理登记手续？

根据我国民政部发布的《婚姻登记办法》的有关规定："要求结婚的男女双方当事人必须亲自共同到一方户籍所在地的婚姻登记机关申请结婚登记。"可见，在通常情况下，要求办理结婚登记的男女双方当事人都应当按法律规定办理登记。对于男女双方不在同一地区工作的，当事人可以根据1986年9月《民政部关于婚姻登记若干问题的解答》的有关规定，协商选定其中一方户籍所在地的婚姻登记机关去办理申请结婚登记。也就是说，到男方或女方的户籍所在地都可以。男女双方也可以到一方父母户籍所在地的婚姻登记机关办理结婚登记。除了持有双方户籍证或身份证、所在单位或村（居）民委员会出具的写明本人出生年月和婚姻状况的证明外，还必须由父母所在的工作单位或村（居）民委员会出具该方与父母间的父子（父女）或母女（母子）关系证明。至于在哪一方所在地区办理结婚登记，可以根据男女双方的实际情况及将来安家落户的地点等问题作出决定。

结婚条件，包括必备条件和禁止条件。

根据《婚姻法》规定，结婚必备的条件是指婚姻当事人要求结婚必须具备、不可或缺的条件，这些条件是：

一是男女双方完全自愿，不允许任何一方对他方加以强迫或任何第三者加以干涉。所谓"完全自愿"，有三层含义：①男女双方必须自愿，而不是一厢情愿，排除了一方强迫另一方的情况；②男女双方本人自愿，而不以其他人的意志为转移；③双方当事人完全自愿，不是半自愿半包办。

二是双方达到法定婚龄。法定婚龄，是婚姻法确认的最低的结婚年龄。我国《婚姻法》第5条规定的结婚年龄为：男不得早于22周岁，女不得早于20周岁。也就是说，男女达到了这个年龄才可以结婚，但不是非结婚不可，国家鼓励晚婚晚育、少生、优生。

三是必须符合一夫一妻制原则，禁止重婚。即任何人都不得同时有两个或两个以上的配偶，否则就是重婚，触犯刑律的就要治以重婚罪。我国《婚姻法》除在第2条规定实行一夫一妻制外，还在第3条规定"禁止重婚"；《刑法》在第258条规定："有配偶面临重婚的，或者明知他人有配偶而与之结婚的，处二年以下有期徒刑或者拘役。"

结婚除了必须具备上述必备条件外，还必须排除下列情形：

（1）直系血亲和三代以内的旁系血亲禁止结婚。直系血亲是指具有直接血缘关系而非间接血缘关系的亲属，它具体是指直接生育自己和自己所生育的上下各代的血亲，如父女、母子等；三代以内旁系血亲是指出自同一祖父母、外祖父母的旁系血亲。

（2）患麻风病未经治愈或患有其他在医学上认为不应当婚姻的疾病的人禁止结婚。其他在医学上认为不应结婚的疾病，主要是指精神失常未经治愈，先天性痴呆以及被实践证明不得结婚的传染病和遗传性疾病。当然，在确定是否患有禁止结婚的疾病时，必须有医学证明，不得任意解释。

此外，有影响发生性行为的生理缺陷，在治愈前也不能结婚。

五、结婚登记必须男女双方亲自到场吗？可否叫别人代办？

《婚姻法》第7条规定："要求结婚的男女双方必须亲自到婚姻登记机关进行结婚登记。"这就是说，申请结婚登记必须是双方本人而不能由他人代替办理。《婚姻登记管理条例》还进一步具体规定，要求结婚的男女双方应持本人居民身份证或户籍证明，所在单位、村民委员会或居民委员会出具的婚姻状况（未婚、离婚、丧偶）的证明。这几项要求是缺一不可的。所以要求结婚的男女双方如不亲自到一方户口所在地的婚姻登记机关办理结婚登记手续，或委托他人代办结婚登记，这是违背婚姻法规定的行为，办理结婚登记的工作人员经过审查了解后，也不会准予登记和发给《结婚证》。如果一方或双方有特殊情况而不能亲自去登记，那只有推迟登记时间，绝不可一方代表双方或委托其他人代为登记。这是法律明文规定的，任何人都必须遵照执行。如侨居国外的人同国内公民在国内登记结婚，也必须双方亲自持结婚所需的证件，到国内一方户口所在地的婚姻登记机关办理登记手续，而不能因种种客观原因不回国，由国内一方单方去办理，这是行不通的。他（她）必须办好结婚所需的证件回国后与国内方一起去婚姻登记机关办理结婚手续。

六、妻子有否权益私自处理夫妻的共同财产？

《婚姻法》规定：夫妻在婚姻关系存续期间所得的财产，除双方另有约定外，归夫妻共同所有。夫妻对共同所有的财产，有平等的处理权。这一规定，体现了夫妻在家庭中地位平等的原则，保护妇女在家庭财产关系方面的平等地位。

有一对夫妇，男方于20世纪60年代初去海外经商，所生一对儿女由女方在家抚养。男方每年回家探亲一次。20余年来，以他的名字在当地银行储蓄人民币176000元。现在子女已到结婚年龄，女方建议男方将存款取出购买一幢小楼。丈夫表示同意，并将领款手戳交给女方，女方即同房主订立了买房合同。合同规定，房价120000元，先行支付价款20%的定金，如卖主不履行合同，要加倍返还定金；买主不履行合同，则不得收回定金。取款时丈夫突然来信反对买房，并直接通知银行止付存款。现在，离最后付款的期限只有10天，逾期不付，卖方有权另行处理，已付的定金亦不返还，在这种情况下，妻子应当怎么办？她能否自行决定取款买房？

男女结婚登记以后，不论男方或女方，双方或一方，海外或内地的劳动收入、继承或受赠、购置财物或银行储蓄等，都是夫妻的共同财产。除日常生活的细小开支，双方都可以自行决定外，而对于较大数目的开支或财产的处理，赠与或遗赠等，任何一方都不能单独决定，必须经过双方平等协商，取得一致的意见。否则在法律上是不能视为有效的。在本案中，妻子在买房前，既然征得丈夫同意之后才同房主签订了买房合同，而这个合同已经发生了法律效力，那么就要依法履行合同规定的义务。所以，妻子要尽快了解丈夫反悔的原因，并说服丈夫履行合同。如果其丈夫坚持不肯，妻子可以通过司法机关或者单位的协助，先向银行提取她有1/2所有权的存款履行合同，然后再解决夫妻间的纠纷。

七、收养人应具备哪些条件？

《收养法》第6条规定：收养人应当同时具备下列条件：
(1) 无子女；
(2) 有抚养教育被收养人的能力；
(3) 未患有在医学上认为不应当收养子女的疾病；
(4) 年满30周岁。

第7条规定：收养三代以内同辈旁系血亲的子女，可以不受本法规定的第4条第3项、第5条第3项、第9条和被收养不满14周岁的规定。

华侨收养三代以内的同辈旁系血亲的子女，还可以不受收养人无子女的限制。

依《收养法》第17条规定：孤儿或者生父母无力抚养的子女，可以由生父母的亲属、朋友抚养。

抚养人与被抚养人的关系不适用收养关系。

八、办理收养应通过哪些程序？

办理收养的机关有两种：一是公证机关，即各地的市（区）、县公证处，这是我国办理收养的主要机构。二是基层政权或户籍部门。在未设公证机关的地方，可由乡、镇政权机关或户籍部门办理收养登记。将来拟以统一经公证机关办理为宜。

办理收养公证须经以下程序：①申请。收养人、送养人和有识别能力的被收养人须共同到收养人户籍所在地的公证机关提出书面或口头申请。申请时须提交单位介绍信、本人身份和户籍证明。收养人的申请书、成立收养的协议书、有识别能力的被收养人的同意书以及婴儿的出生证，县以上医院的不育、绝育证明等证件。②审查。公证人员向当事人询问或到当事人所在单位、街道和群众中进行调查，弄清楚当事人提供的各种证件是否真实、合法，收养当事人是否符合条件，成立收养是否确系当事人自愿，收养人有无不良动机以及收养人的经济和健康状况等。这是全部程序的中心环节。③办证。经审查后，凡符合收养条件的，应予办理收养公证，制作公证书，证明收养关系成立。不符合收养条件的，不予办理收养公证，并向当事人说明不予办理的理由。当事人对此不服的，可向当地司法行政机关提出申诉，由受理机关进行处理。

九、收养关系可以解除吗？怎样解除？

收养关系可以依法成立，也可以依法解除。具体可通过以下两种方式之一处理：

（一）依当事人的协议而解除

协议解除收养的条件是：①须当事人同意。就收养方而言，须得养父母同意，就被收养方而言，养子女已成年时，经养子女同意即可；养子女尚未成年时，须得养子女的生父母或原送养的监护人同意，养子女已有识别能力的，还须征得其本人的同意。②当事人须对财产生活问题已有适当处理，别无争议。

协议解除收养可按公证或登记程序办理。公证机关办理解除收养的程序，亦可以分为申请、审查、办证三个环节。当事人达成解除收养的协议后，须到户口所在地的公证机关提出解除收养的申请，并说明要求解除收养的理由。公证人员应对当事人要解除收养的原因及有关情况进行调查，以便查明解除收养是否出于当事人的真实意愿；要求解除收养的理由是否正当合理，有无其他意图；双方对财产和生活问题的处理是否合法。经审查后，对符合解除收养条件的，就为其办理公证，准予解除。当事人自接到公证书之日起，收养关系即告终止。如果不符合协议解除收养的条件，不予办证，对有关纠纷，可建议当事人依诉讼程序提出请求。

基层政权机关或户籍部门办理解除收养的登记，也要对当事人的申请进行严格的审查，按照协议解除收养的条件，决定是否准予登记。

（二）依当事人一方的要求而解除

当事人一方要求解除收养而另一方不同意的，或双方同意解除收养，但在财产和生活困难上有争议的，一般由有关部门进行调解，亦可经诉讼程序由人民法院处理。人民法院审理收养案件，首先应对当事人进行调解，帮助当事人达成协议；调解无效时，依法判决。

人民法院处理解除收养的纠纷时，应当坚持保护儿童和老人合法权益的原则，保护合法的收养关系，保障收养人和被收养人双方的利益，根据不同情况实事求是地妥善解决：①养父母和生父母反悔，要求解除收养关系的，人民法院应查明情况，听取被收养人的意见，根据有利于子女健康成长的原则处理。②养父母不尽抚养义务，影响子女健康成长，生父母要求解除收养关系的，应予解除。③养父母与成年养子女关系的恶化，再继续共同生活对双方均不利，一方坚决要求解除收养关系的，一般可准予解除。④养父母发现养子女有生理缺陷或者其他病症，要求解除收养关系的，一般不予解除。但生父母在送养时有意隐瞒的，可准予解除。

在准予解除收养时，应当妥善地处理由此而引起的财产和生活问题。收养关系解除时，养父母因年老丧失劳动能力又无生活来源的，由养父母抚养长大已独立生活的养子女应负担养父母晚年的生活费用。生父母要求解除收养关系的，养父母可要求补偿收养期间养子女的生活费和教育费。养父母要求解除收养关系的，一般不得要求补偿。

十、养子女还有赡养扶助生母的义务吗？

《婚姻法》第 20 条规定："养子女和生父母间的权利和义务，因收养关系的成立而消除。"这就是说，收养关系一经成立，养子女与养父母之间，就有了与亲父母和亲子女同样的权利和义务，而养子女与生父母之间的权利和义务，则从此消除，他们之间不再有互相扶养的义务和相互继承遗产的权利。

十一、赡养、扶养、抚养有什么区别？

赡养、扶养、抚养，这三者都是婚姻家庭中的权利与义务的关系。但是，它

村官常用法律知识必读

们所指的对象和含义又各不相同。

（1）赡养：这是指晚辈人对长辈人，如子女对于丧失劳动能力、没有收入来源而生活困难的父母，提供物质上和生活上的帮助。

（2）扶养：这是指平辈人之间，如夫妻之间在物质上和生活上的相互帮助。当一方体弱生病，或离婚后一时不能自立，另一方有义务向对方提供扶养费；但"扶养"一词，也不仅限于同辈之间，还可用于长辈、晚辈之间。比如，《民法》第183条规定的"对于年老、年幼、患病或者其他没有独立生活能力的人，负有扶养义务而拒绝扶养……"，即是证明。

（3）抚养：这是指长辈对晚辈，如父母对子女的抚育、教养。这是父母对于子女（包括养子女）应尽的义务。父母离婚，对于所生子女仍有抚养和教育的责任。但"抚养"一词，也不仅限于老辈对少辈之间，还适用于同辈之间长幼关系。比如，《新婚姻法》第23条规定的"有负担能力的兄、姊，对于父母已经死亡或父母无力抚养的未成年的弟、妹，有抚养的义务"，即是证明。

十二、赡养扶助父母子女应尽到哪些义务？

《婚姻法》第15条规定："子女对父母有赡养扶助的义务。"子女应明确以下几个方面，并努力去做好，才算是尽到了赡养父母的义务。

（1）《宪法》第49条对此有明确规定："成年子女有赡养扶助父母的义务。"未成年子女并非赡养义务人，某些有收入的未成年子女出于自愿对父母进行赡养，这当然是应予肯定的，但这同履行法定的赡养义务有着严格的区别。

（2）赡养是指子女对父母的供养，即在物质上和经济上对父母提供必要的生活条件。扶助是指子女对父母在精神上和生活上的关心、帮助和照料。子女对年老体弱、丧失劳动能力、生活有困难的父母，必须自觉地履行赡养义务，使老人能够安度晚年。赡养老人的方式，或共同生活直接履行义务，或提供老人的生活费用，可由权利人与义务人根据情况商定。子女不止一人时，应根据"条件好的多负担，条件差的少负担"的原则，共同履行这一义务。

（3）《婚姻法》第15条第3款规定："子女不履行赡养义务时，无劳动能力的或生活困难的父母，有要求子女付给赡养费的权利。"关于因追索赡养费而发生的纠纷，可由有关部门进行调解，也可经人民法院依诉讼程序处理。在确定赡养费数额时，应考虑父母的实际需要和子女的经济负担能力。义务人有能力赡养而拒绝赡养，情节恶劣的，将依《刑法》第183条遗弃罪，追究其刑事责任。

十三、父母抚养子女的义务到何时为止？

《婚姻法》规定，父母对子女有抚养教育的义务。这种义务，到子女独立生活时止。这就是说,父母对于子女的抚养义务是有期限的,不是永远的。父母对子女的抚养义务分为两个阶段:子女在不满18周岁的未成年阶段,父母的抚养义务是无条件的、绝对的;子女在已满18周岁的成年阶段,父母的抚养义务则是有条件的,不能独立生活的子女,父母才有抚养教育的义务。所谓独立生活,是指参加工作有了经济收入,具有独立的生活来源,并非以结婚成家为标志。我国《民法通则》规定:"16周岁以上不满18周岁的公民,以自己的劳动收入为主要生活来源的,视为全民事行为能力人。"在这种情况下,父母对于子女抚养教育的法定义务,也可视为完成或基本完成。

十四、公民死亡时遗留的财产哪些可以继承?哪些不能继承?

《继承法》明确规定了可供继承的遗产范围:

(1) 公民的收入;
(2) 公民的房屋、储蓄和生活用品;
(3) 公民的林木、牲畜和家禽;
(4) 公民的文物、图书资料;
(5) 法律允许公民所有的生产资料;
(6) 公民的著作权、专利权中的财产权利;
(7) 公民的其他合法财产。

除此之外,个人承包应得的个人收益,可依《继承法》继承。

法律规定的上述遗产范围,我们大致可以把它分为四类:

(1) 公民的个人财产所有权,它主要包括:

①公民个人所有的房屋等不动产;
②法律允许公民所有的生产资料;
③公民的林木、牲畜、家禽;
④公民的合法收入;
⑤公民的储蓄存款、生活用品;
⑥公民的文物、图书资料。

(2) 公民享有的知识产权中的财产权利,其主要包括:

①公民的著作权中的财产权利;
②公民的专利权中的财产权利;
③公民的商标权中的财产权利;
④公民的发明权、发现及其他科技成果权中的财产权利。

(3) 公民享有的债权和负担的债务,它主要包括:

①合同之债中能够作为遗产转移的债权、债务。例如,甲死亡前欠乙的3万

元和甲死亡前借给丙的2万元就是可继承的债权2万元和债务3万元。

②因侵权行为而产生的债权、债务，例如，甲打伤乙所应付的3000元赔偿金，因甲的死亡该笔赔偿金即作为消极遗产由甲的继承人继承。

③因不当得利而发生的债权、债务。

④因无管理之债中的债权、债务。

(4) 公民的其他合法财产，它主要包括：

①公民的有价证券中设定的财产权利和财产义务；

②公民从事承包经营活动应取得的个人收益；

③复员、转业军人持有的资助金、复员费、转业费、医疗费；

④因工伤残的抚恤费和革命残废军人的抚恤费。

《继承法》规定了下列财产不属于遗产的范围：

(1) 遗产不应包括死者与他人共有财产中属于他人所有的财产部分。对于共有财产，应该是先析产，后继承，即分清哪些是死者的遗产，然后对遗产进行继承。在现实生活中，往往把夫妻共同财产或家庭成员共同共有的财产全部当作死者的个人遗产处理，这样就侵犯了他人的合法财产权益。为此，《继承法》第26条规定："夫妻在婚姻关系存续期间所得的共同所有的财产，除有约定的以外，如果分割遗产，应当先将共同所有的财产的一半分出为配偶所有，其余的为被继承的遗产。遗产在家庭共有财产之中的，遗产分割时，应当先分出他人的财产。"

(2) 遗产不应包括继承人生前已赠给他人的财产，以及租借他人的财产。死者生前已赠与他人的财产，其所有权自赠与之时起，就已经转移给了他人，被继承人随即丧失了这部分财产的所有权，因此，不能再把这部分财产作为死者的遗产。被继承人生前租、借他人的财产，其所有权属于出租人或出借人，死者生前只有使用权，死亡之后，应当交还给出租人或出借人，而不应当由继承人继承。

(3) 遗产不应当包括被继承人生前只享有使用权而没有所有权的财产。根据宪法规定我国的土地属于国家和集体所有，任何组织或个人不得侵占、买卖、出租或以其他方式非法转让土地。土地所有权不发生继承问题。目前，农民的宅基地、耕种的自留地、自留山等，农民只有使用权，而没有所有权，也不得作为遗产处理。

(4) 遗产不应包括被继承人的某些不可转让的人身性质的财产权，例如，公民享有的受抚养、赡养的权利，领取养老金的权利，以及与工作或一定职务相联系的经济待遇。

(5) 遗产不包括被继承人死亡后，有关单位发给其家属的抚恤金、生活补助费等。抚恤金、生活补助费是国家或有关机关对死者家属所给予的一种物质帮助和精神抚慰，这种抚恤并不属于死者本人的财产，而是属于死者家属的，所以

第六章 婚姻家庭与继承法律常识

不能作为遗产继承。

（6）遗产不包括被继承人与保险公司签订的人身保险合同中的保险金。因为人身保险合同，一般都在签订时已经明确指定了受益人。被继承人死亡，其保险金就属于指定的受益人所有，不能作为遗产，也不能用来偿还死者生前所欠的债务。

十五、被继承人非亲生子女的亲生子女或非亲生子女，谁可代位继承？

在继承法中，"子女"的范围，包括婚生子女、非婚生子女、养子女和有扶养关系的继子女。在代位继承中也两次涉及"子女"，在处理代位继承问题的实务中，非婚生子女、养子女、与被继承人形成了扶养关系的继子女，在代位继承中无论是作为被代位继承人还是作为代位继承人，在法律上与亲生子女的地位都是平等的，不应受歧视。

《继承法意见》中明确规定："被继承人的养子女、已形成扶养关系的继子女的生子女可代位继承；被继承人养子女的养子女也可代位继承；与被继承人已形成扶养关系的继子女的养子女也可以代位继承。"总的来说，可代位继承的情况有下列几种：

（1）被继承人的婚生子女的婚生子女。被继承人的婚生子女的非婚生子女、养子女、与被继承人婚生子女形成扶养关系的继子女可代位继承；

（2）被继承人的非婚生子女的婚生子女、被继承人的非婚生子女的非婚生子女、养子女、与被继承人的非婚生子女形成扶养关系的继子女可代位继承；

（3）被继承人的养子女的婚生子女、被继承人的养子女的非婚生子女、与被继承人的养子女形成扶养关系的继子女、养子女可代位继承；

（4）被继承人的已形成扶养关系的继子女的婚生子女、被继承人的已形成扶养关系的继子女的非婚生子女、养子女、与被继承人的已形成扶养关系的继子女形成扶养关系的继子女可代位继承。

十六、胎儿有继承权吗？

《继承法》第28条规定，遗产分割时，应当保留胎儿的继承份额。胎儿出生时是死体的，保留的份额按照法定继承办理。如果被继承人留有尚未出生的胎儿，继承人在分割遗产时，应当为胎儿保留一定的遗产份额。所保留的遗产份额，一般应等同于各继承人所得的遗产份额的平均数。最高人民法院《关于贯彻执行〈中华人民共和国继承法〉若干问题的意见》第45条第1项指出，应当为胎儿保留的遗产份额没有保留的，应从继承人所继承的遗产中扣回。为胎儿保留遗产，并不等于该胎儿此时即已继承了这份遗产，只有等到胎儿活着出生成为婴儿时，才真正取得遗产。通常为胎儿保留的遗产份额由胎儿的母亲代为保管或行使权利。如果胎儿出生时是死体，则为该胎儿保留的遗产份额仍然作为被继承人的遗产，由被继承人的其他继承人按照法律规定继承。

十七、怎样立公证遗嘱？

公证遗嘱是指经公证机关公证过的遗嘱。根据法律规定，在无足够相反证据的情况下，人民法院可以直接以公证内容认定真实的根据。因此，公证遗嘱具有较强的法律效力。订立公证遗嘱应到公证机关依法定程序进行，且只能由立遗嘱人亲自进行，其他人不得代理。具体规则如下：

（1）遗嘱公证由当事人，即立遗嘱人住所地的公证处办理。

（2）立遗嘱人应向公证处提出申请，并填写公证申请表。申请表应记明以下内容：申请人的姓名、性别、出生日期、身份证号码、工作单位、住址等；请求公证的事项及公证书的用途；提交材料的名称、份数及有关证人的姓名、地址；申请的时间及其他需要说明的问题。立遗嘱人应在申请表上签名或盖章；填写申请表有困难的，可由公证人员代填。

（3）立遗嘱人申请遗嘱公证应提交下列材料：身份证明；遗嘱所涉及财产的所有权证明及其他证明材料。

（4）公证处认为符合规定、决定受理申请的，将发给受理通知单，并按规定标准收取公证费。立遗嘱人如交纳公证费有困难的，应提出书面申请，由公证处主任或副主任决定是否减免。

（5）公证人员会通过询问证人、调取书证物证、视听资料、现场勘验、进行鉴定等方式，对遗嘱涉及的事项、财产进行审查。立遗嘱人应当如实陈述与公证事项有关的事实，并提供相应的材料。

（6）遗嘱公证应由两名公证人员共同办理，由其中一名公证员在公证书上署名。特殊情况下由一名公证员办理时，应有一名见证人在场，见证人应在遗嘱和笔录上签名。

（7）经公证人员审查合格、认为可以出具证明的，承办公证员草拟公证书后，连同卷宗报公证处主任、副主任或其指定的公证员审批。任何人不得审批自己承办的公证事项。

（8）审批合格后，制作公证书，按司法部规定或批准的格式制作，不得涂改、挖改，必须修改的应加盖公证处校对章。公证书应使用中文制作。公证处应制作公证书正本和若干副本发给立遗嘱人。

（9）除法律另有规定的以外，遗嘱公证书从审批人批准之日起生效。审批

第六章 婚姻家庭与继承法律常识

人批准日期即为出证日期。

(10) 遗嘱公证书由立嘱人到公证处领取；必要时，也可由公证处发送。立遗嘱人应在公证书送达回执上签名或盖章，并注明收到日期、份数和公证书的编号。

十八、遗嘱必须具备哪些实质要件才能生效？

按照《继承法》第 19 条、第 22 条以及民法通则关于民事行为的规定，遗嘱具备下列实质要件，才能有效。

(1) 遗嘱人在立遗嘱时须有遗嘱能力，即完全行为能力。遗嘱能力是指完全行为能力人具有的订立遗嘱的行为能力。《继承法》第 22 条第 1 款规定："无行为能力人或者限制行为能力人所立的遗嘱无效。"《继承法意见》第 41 条规定："遗嘱人立遗嘱时必须有行为能力。无行为能力人所立的遗嘱，即使本人后来有了行为能力，仍属无效遗嘱。遗嘱人立遗嘱时有行为能力，后来丧失了行为能力，不影响遗嘱的效力。"

(2) 遗嘱必须是遗嘱人的真实意思表示。遗嘱内容必须与遗嘱人关于处分其遗产的内心意思相一致，否则即不具备法律行为的有效条件。《继承法》第 22 条第 2、3、4 款分别规定："遗嘱必须表示遗嘱人的真实意思，受胁迫、欺骗所立的遗嘱无效。""伪造的遗嘱无效。""遗嘱被篡改的，篡改的内容无效。"

(3) 遗嘱不得取消缺乏劳动能力又没有生活来源的继承人的继承权。《继承法》第 19 条规定："遗嘱应当对缺乏劳动能力又没有生活来源的继承人保留必要的遗产份额。"法律之所以这样规定，是因为遗嘱人生前对缺乏劳动能力又没有生活来源的继承人有扶养义务，其死亡时必须给他们以应有的遗产份额维持生活，若用遗嘱取消这种继承人的继承权，将会使他失去起码的生活条件，也加重了社会和他人的负担。所以，凡取消这种继承人继承权的遗嘱，当属无效。

(4) 遗嘱只能处分遗嘱人的个人合法财产。遗嘱是遗嘱人指定他人承受其个人财产的法律行为，对他人所有的财产，遗嘱人无权处分。因此，遗嘱人以遗嘱处分了属于国家、集体或他人所有的财产的，遗嘱的这部分无效。

(5) 遗嘱内容不得违反社会公德和公共利益。这是禁止所有权滥用原则在继承法中的体现。遗嘱人利用遗嘱违反社会公德或公共利益的，其遗嘱无效。

十九、《合同法》对赠与合同有哪些规定？

赠与合同是赠与人交付财物于受赠人，而受赠人表示予以接受的合同。

(1) 赠与合同于成立时生效。赠与合同为不要式合同，既可是书面形式，也可是口头形式。无论是采用书面形式还是口头形式，只要一方表示愿意赠与，另一方表示愿意接受，赠与合同即生效，而并不取决于标的物的交付与否。

(2) 赠与合同自登记时起生效。《合同法》第 187 条规定，赠与的财产需要办理登记手续的，应当办理有关手续。再根据《合同法》第 44 条规定，依法成立的合同，自成立时生效，法律、行政法规规定应当办理批准、登记等手续生效的，依照其规定。

(3) 赠与合同的撤销。赠与合同成立后，可以因赠与人自己的意思或具备法定事由时，由有撤销权的人撤销赠与合同。

赠与合同撤销分为法定撤销和任意撤销。

(1) 赠与合同的任意撤销。赠与合同的任意撤销，是指于赠与合同成立后基于赠与人自己的意愿而撤销赠与。

《合同法》第 186 条规定，赠与人在赠与财产的权利转移之前可以撤销赠与。同时，该条第 2 款规定，下列赠与合同不得撤销：

①具有救灾、扶贫等社会公益、道德义务性质的赠与合同；

②经过公证的赠与合同。

(2) 赠与合同的法定撤销。法定撤销是指赠与合同成立之后基于法定事由的出现而由有撤销权的人撤销赠与。对赠与合同有撤销权的人包括赠与人和赠与人的继承人或监护人。

①赠与人的法定撤销事由。《合同法》第 192 条规定，受赠人有下列情形之一的，赠与人可以撤销赠与：严重侵害赠与人或者赠与人的近亲属；对赠与人有扶养义务而不履行；不履行赠与合同约定的义务。

根据《合同法》第 192 条第 2 款的规定，赠与人的撤销权，自知道或者应当知道撤销原因之日起一年内行使。否则，其撤销权消失。

②赠与人的继承人或法定代理人的法定撤销事由。《合同法》第 193 条规定的赠与人的继承人或法定代理人行使撤销权的事由和期限有：因受赠人的违法行为致使赠与人死亡或者丧失民事行为能力的，赠与人的继承人或者法定代理人可以撤销赠与；赠与人的继承人或者法定代理人的撤销权，自知道或者应当知道撤销原因之日起 6 个月内行使。

③赠与撤销的法律后果。在赠与合同未被撤销之前，受赠人根据赠与合同取得的财产是合法的，受到法律的认可和保护。在赠与被撤销后，受赠人再占有、使用赠与财产就失去了法律根据。《合同法》第 194 条规定，撤销权人撤销赠与的，可以向受赠人要求返还赠与的财产。

二十、父母未尽义务抚养子女的，子女是否仍应尽赡养父母的义务？

首先，父母同其亲生子女的关系，是不能割断的。《中华人民共和国婚姻法》第36条规定：父母与子女的关系，不因父母离婚而解除，离婚后子女无论是父亲或母亲直接抚养，仍是父母双方的子女。

《婚姻法》第21条规定：父母对子女有抚养教育的义务；子女对父母有赡养扶助的义务。

父母不履行抚养义务时，未成年的或者不能独立生活的子女，有要求父母付给抚养费的权利。

子女不履行赡养义务时，无劳动能力或生活困难的父母有要求子女付给赡养费的权利。

二十一、未成年人造成他人财产或人身损害，应由谁承担责任？

《婚姻法》第17条规定："父母有管教和保护未成年子女的权利和义务。在未成年子女对国家、集体或他人造成损害时，父母有赔偿经济损失的义务。"

（1）父母对未成年子女的管教和保护，既是权利也是义务。基于父母对未成年子女的特殊责任，管教和保护权不得任意抛弃。不行使权利，实际上也就是不履行义务。在管教和保护问题上，权利和义务是很难区分的。

（2）管教是指依照法律和道德的要求，采取正确的方式对未成年子女进行管理和教育，对其行为加以必要的约束。未成年子女在法律上为无行为能力或限制行为能力人，他们缺乏对事物的正确理解和处理能力。法律责任父母对未成年子女负管教责任，一方面是为了保障子女的安全和健康，另一方面是为了防止未成年子女损害他人或社会的利益。父母管教既要引导和培育子女，也要对子女的错误思想和行为进行批评教育。父母对未成年子女只养不教，对其错误思想和行为不闻不问，溺爱迁就，都是未尽管教之责的表现。

（3）保护是指为了未成年子女的安全和利益，防止和排除来自外力的各种分割。所以，父母是未成年子女的法定监护人。当未成年子女的人身和财产权受到分割时，父母得以法定代理人的身份提出诉讼。当不满14周岁的子女被人拐骗，脱离家庭或监护人时，父母有权要求司法机关追究拐骗者的刑事责任，归还子女。

（4）未成年人对国家、集体或他人造成损害时，父母应承担赔偿责任。这一规定不仅可以保护受害一方的合法权益，也有利于加强父母管教未成年子女的责任感。已独立生活的成年子女造成上述损害时，父母不再承担上述责任。另外按我国《婚姻法》第17条的规定，父母的责任以民事责任为限。未成年子女的不法行为引起刑法上的后果时，父母是不承担刑事责任的。

二十二、收受彩礼和借婚姻索取财物是一回事吗？

我国法律目前只规定了禁止借婚姻索取财物，但对于如何处理借婚姻索取的财物，有两种处理办法：①如果所索取的财物为男方父母或其家人所有，而不属于该男子所有，一旦被索取的人起诉要求返还财物，原则上应予支持。因为借婚姻索取财物本身是非法的，给予财物的一方内心并不愿意，而是迫于女方的压力作出的违背自己真实意愿的行为，这种给付行为不被我国民法承认。②假如索取的是男方个人财物，之后男女又结为夫妻的，那么这笔财物应作为男方个人的婚前财产处理。

收受彩礼一般是男女双方或者其家庭的一种自愿馈赠行为，在民法上通称为赠与。赠与行为只要发生赠与物转移到被赠与人手中的法律事实，即告成立，法律也予以保护。但赠送彩礼与普通赠与也有区别，它是一种附条件的法律行为，即男方赠送彩礼的目的是为了与女方结为夫妻，女方一旦接受了彩礼，也就表示同意与男方结婚这一所附条件，所以接受彩礼后如果由于种种原因，女方不能同男方结为夫妻，原则上应退回彩礼。当然如果男方明确表示放弃的除外。

划清借婚姻索取财物与男方自愿赠送彩礼的界限，是处理这两类不同性质问题的根本所在。前者是女方或女方父母主动索取，是违法行为，而后者是男方自愿赠送，是合法行为。

二十三、通奸是不是犯罪？怎么处理？

通奸，是指男女一方或双方有配偶，又与他人秘密地、临时地发生两性关系的行为。通奸的双方，对外不以夫妻名义，对内不共同生活。我国法律并不认为通奸是犯罪行为，而仅将其作为破坏婚姻法的一般违法行为（和现役军人的配偶通奸造成严重后果的除外），所以无法追究通奸者的刑事责任。只能通过党纪、行政、治安等手段予以处罚。

作为受害者，可根据具体情况分别对待处理。对于初犯者，念其平时表现良好，夫妻感情又不错，可耐心进行教育和帮助，使其认识到这一行为的危害性，今后彻底加以改正。也可以通过有关组织进行帮助和教育，并作出适当的行政处理，使其改邪归正。如这些手段均无效，并因此严重影响夫妻感情的，可以提出离婚。在司法实践中，人民法院处理这类因第三者介入而引起的婚姻纠纷会分清是非，对有过错的一方和第三者给予批评教育，或经有关组织严肃处理。同时，无过错一方提出离婚的，经调解和好无效时，一般准予离婚。而有过错一方提出离婚的，经调解和好无效时，可判决不准离婚。当然，如果是夫妻感情确已破裂，勉强维持夫妻关系不仅会使双方长期遭受痛苦，还可能激化矛盾的，应密切会同各有关方面，做好防范工作。调解无效，应判决离婚。

二十四、女方与他人通奸怀孕，男方可以提出离婚吗？

1955年最高人民法院《关于女方因通奸怀孕与男方能否提出离婚的批复》

指出："在这种情况下，男方提出离婚时，如婚后通奸怀孕的事实为女方所不争执或经查明属实，则法院应该受理。"但"法院在处理时仍应注意对于妇女和胎儿的保护"。同一批复中还指出："男女一方婚前与他人发生性行为，应与婚后通奸行为加以区别，一般不能作为对方提出离婚的理由。"由此可见，如果女方系婚后与他人通奸怀孕，女方自己承认此事或有确凿证据能证明此事，那么男方可以提出离婚，但是应做好女方的思想工作，对女方和胎儿应给予一定的保护。如果女方系婚前与他人通奸怀孕，婚后男方发现，那么男方不能以此为理由提出离婚，法院也不会受理，必须到女方分娩一年后才能提起离婚诉讼。

二十五、离婚时如何分割财产？

"离婚时，夫妻的共同财产由双方协议处理；协议不成时，由人民法院根据财产的具体情况，以照顾女方和子女权益的原则判决。"夫妻的共同财产是指夫妻在婚姻关系存续期间，各自或共同劳动所得的收入和购置的财产以及各自或共同继承或受赠的财产。夫妻离婚分割财产时，婚前的个人财产和双方各自所用的财物，原则上归个人所有，不应列入共同财产进行分割。婚前财产与婚后财产无法查清的，或虽属婚前财产，但已结婚多年，由双方长期共同使用、经营和管理的，可视为夫妻共同财产。

在现实生活中，除夫妻生活财产外，还有家庭成员的财产、全家共有的财产。属于其他家庭成员的财产，不能作为夫妻共同财产加以分割。属于全家共有的财产，因离婚而脱离该家的一方可以共有人的资格分得其应享有的份额。未成年子女通过继承、受赠及其他合法途径获得的财产，属于本人所有，由离婚后负责抚养子女的母亲或父亲代为管理。

二十六、离婚时双方都不愿抚养子女怎么办？

《婚姻法》规定："父母对子女有抚养教育的义务。父母不履行义务时，未成年或不能独立生活的子女，有要求父母给付抚养费的权利。父母有管教和保护未成年子女的权利和义务。"

在处理离婚案件时，人民法院对于这种拒绝抚养子女的当事人的处理原则，一是批评教育，做好其思想工作，动员他们主动履行法律义务，要求抚养子女。二是对于不听教育的人，根据保护子女合法权益和有利于子女成长的原则，依法判决孩子归哪一方抚育，另一方承担必要的生活费和教育费。如果是协议离婚的，在双方当事人对子女抚育问题无法做出妥善安排的情况下，婚姻登记机关不能为他们办理离婚登记手续，一方当事人可依法起诉到人民法院，由人民法院依法判决。

村官常用法律知识必读

二十七、没有结婚登记而同居的婚姻关系可以自行解除吗？

婚姻法规定，结婚必须男女双方亲自到婚姻登记机关进行结婚登记，领取结婚证，才能确立夫妻关系。举行婚礼是民间习俗，不是法定的程序。进行结婚登记是合法的婚姻，只举行婚礼而不进行结婚登记的，则是违法婚姻。这种违法婚姻，在一般情况下，法律既不承认也不予保护。如果男女双方均已达到法定结婚年龄，又系双方自愿以夫妻名义共同生活的，完全符合结婚的条件，并已生有子女，这就已经形成了事实上的婚姻关系。根据民政部颁布的《婚姻登记管理条例》，1994年2月1日是一个分界点，此前的事实婚受法律保护，在此之后，只符合结婚实质要件，但不去办理结婚登记手续的"婚姻"不再受法律的保护。

二十八、因打骂、虐待妻子而引起的离婚纠纷，一般怎样处理？

对由于打骂、虐待妻子而引起的离婚纠纷，如果平时夫妻感情较好，男方偶尔有打骂、虐待等行为，女方一时气愤提出离婚的，对男方应予批评教育，责令其承认和改正错误，着重做调解和好的工作，不能轻易判决其离婚。经教育不悔改，女方坚持离婚要求的，应准予离婚。如果男方打骂、虐待妻子情节恶劣的，女方可向人民法院起诉，人民法院将依法追究其刑事责任。同时，根据双方夫妻感情已完全破裂的实际情况，如果女方要求离婚的，亦可向人民法院按民事诉讼程序提起离婚诉讼，人民法院可依法判决准予离婚。

二十九、一方婚前有精神病，其父母隐瞒，婚后发现是否可离婚？

因一方患精神病对方要求离婚的，处理时既要保障婚姻自由，又要有利于患者的治疗和生活上的安置。婚前隐瞒病情，婚后经治不愈的，应做好工作，准予离婚。因此，如果一方婚前有精神病，其父母隐瞒病情，欺骗成婚，婚后另一方发现实情的，在这样的情况下双方并未建立起夫妻感情，因此，他（她）如提出离婚，是完全可以的，而且法院应根据实际情况，判决准予离婚。

案例　关于遗产继承的纠纷

【案情】

某县农民刘甲于1950年结婚，婚后生育一子刘乙，两女刘丙、刘丁。三个孩子先后成家另过，其中刘丁嫁给张某。1985年，刘甲夫妇患病失去劳动能力，因与儿媳关系不好，就搬到刘丁家同女儿一块生活。1990年刘丁因车祸不幸身亡，此时，刘乙、刘丙借口父母一直偏心于刘丁而拒绝将刘甲夫妇接回家，并不给付刘甲夫妇生活费。张某作为女婿，强忍失妻之痛，坚持赡养岳父母，自己承担起全部家务。1993年，刘甲夫妇双双离开人世。在清理遗产时发现刘甲夫妇除留下房屋五间外，还有6000元银行存款。在处理这些遗产时，刘乙、刘丙认为遗产是父母所留，应由二人平分。而张某认为，刘丁去世后他一直与两位老人住在一起，悉心照料老人的生活，尽了主要的赡养义务，遗产应有他的一份。为此，双方争执不下，张某无奈起诉到法院。法院经过认真查证和审理，判决：张某为刘甲夫妇遗产的继承人，驳回刘乙、刘丙的诉讼请求。

【评析】

我们认为法院的判决是正确的。

我国《继承法》第12条规定："丧偶儿媳对公婆，丧偶女婿对岳父、岳母尽了主要赡养义务的，作为第一顺序继承人。"张某在妻子刘丁去世后一直与岳父母共同生活，并对两位老人百般照料，从精神及物质上尽了主要的赡养义务，所以应作为第一顺序继承人参加遗产分割。

《继承法》第13条规定："对被继承人尽了主要扶养义务或与被继承人共同生活的继承人分配遗产时，可以多分。有扶养能力和有扶养条件的继承人，不尽扶养义务的，分配遗产时应当不分或少分。"本案中，张某一直与刘甲夫妇共同生活，且尽了主要赡养义务，而刘乙、刘丙作为亲生儿女在有扶养能力的情况下，以父母偏心为由拒绝赡养老人，这于理于法都不容。所以分割遗产时，张某可适当多分，而刘乙、刘甲不分或少分。法院判决刘甲夫妇的遗产由张某继承，驳回刘乙、刘丙的诉讼请求，是符合《继承法》规定的。

第七章 农村资源环保法律常识

一、如何辨别假劣农药与假劣化肥？

判定农药产品的真假、伪劣，一般需要通过法定的农药质量检测单位，根据产品标准规定的各项技术指标及检验方法来判定。对于普通百姓来说，在购买农药时，也可以通过以下几种简易方法进行初步的辨别。

（1）根据标签辨别：《农业管理条例》第16条规定了合格的标签应包括的主要内容。标签必须完整，标签残缺不全或不清楚的产品，就值得怀疑。

（2）根据包装辨别：一般来说符合国家有关农药包装规定的，直观来看，包装、商标、产品说明书、出厂检验合格证等都是新的，如果发现包装材料陈旧、密封不好或有破损或包装有大有小等问题，其质量值得怀疑。

（3）根据某些外观特征辨别：不同的农药具有不同的特征，形状和色泽不同，剂型不一样。粉剂或可湿性粉剂，应为疏松粉末，无团块，颜色均匀。瓶装的乳油农药，如果发现浑浊、分层或有沉淀物、絮状物等，说明农药质量可能存在问题；悬浮剂若发现有严重的结块，也表明质量可能存在问题。

（4）与农药登记证或《农药登记公告》核对。国家规定，生产农药必须办理《农药登记证》或《农药临时登记证》。作为一个农药销售商，应有一份产品的农药登记证复印件。因此，农民朋友购买农药时，可要求生产商或经销商出示该产品的登记证复印件。如果没有登记证复印件，可在农业部每年发行的《农药登记公告》上查找。如发现要买的产品标签与登记证复印件、《农药登记公告》公布的内容不一致，尤其是没有查到登记证号的，无厂名厂址、无产品名称的，建议不要买，应当及时将此情况向当地农业部门等政府部门反映。

化肥质量的简易识别方法可概括为五个字：看、摸、嗅、烧、湿。

第一是看：一看肥料包装。正规厂家生产的肥料，其外包装规范、结实，包装袋封口严密。一般注有生产许可证、执行卡、登记许可证、商标、产品名称、养分含量（等级）、净重、厂名、厂址等；假冒伪劣肥料的包装一般较粗糙，包装袋上信息标示不清，质量差，易破漏。二看肥料的粒度（或结晶状态）。氮肥

（除石灰氮外）和钾肥多为结晶体；磷肥多为块状或粉末状的非晶体，如钙镁磷肥为粉末状，过磷酸钙则多为多孔、块状；优质复合肥粒度和比重较均一、表面光滑、不易吸湿和结块。而假劣肥料恰恰相反，肥料颗粒大小不均、粗糙、湿度大、易结块。三看肥料的颜色。不同肥料有其特有的颜色，氮肥（除石灰氮外）几乎全为白色，有些略带黄褐色或浅蓝色（添加其他成分的除外）；钾肥为白色或略带红色，如磷酸二氢钾呈白色；磷肥多为暗灰色，如过磷酸钙、钙镁磷肥是灰色，磷酸二铵为褐色等。农民朋友可依此做大致的区分。

　　第二是摸：将肥料放在手心，用力握住或按压转动，根据手感来判断肥料。利用这种方法，判别美国二铵较为有效，抓一把肥料用力握几次，有"油湿"感的即为正品；而干燥如初的则很可能是假冒的。此外，用粉煤灰冒充的磷肥，也可以通过"手感"进行简易判断。

　　第三是嗅：通过肥料的特殊气味来简单判断。如碳酸氢铵有强烈氨臭味，硫酸铵略有酸味，过磷酸钙有酸味。而假冒伪劣肥料则气味不明显。

　　第四是烧：将化肥样品加热或燃烧，从火焰颜色、熔融情况、烟味、残留物情况等识别肥料。比如氮肥：碳酸氢铵直接分解，发生大量白烟，有强烈的氨味，无残留物；氯化铵直接分解或升华发生大量白烟，有强烈的氨味和酸味，无残留物；尿素能迅速熔化，冒白烟，投入炭火中能燃烧，或取一玻璃片接触白烟时，能见玻璃片上附有一层白色结晶物。再说磷肥：过磷酸钙、钙镁磷肥、磷矿粉等在红木炭上无变化；骨粉则迅速变黑，并放出焦臭味。而硫酸钾、氯化钾、硫酸钾镁等在红木炭上无变化，发出噼啪声。复混肥料燃烧与其构成原料密切相关，当其原料中有氨态氮或酰氨态氮时，会放出强烈氨味，并有大量残渣。

　　第五是湿：如果外表观察不易区别化肥品种，也可根据在水中溶解状况加以区别。将肥料颗粒撒于潮湿地面或用少量水湿润，过一段时间后，可根据肥料的溶解情况进行判断。如硝铵、二铵、硫酸钾、氯化钾等可以完全溶解（化），过磷酸钙、重过磷酸钙、硝酸铵钙等部分溶解；复合肥颗粒会发散、溶解或有少许残留物，而假劣肥料溶解性很差或根本不溶解（除磷肥外）。

　　当然，以上仅为最直观和最简单的识别方法，还不能对肥料做出精确的判断。如想准确地了解肥料中养分含量，区分真假化肥，最好将肥料送到当地的土肥站化肥室进行化验鉴定。

二、什么是假种子和劣质种子？

　　《中华人民共和国种子法》第46条规定，下列种子为假种子：以非种子冒充种子或者以此种品种种子冒充他种品种种子的；种子种类、品种、产地与标签标注的内容不符的。

"以非种子冒充种子"在实践中数量不多，但危害极大。大麦、小麦常规种子可能表现不明显，但是对于杂交种子，比如用杂交玉米、杂交水稻等粮食冒充种子，后代严重分离，减产一般都可能达到50%。对于白菜、番茄等蔬菜，则可能导致商品性极差，甚至根本没有市场。"以此种品种种子冒充他种品种子"主要表现为用过去已经失去销路的老品种冒充市场上行情看好的新品种，或者用其他滞销的品种冒充畅销的品种。由于各品种的特征特性、适用范围、栽培要点都不一样，假冒品种会给种子使用者造成错误引导，使其种植不适宜的品种，采用不恰当的栽培管理技术等，即使种子纯度、净度、发芽率等都很高，但仍会造成减产甚至绝收。如有的种子企业用"Ⅱ优725"冒充"冈优725"销售，可使用种者每亩减产50千克左右。"种子种类、品种、产地与标签标注的不符"，这种情况也属于假种子，但与前述的"冒充"不一样。冒充是故意行为，情节更为恶劣。标注不符，可能是故意冒充，也可能是过失（如将种子装错了袋或放错了标签等）。

《中华人民共和国种子法》第46条规定，下列种子属劣种子：

（1）质量低于国家规定的种用标准的。

（2）质量低于标签标注指标的。

（3）因变质不能做种子使用的。

（4）杂草种子的比率超过规定的。

（5）带有国家规定检疫对象的有害生物的。

可见，根据《中华人民共和国种子法》的规定，劣质种子的范围比较宽。即使种子质量指标达到了国家规定的标准，如果与经营者标签标注指标不相符的也属劣质种子。"质量指标"是种子标签上必须标注的内容，而且必须真实。种子经营者不能为了提高竞争力而任意提高标注的种子质量指标，否则会因为与实际不符而被视为劣质种子，并承担法律责任。此外，对于国家没有质量标准的种子，以经营者标注的质量标准为准，如果种子的实际质量达不到标注的质量指标，也要承担相应的法律责任。

三、哪些种子可能损害种子使用者的权益？种子使用者预防种子质量纠纷应注意哪些问题？

种子使用者权益受损主要是指种子使用者购买种子，由于种子经营者没有履行或没有完全履行其法定义务和约定义务，导致种子使用者购买了假冒伪劣种子，给种子使用者造成损失。导致种子使用者权益受损的种子有以下几种：

（1）质量不合格的种子。

（2）侵权的种子。

（3）应当审定而未经审定或审定未通过品种的种子。
（4）包装标识不符合要求的种子。
（5）超过使用期的种子。
（6）已经国家审定但不属于同一生态区的种子。
（7）包装种子数量不足。

种子使用者预防种子质量纠纷应注意下列问题：

（1）要选择经营信誉良好、具有赔偿能力的经营单位购买种子。不要贪图便宜到没有经营资格的种子门店去购买种子。

（2）购种时一定要向售种者索要凭证（如发票等），以作为买卖关系存在的证据加以妥善保管，购种凭证要写明具体的品种和数量，有特殊要求的应当在凭证中注明。

（3）要保留种子包装袋，最好留有未种植完的样品，在购种数量比较多的情况下，最好留有未开袋的样品。

（4）因种子质量而造成损失后，及时与经营者联系，协商赔偿事宜。

（5）在田间可以鉴定的时期内，及时申请所在地种子管理机构组织专家鉴定，并出具鉴定结果。

四、农作物种子质量纠纷田间现场鉴定的程序有哪些？

农作物种子质量纠纷田间现场鉴定是指农作物种子在大田种植后，因种子质量或者栽培、气候等原因，导致田间出苗、植株生长、作物产量、产品品质等受到影响，双方当事人对造成事故的原因或损失程度存在分歧，为确定事故原因或损失程度而进行的田间现场鉴定活动。具体程序按农业部制定的《农作物种子质量纠纷田间现场鉴定办法》（以下简称《办法》）规定的程序进行：

（1）鉴定主体和受理。现场鉴定由田间现场所在地县级以上地方人民政府农业行政主管部门所属的种子管理机构（包括有种子管理职能的农业综合执法机构）组织实施。种子管理机构依法审查、受理种子质量纠纷处理机构或种子质量纠纷当事人提出田间鉴定的申请，并组织专家鉴定组进行田间现场鉴定。但有《办法》第5条所列6种情形之一的，种子管理机构对现场鉴定申请不予受理：①针对所反映的质量问题，申请人提出鉴定申请时需鉴定地块的作物生长期已错过该作物典型性状表现期，从技术上已无法鉴别所涉及质量纠纷起因的；②司法机构、仲裁机构、行政主管部门已对质量纠纷作出生效判决和处理决定的；③受当前技术水平的限制，无法通过田间现场鉴定的方式来判定所提及质量问题起因的；④该纠纷涉及的种子没有质量判定标准、规定或合同约定要求的；⑤有确凿的理由判定质量纠纷不是由种子质量所引起的；⑥不按规定交纳鉴定费的。

(2) 专家鉴定组的组成。专家鉴定组名单应征求申请人和当事人的意见。参加鉴定的专家应当具有高级以上专业职称，具有相应的专门知识和实际工作经验，从事相关专业领域的工作 5 年以上。专家鉴定组人数应为 3 人以上单数，由 1 名组长和若干成员组成。专家鉴定组成员符合《办法》第 8 条所列 3 种情形之一的应当回避，申请人也可申请其回避：①是种子事故争议当事人或者当事人的近亲属的；②与种子事故争议有利害关系的；③与种子事故争议当事人有其他关系，可能影响公正鉴定的。

(3) 现场鉴定。专家鉴定组成员进行现场鉴定时，应通过申请人及有关当事人到场了解有关情况，可以要求申请人提供与现场鉴定有关的材料。申请人及当事人应予以必要配合。专家鉴定组根据现场情况确定取样方法和鉴定步骤，并独立进行现场鉴定。任何单位或者个人不得干扰现场鉴定工作，不得威胁、利诱、辱骂、殴打专家鉴定组成员。专家鉴定组成员不得接受当事人的财物或者其他利益。出现《办法》第 11 条规定情况之一的，终止现场鉴定：①申请人不到现场的；②需鉴定的地块已不具备鉴定条件的；③因人为因素使鉴定无法开展的。

专家鉴定组对鉴定地块中种植作物的生长情况进行鉴定时，应充分考虑《办法》第 12 条所确定 7 项因素：①作物生长期间的气候环境状况；②当事人对种子处理及田间管理情况；③该批种子室内鉴定结果；④同批次种子在其他地块的生长情况；⑤同品种其他批次种子的生长情况；⑥同类作物其他品种种子的生长情况；⑦鉴定地块地力水平等影响作物生长的其他因素。

有《办法》第 17 条规定情形之一的现场鉴定无效，应当重新组织鉴定：①专家鉴定组组成不符合本《办法》规定的；②专家鉴定组成员收受当事人财物或其他利益，弄虚作假的；③其他违反鉴定程序，可能影响现场鉴定客观、公正的。

(4) 制作现场鉴定书。专家鉴定组成员应当在事实清楚、证据确凿的基础上，根据有关的种子法规定和标准，依据相关专业知识，本着科学、公正、公平的原则，及时作出鉴定结论。专家鉴定组现场鉴定实行会议制。鉴定结论以专家鉴定组成员半数以上通过有效。专家鉴定组成员在鉴定结论上签名。专家鉴定组成员对鉴定结论的不同意见，应当予以注明。专家鉴定组制作的现场鉴定书应包括《办法》第 14 条所列 7 项内容：①鉴定申请人名称、地址、受理鉴定日期等基本情况；②鉴定的目的、要求；③有关的调查材料；④对鉴定方法、依据、过程的说明；⑤鉴定结论；⑥鉴定组成员名单；⑦其他需要说明的问题。

(5) 现场鉴定书的送达。种子管理机构在收到专家鉴定组制作的现场鉴定书后 5 日内，将现场鉴定书交付申请人。

(6) 重新鉴定。对现场鉴定书有异议的，应当在收到现场鉴定书 15 日内向

第七章 农村资源环保法律常识

原受理单位的上一级种子管理机构提出再次鉴定申请，并说明理由。再次鉴定申请只能由提出鉴定申请的当事人提出，是当事人双方共同提出的，再次鉴定申请仍由双方共同提出。再次鉴定申请只能提起一次。

五、因种子质量造成损失如何赔偿？

《中华人民共和国种子法》第41条规定："种子使用者因种子质量问题遭受损失的，出售种子的经营者应当予以赔偿，赔偿额包括购种价款、有关费用和可得利益损失。"

（1）购种价款，是指购种者拆包或播种后发现种子质量存在某种缺陷，经经营者认可后依据购种凭证所作出的赔偿。

（2）有关费用，是指为获得赔偿而发生的费用，如交通费、误工费、鉴定费、诉讼费、诉讼代理费用等。但是这些费用必须是为了种子质量问题获得赔偿而支出的，必须是合理的而不是浪费的。如交通费以公共交通计算而不能以出租车费计算，误工费按当地上年度社会平均工资标准计算，而不能用外地标准计算。

（3）可得利益损失，是指正常种植没有质量问题的种子预计可以获得的收入，减去种植质量有问题的种子所实际获得的收入之差，即预期收益的损失部分。判断可得利益损失比较困难，争议较大，最难以达成协议。一般情况下以当地正常种植的收入减去有问题的种植收入即为损失部分。但是，往往正常种植的收入不易获得，受损失的收入也不易获得。如果受损失后不认真管理，损失进一步扩大的，由当事人自己负责。为防止双方发生争议，久拖不决时造成损失的进一步扩大，应当尽快申请当地种子管理部门根据当地的市场情况，确定以前三年的亩平产量为准。

六、在购买化肥、种子、农药等生产资料时与经营者发生争议，可以通过哪几种途径来解决？

根据《消费者权益保护法》等法律、法规的规定，农民朋友在购买、使用直接用于农业生产的生产资料时适用《消费者权益保护法》的规定。也就是说，除了购买一般的生活消费品之外，购买、使用一些直接用于生产的生产资料同样受到《消费者权益保护法》的保护。依据该法的相关规定，消费者和经营者发生争议的，主要可以通过以下五种途径加以解决：第一，消费者自己与经营者协商和解；第二，请求消费者协会调解；第三，向有关行政部门（如质量技术监督部门、工商行政管理局等）申诉；第四，根据与经营者达成的仲裁协议提请仲裁机构仲裁；第五，直接向人民法院提起民事诉讼。

另外，从具体的权利请求对象来看，消费者在购买、使用商品时，其合法权益受到损害的，可以向销售者要求赔偿。消费者或者其他受害人因商品缺陷造成人身、财产损害的，则既可以向销售者要求赔偿，也可以向生产者要求赔偿。消费者在接受服务时，其合法权益受到损害的，可以向服务者要求赔偿。

七、禽流感的主要症状有哪些？

引起禽流感的病原是禽流感病毒，病毒根据抗原不同可分为 A、B、C 三型，造成危害的禽流感病毒主要是 A 型。

（1）临床症状。①急性禽流感：多见于高致病性禽流感（如 H5、H7），特点是潜伏期短，一般几小时到数天（最长 21 天），发病急剧，发病率和死亡率均高，常群发群死，无明显症状而突然死亡，病程稍长时，病禽体温升高（达 43℃以上），精神高度沉郁，食欲废绝，羽毛松乱，咳嗽、呼吸困难，甚至尖叫；鸡冠、肉髯、眼睑水肿，鸡冠、肉髯发绀或呈紫黑色，或见有坏死；眼结膜发炎，眼、鼻腔有较多浆液性或黏液性或脓液性分泌物；病鸡腿部鳞片有红色或黑色出血；病禽下痢，排黄色稀便；产蛋鸡产蛋率明显下降，可由 80% 或 90% 下降到 20% 或 20% 以下，甚至于停产。产蛋量下降的同时，软皮蛋、薄皮蛋、畸形蛋增多。有的病鸡可见神经症状。其共济失调，不能走动和站立。②亚急性型：由低致病型毒株引起，其潜伏期长，发病比较缓和，病程稍长，发病率和死亡率较低，其疫情持续时间长。一旦发病，较难根除。一般表现为病鸡采食量减少，饮水增加；病鸡精神不振、沉郁，羽毛蓬松，缩颈，呆立；鼻腔流出分泌物，鼻窦肿胀；眼结膜发红，流泪；头部肿胀，变大，鸡冠、肉髯淤血变厚、变硬；腿毛处可见出血斑。一般呼吸道症状较轻，程度不一；有的病鸡表现为咳嗽，有呼吸音，伸颈张嘴，发出呼吸尖叫；病鸡腹泻，排出水样粪便，带有未消化饲料，有的排出黄色、绿色稀粪。产蛋量下降，一般下降 20%～35%，沙皮蛋、软皮蛋、畸形蛋增多。肉鸡一般可见 1%～2% 的日死亡率。

（2）病理变化。急性死亡的鸡，营养状况良好，亚急性死亡的，瘦弱、脱水，皮肤及皮下干燥；眼鼻有分泌物。剖开呼吸道，可见鼻窦内充满黏液或干酪样物，喉头、气管黏膜充血，黏膜表面有黏性分泌物；肺淤血；气囊增厚。消化道病变明显，口腔有黏液，腺胃有酸臭液体；腺胃乳头出血，有脓性分泌物，腺胃与肌胃交界处有带状出血；肌胃角质膜下出血；十二指肠及小肠黏膜红肿，有不同程度的出血或血斑；直肠黏膜及泄殖腔出血。肝脏肿大有出血点，有的可见黄色坏死点，有时可见肝脏血肿；有的可见肾脏肿大；有的可见胰腺出血有淡黄色斑点或坏死点。

八、如何加强对严重危害养殖业生产和人体健康的动物疫病的管理？发生禽流感后应采取哪些有效措施？

国家对严重危害养殖业生产和人体健康的动物疫病实行计划免疫制度，实施强制免疫。实施强制免疫的动物疫病病种名录由国务院畜牧兽医行政管理部门规定并公布。国家采取强有力的措施预防和扑灭严重危害养殖业生产和人体健康的动物疫病。预防和扑灭动物疫病所需的药品、生物制品和有关物资，适量储备，并纳入国民经济和社会发展计划。

禽场发生突发、群发死亡时，应立即报告兽医部门，一经确诊，应立即采取果断的控制和扑疫措施。

（1）早期诊断：对于从未发生过该病的鸡场，如果发生了，就应该进行流行病调查，请专家现场会诊，采集病料送检，病料应该用封闭的容器送检。

（2）划定疫区：根据发病位置、地势划定疫点、疫区、受威胁区。

（3）封锁：由当地重大动物疫病防治指挥部在划定疫点、疫区、受威胁区后，及时报请同级人民政府对疫区实行封锁，同级人民政府在接到封锁报告后应当及时作出发布封锁令的决定。

（4）扑杀：应对疫区内所有家禽予以扑杀，对尸体烧毁并深埋。

（5）消毒：疫区要全面、彻底地消毒。

九、我国对野生植物的法律保护措施有哪些？

根据我国《野生植物保护条例》的有关规定，国家对野生植物资源实行加强保护、积极发展、合理利用的方针。国家鼓励和支持野生植物科学研究、野生植物的就地保护和迁地保护。具体的保护制度或措施如下：

（1）野生植物分为国家重点保护野生植物和地方重点保护野生植物。国家重点保护野生植物分为国家一级保护野生植物和国家二级保护野生植物。国家重点保护野生植物名录，由国务院林业行政主管部门、农业行政主管部门和国务院环境保护、建设等有关部门制定，报国务院批准公布。地方重点保护野生植物，是指国家重点保护野生植物以外，由省、自治区、直辖市保护的野生植物。地方重点保护野生植物名录由省级政府制定并公布，报国务院备案。

（2）国家保护野生植物及其生长环境。禁止任何单位和个人非法采集野生植物或者破坏其生长环境。在国家重点保护野生植物物种和地方重点保护野生植物物种的天然集中分布区域，应当依照有关法律和行政法规的规定，建立自然保护区；在其他区域，县级以上地方政府野生植物行政主管部门和其他有关部门可以根据实际情况建立国家重点保护野生植物和地方重点保护野生植物的保护点或者设立保护标志。禁止破坏国家重点保护野生植物和地方重点保护野生植物的保护点的保护设施和保护标志。

野生植物行政主管部门及其他有关部门应当监视、监测环境对国家重点保护野生植物生长和地方重点保护野生植物生长的影响,并采取措施维护和改善国家重点保护野生植物和地方重点保护野生植物的生长条件。由于环境影响对国家重点保护野生植物和地方重点保护野生植物的生长造成危害时,野生植物行政主管部门应当会同其他有关部门调查并依法处理。建设项目对国家重点保护野生植物和地方重点保护野生植物的生长环境产生不利影响的,建设单位提交的环境影响报告书中必须对此作出评价;环境保护部门在审批环境影响报告书时,应当征求野生植物行政主管部门的意见。

(3) 野生植物行政主管部门和有关单位对生长受到威胁的国家重点保护野生植物和地方重点保护野生植物应当采取拯救措施,保护或者恢复其生长环境,必要时应当建立繁育基地、种质资源库或者采取迁地保护措施。

十、怎样解决草原权属争议?

草原权属争议,是指草原所有者之间就草原所有权归属,或者当事人之间就草原使用权的归属而产生的纠纷。草原权属争议的对象仅仅是草原所有权或使用权的归属,而不包括其他有关问题。

(1) 草原权属争议的分类。依不同的标准,草原权属争议可分为不同的种类,根据权属的性质分为草原所有权争议和草原使用权争议两类:①草原所有权争议是指集体草原所有者(农牧民集体)之间,或者与国家之间因草原所有权归属而产生的纠纷。草原所有权争议分为两种:一是集体草原所有者之间的争议;二是集体草原所有者与国有草原所有者之间的争议。②草原使用权争议是指单位、个人之间因草原使用权归属而产生的纠纷。草原使用权争议与有关有偿使用草原合同(出让合同、转让合同、租赁合同、承包合同等)的争议是两个不同概念,后者是当事人在履行有关合同过程中产生的合同纠纷。根据争议的主体划分为三种,即单位之间的争议、个人之间的争议、单位与个人之间的争议。

(2) 解决草原权属争议的途径。《中华人民共和国草原法》第16条第1款至第3款规定:草原所有权、使用权的争议,由当事人协商解决;协商不成的,由有关人民政府处理。单位之间的争议,由县级以上人民政府处理;个人之间、个人与单位之间的争议,由乡(镇)人民政府或者县级以上人民政府处理。当事人对有关人民政府的处理决定不服,可以依法向人民法院起诉。

(3) 对有权属争议的草原的保护性规定。《中华人民共和国草原法》第16条第4款规定:在草原权属争议解决前,任何一方不得改变草原利用现状,不得破坏草原和草原上的设施。

十一、怎样加强生态建设？草畜平衡的含义是什么？怎样实现草畜平衡？

加强生态建设要做好九个方面工作：一是实施天然林保护、退耕还林等重点生态工程；二是建立健全森林、草原和水土保持生态效益补偿制度；三是促进林业产业发展；四是落实草畜平衡制度；五是加强森林草原火灾监测预警体系和防火基础设施建设；六是搞好长江、黄河、东北黑土区等重点流域、区域水土保持工作；七是加强荒漠化、石漠化治理；八是加强农村节能减排工作，推进以非粮油作物为主要原料的生物质能源研究和开发；九是加大农业面源污染防治力度，加快重点区域治理步伐。

草畜平衡是指为保护草原生态系统良性循环，在一定区域和时间内通过草原和其他途径提供的饲草饲料量，与在草原上饲养的牲畜所需的饲草饲料量的动态平衡。实现草畜平衡是促进草原生态系统良性循环，实现草原畜牧业持续发展的基础。

实行草畜平衡制度，是一项复杂、系统的工程，既不能强行减少牧民的牲畜饲养量，也不能任由牧民随意增加牲畜数量；既要保护草原生态环境，又要保证牧民的收入不降低。落实草畜平衡制度，一方面，要采取禁牧、休牧、划区轮牧、牲畜舍饲圈养、提高牲畜出栏率等措施，减轻天然草原的放牧压力，逐步恢复草原植被，改善草原生态环境；另一方面，要积极开展人工草地、饲草饲料基地建设，不断增加饲草饲料供应量，并通过改良牲畜品种、优化畜群结构、提高饲养管理水平等措施，不断提高畜牧业生产效益，促进畜牧业健康发展和牧民增收。概括来讲，就是应当从增草增畜、转变畜牧业生产经营方式入手，从根本上扭转超载过牧的局面，最终实现草畜平衡。

十二、我国法律、法规对于煤炭生产许可有什么特殊规定？

根据《矿产资源法》、《煤炭法》、《煤炭生产许可证管理办法》等有关法律、法规的规定，凡在我国境内开采煤炭资源的煤矿企业，必须依照规定领取煤炭生产许可证。未取得煤炭生产许可证的煤矿企业，不得从事煤炭生产。

国有煤矿企业、外商投资煤矿企业取得煤炭生产许可证，应当具备下列条件：①有依法领取的采矿许可证；②有经过批准的采矿设计；③矿井提升、运输、通风、排水、供电等生产系统符合国家规定的煤矿安全规程，并完善可靠，经依法验收合格；④矿长经依法培训合格，取得矿长资格证书；⑤瓦斯检验工、采煤机司机等特种作业人员持有县级以上地方政府负责管理煤炭工业的部门按照

村官常用法律知识必读

国家有关规定颁发的操作资格证书;⑥井上、井下、矿内、矿外调度通讯畅通;⑦有符合法律、法规要求的环境保护措施;⑧有矿山建设工程安全设施竣工验收合格证明文件;⑨法律、行政法规规定的其他条件。

国有煤矿企业、外商投资煤矿企业以外的其他煤矿企业取得煤炭生产许可证,应当具备下列条件:①有依法领取的采矿许可证;②有经过批准的采矿设计或者开采方案;③矿井生产系统符合国家规定的煤矿安全规程;④矿长经依法培训合格,取得矿长资格证书;⑤瓦斯检验工、采煤机司机等特种作业人员持有县级以上地方政府负责管理煤炭工业的部门按照国家有关规定颁发的操作资格证书;⑥井上、井下、矿内、矿外调度通讯畅通;⑦有井上下工程对照图、采掘工程平面图、通风系统图;⑧有必要的环境保护措施;⑨有矿山建设工程安全设施竣工验收合格证明文件;⑩法律、行政法规规定的其他条件。

国务院煤炭工业主管部门负责下列煤矿企业煤炭生产许可证颁发管理工作:①国务院和国务院有关主管部门批准开办的煤矿企业;②跨省、自治区、直辖市行政区域的煤矿企业;③外商投资煤矿企业。省级政府煤炭工业主管部门负责其他煤矿企业的煤炭生产许可证颁发管理工作。煤矿企业应当以矿(井)为单位,申请领取煤炭生产许可证。煤矿企业申请领取煤炭生产许可证时,应当依法在煤矿(井)建成投产前向煤炭生产许可证的颁发管理机关提交申请书和有关文件、资料。煤炭生产许可证的颁发管理机关自收到煤矿企业提交的申请书和有关文件、资料之日起60日内,应当完成审查核实工作。经审查合格的,应当颁发煤炭生产许可证;经审查不合格的,不予颁发煤炭生产许可证,但是应当书面通知煤矿企业,并说明理由。

十三、如何加快乡村"水电气路"基础设施建设?

《中共中央国务院关于推进社会主义新农村建设的若干意见》指示,国家将加快乡村基础设施建设,着力加强农民最急需的生活基础设施建设。文件指出,在巩固人畜饮水解困成果的基础上,加快农村饮水安全工程建设,优先解决高氟、高砷、苦咸、污染水及血吸虫病区的饮水安全问题。有条件的地方,可发展集中式供水,提倡饮用水和其他生活用水分质供水。要加快农村能源建设步伐,在适宜地区积极推广沼气、秸秆气化、小水电、太阳能、风力发电等清洁能源技术。

要尽快完成农村电网改造的续建配套工程。加强小水电开发规划和管理,扩大小水电代燃料试点规模。文件说,要进一步加强农村公路建设、实现全国所有乡镇通油(水泥)路,东、中部地区所有具备条件的建制村通油(水泥)路,西部地区基本实现具备条件的建制村通公路。文件还提出,要积极推进农业信化建设，充分利用和整合涉农信息资源，强化面向农村的广播电视电信等信息服务，重点抓好"金农"工程和农业综合信息服务平台建设工程。

要引导农民自愿出资出劳，开展农村小型基础设施建设，有条件的地方可采取以奖代补、项目补助等办法给予支持。按照建管并重的原则，逐步把农村公路等公益性基础设施的管护纳入国家支持范围。

十四、什么是环境？为什么要保护环境？

"环境"是人们经常使用的一个词汇。但是作为法律保护对象的"环境"有自己确定的含义范围。我国环境保护法关于环境的定义是"指影响人类生存和发展的各种天然的和经过人工改造过的自然因素的总体"。这个表述是以环境科学中关于环境的定义为依据的。但是，环境保护法规定的环境的范围与环境科学中环境的范围又是不完全相同的。首先，作为法律保护对象的环境的概念和范围必须明确和具体。因此，环境保护法在规定了环境的定义后，又具体列举了"大气、水、海洋土地、矿藏、森林、草原、野生动物、自然遗迹保护区、风景名胜区、城市和乡村等"。其次，作为法律保护对象的环境，除了必须对人类的生存和发展发生影响以外，还必须是人类的行为和活动所能影响、调节和支配的。凡是人类不能对其产生影响的自然物，即使它与人类生存有关，也不能作为法律保护的客体。最后，各种环境要素之间相互联系和制约形成一个有机结合的完整体系，把环境作为法律保护的客体，其最根本的目的是从整体上保护生命维持系统的功能，保护生态系统的平衡，保护和改善人类生存环境。也就是说，对于某种作为环境要素的自然物是以其在维持生态平衡中和维护环境功能中的作用来决定是否对其加以保护的。最后需要说明的是，由于篇幅的关系，本书关于环境保护法律的介绍限于环境污染防治的法律规范。

人类是环境的产物。没有宇宙，没有人类赖以生存的自然环境，人类存在就无从谈起，人是离不开自然的。人一直在利用自然环境，改造环境。但是，人类的经济活动和改造自然的活动必须不能超过两个界限：①从自然界取出的各种资源，不能超过自然界的再生增殖能力。说得通俗些，就是不能杀鸡取卵。②排放到环境里的废弃物不能超过环境的纳污量，即环境的自净能力。现在很多地方污染太厉害，本来一个水塘，如果是轻微污染，一周就能恢复过来，现在几十倍、上百倍的污染，导致水塘里的水不能喝，整天臭烘烘的，这就是排污量超过了环境的自净能力。人类活动对环境造成的危害后果不同，大致分为环境污染和环境破坏两类。古代是无所谓环境问题的。环境污染，是近20多年以来越来越突出的一个问题，尤其近年来，严重的污染事故频繁发生。保护环境，实际上是要留给子孙一片青山绿水。我们只有一个地球。

十五、什么是环境保护法律中的限期治理制度?

限期治理制度是对造成环境严重污染的企业事业单位,限定一段时间进行污染治理的环境保护法律制度。环境保护法规定,对造成环境严重污染的企业事业单位,限期治理。中央或者省、自治区、直辖市人民政府直接管辖的企业事业单位的限期治理由省、自治区、直辖市人民政府决定。市、县或者市、县以下人民政府管辖的企业事业单位的限期治理,由市、县人民政府决定。被限期治理的企业事业单位必须如期完成治理任务。对逾期未完成治理任务的企业事业单位,除依照国家规定加收超标准排污费外,可以根据所造成的危害后果处以罚款,或者责令停业、关闭。海洋环境保护法、水污染防治法、大气污染防治法、固体废物污染环境防治法、环境噪声污染防治法中都有类似的规定。

十六、畜禽饲养场造成环境污染怎么办?

目前我国法律确实没有关于畜禽饲养场污染环境属于何种性质的明确规定,但是,对这类问题,特别是因这类问题引起的民事纠纷,并非不能处理。我国《大气污染防治法》第40条规定:"向大气排放恶臭气体的排污单位,必须采取措施防止周围居民区受到污染。"这里的"恶臭气体"当然包括畜禽饲养场排放的恶臭气体。根据这一规定,饲养场的经营人便有义务防止其活动造成周围居民区污染。如果不采取措施,其排放的恶臭气体影响了周围居民的正常生活和工作,当然属于《大气污染防治法》第62条第1款规定的"造成大气污染危害",从而也就应当承担排除危害、赔偿损失的责任。

一般来说,在居民区的污染源,只要超标排放污染物,都会造成不同程度的污染危害。另外,是否影响周围居民生活,不光是恶臭是否超标的问题,还有一个居民对其他方面的感觉问题,比如蛆虫满地爬,当然也会影响居民生活。《大气污染防治法》第57条第1款规定:"在人口集中地区和其他依法需要特殊保护的区域内,焚烧沥青、油毡、橡胶、塑料、皮革、垃圾以及其他产生有毒有害烟尘和恶臭气体的物质的,由所在地县级以上地方人民政府环境保护行政主管部门责令停止违法行为,处2万元以下罚款。"该法第62条第2款规定:"赔偿责任和赔偿金额的纠纷,可以根据当事人的请求,由环境保护行政主管部门调解处理;调解不成的,当事人可以向人民法院起诉。当事人也可以直接向人民法院起诉。"

十七、水污染物排放标准是如何制定的?

水污染物排放标准是国家为保护水环境,对人为污染源排入水体的污染物的浓度或总量所作的规定。制定水污染物排放标准的目的是通过控制水污染源排放量来实现水环境质量标准,水环境污染物排放标准是判定排污行为是否合法及是否承担法律责任的根据。为了使环境保护与经济建设协调发展,制定水污染物排放标准时,也要考虑国家的经济、技术条件。因此水污染防治法规定,国务院环境保护部门根据国家水环境质量标准和国家经济、技术条件,制定国家污染物排放标准。

我国地域辽阔,经济发展不平衡,水环境差异也较大。一方面国家根据国家水环境质量标准的总体要求和技术条件,并考虑我国各种水环境因素在不同区的差异等特点,制定国家水污染物排放标准,适用全国;另一方面国家不可能也无必要制定出符合各地实际情况的水污染物排放标准来,这就需要省、自治区、直辖市人民政府根据当地的实际情况制定地方标准。为此,水污染防治法规定,省、自治区、直辖市人民政府对国家水污染物排放标准中未作规定的项目,可以制定地方水污染物排放标准;对国家水污染物排放标准中已作规定的项目,可以制定严于国家水污染物排放标准的地方水污染物排放标准。地方水污染物排放标准须报国务院环境保护部门备案。同时又规定,凡是向已有地方水污染物排放标准的水体排放污染物的,应当执行地方水污染物排放标准。

理解、执行国家水污染物排放标准和地方水污染物排放标准,应当注意两点:一是国家水污染物排放标准是适用全国的通用、最低标准(不如地方水污染物排放标准严),地方水污染物排放标准是因没有国家水污染物排放标准而制定的地方标准,或者是因国家水污染物排放标准较低而制定的严于国家水污染物排放标准的地方标准。也就是说,对国家已有水污染物排放标准,地方标准只能严于国家标准,而不能宽于国家标准,否则地方标准是无效的。地方水污染物排放标准可以适用整个管辖区域,也可以适用于其指定的一部分区域。二是国家水污染物排放标准与地方水污染物排放标准并存或不一致时,应当执行地方水污染物排放标准。也就是说,地方水污染物排放标准优于国家水污染物排放标准的适用,任何单位和个人不得以已有国家水污染排放标准为借口而拒绝执行地方水污染物排放标准。具体地讲,有三层含义:①以地方水污染物排放标准为排污单位是否超标准的根据;②以地方水污染物排放标准计算收取排污费;③处理水污染纠纷时,适用地方水污染物排放标准。

随着国家经济、技术条件的发展和人民生活水平的提高,人们对水环境质量的要求会越来越高,国家也会适应这一要求,按照制定的程序对水环境质量标准和水污染排放标准作出适时的修订。

十八、什么是渔业污染事故?国家禁止新建哪些严重污染水环境的企业?

渔业污染事故是指由于单位和个人将某种物质和能量引入渔业水域,损坏渔

村官常用法律知识必读

业水体使用功能，影响渔业水域内的生物繁殖、生长或造成该生物死亡、数量减少，以及造成该生物有毒有害物质积累、质量下降等，对渔业资源和渔业生产造成损害的事实。

根据水污染防治法规定，国家禁止新建无水污染防治措施的小型化学制纸浆、印染、制革、电镀、炼油、农药以及其他严重污染水环境的企业。这些企业污染严重，如果要求这些企业采取防治污染的措施，不仅是不可能的，而且是得不偿失的，因此必须采取坚决措施，禁止其建设。

十九、对危害饮用水源的排污口应当如何处置？对跨省的水污染纠纷应如何解决？

在水污染防治法公布前在生活饮用水源地、风景名胜水体、重要渔业水体和其他有特殊经济文化价值的水体保护区已设有的排污口，排放污染物超过国家或者地方标准的，不管是否造成水污染都应当按照规定进行治理；这里强调了对作为保护对象的水源污染的特殊治理。危害饮用水源的排污口，应当搬迁，并采取对排污口搬迁的办法，以彻底解决饮用水源的污染问题，这里突出了对饮用水源的重点保护。

我国曾发生多起有重大影响的跨省水污染纠纷，这类案件的特殊性在于被污染的河流流经多个省市，因此涉及管辖权问题。所以我国《水污染防治法》第10条明确规定了水污染防治应当按照流域或者按区域实行统一规划。对于跨省、跨县江河的流域水污染防治规划，根据国家确定的重要江河的流域水污染防治规划和本地实际情况，由省级以上人民政府环境保护部门会同水利管理部门等有关部门和有关人民政府编制，报国务院或者省级人民政府批准。根据《环境保护法》第15条和《水污染防治法》第26条规定：对跨行政区域的环境污染纠纷，由有关地方人民政府协商解决，或者由其共同的上级人民政府协调解决。国家环保局颁布的《环境保护行政处罚办法》第13条规定：造成跨行政区域污染的行政处罚案件的管辖，由污染行为发生地和污染结果发生地的环境保护行政主管部门协商；协商不成的，报请共同的上一级环境保护行政主管部门指定管辖。

二十、向农田灌溉渠道排放污水应当注意什么？

向农田灌溉渠道排放工业废水和城市污水，可以充分利用废水资源，在一定程度上可以缓解一些地区因干旱缺水造成的灌溉困难，但同时需要指出的是，利用工业废水和城市污水进行农田灌溉必须符合下列规定：首先，应当保证灌溉渠道下游最近取水点的水质符合农田灌溉水质标准，这一标准与污染物排放标准不是一个标准。其次，应当防止污染土壤、地下水和农产品。这里主要是指要利用

第七章　农村资源环保法律常识

渠道使用符合农田灌溉水质标准的污水进行农田灌溉，不得挖开渠道进行农田漫灌，防止污染土壤、地下水和农产品。最后，县级以上地方人民政府农业行政主管部门应当对用于灌溉的水质及灌溉后的土壤、农产品进行定期监测，并采取措施，防止污染土壤、地下水和农产品。

二十一、大气环境质量标准如何制定？在哪些地区不能建污染的工业生产设施？对已建成的设施应如何处理？

大气环境质量标准，是为了保护人类健康、社会物质财富和维持生态平衡，对不同功能的大气环境含有有害物质或因素限值所作的统一规定，是环境标准体系的重要组成部分。根据大气污染防治法的规定，大气环境质量标准分为两级，一级是国家大气环境质量标准，一级是地方大气环境质量标准。我国国家大气环境质量标准分为三级，分别适用于三类不同的地区。一类地区通常是指国家规定的自然保护区、风景名胜区及疗养地等；二类地区是指城市规划中确定的居民区、商业交通和居民混合区、文化区、名胜古迹和广大农村地区；三类地区是指大气污染程度比较重的城镇和工业区以及城市交通枢纽等。一个地区的大气环境质量是否符合所适用的大气环境质量标准是表明该地区大气是否已被污染的根据。通常所说的一个地区的"大气已被污染"，就是指该地区的大气环境质量已经达不到国家规定的大气环境质量标准。大气污染防治法规定，国家大气环境质量标准由国务院环境保护行政主管部门制定。而地方大气环境质量标准的制定应根据以下原则，即省、自治区、直辖市人民政府只能对国家大气环境质量标准中未作规定的项目，制定地方大气环境质量标准；对国家大气环境质量标准中已作规定的项目，不能再制定地方标准。此外，地方大气环境质量标准还应当报国务院环境保护行政主管部门备案。

针对重点地区要求更高标准的大气环境质量，大气污染防治法规定不得建设污染大气环境的工业生产设施的地区包括国务院和省、自治区、直辖市人民政府划定的风景名胜区、自然保护区、文物保护单位附近地区，以及其他需要特别保护的区域。在上述区域内已经建成的设施，其污染物排放超过规定的排放标准的，应当限期治理。在限期治理的同时，由该排污单位所在地县级以上地方人民政府环境保护行政主管部门处一万元以上十万元以下的罚款。如果违反限期治理的要求，应当按照国务院的规定给予行政处罚。

二十二、开发海岛及其周围海域资源应当如何进行环境保护？从事海水养殖应当注意哪些事项？

海岛通常与陆地相分离，与其周围的海域构成一个相对独立、完整的海洋生态系统。海岛的地形、岸滩以及海岛周围海域的生态环境,一般都需要经过长期的地质和海洋水文动力的作用才能形成,具有与陆地不同的自然景观,是海岛独具特色的旅游资源。同时,由于地理的隔离、风沙的作用以及土壤的贫瘠,海岛植被在物种分布、物种形态和群落结构方面一般与陆地不同。这些海岛生物群落与周围海洋环境共存,构成独特的海岛生态系统。与陆地生态环境相比,海岛的地形、岸滩、植被以及海岛周围海域的生态环境更为脆弱,一旦遭受破坏,就很难恢复,甚至根本不可能恢复。因此,开发海岛及其周围海域的资源,必须注意保护海岛及其周围海域的生态环境,采取严格的保护措施。在确定海岛及其周围海域资源的开发规划、项目时,应当遵循适度开发、合理开发的原则,坚持科学发展观,走综合开发之路,使海岛及其周围海域资源发挥最大的效能。在进行具体项目的开发活动时,必须采取能够控制或者减少引起海洋环境污染以及造成破坏海岛地形、岸滩、植被以及海岛周围海域生态环境的开发方式和措施,以切实保护海岛及其周围海域的生态环境。

改革开放以来,我国的海水养殖业发展很快,沿海许多地方的海水养殖已经成为当地农业生产的重要组成部分。随着海水养殖业的发展,也出现一些问题:一是有的养殖者随意毁坏海岸防护设施或者砍伐红树林修建养殖设施;二是有的养殖者未经批准或者未经过环境影响评价擅自修建养殖设施;三是有的养殖者在养殖过程中不注意环境保护工作。因此,为了保护海洋环境,从事海水养殖应当注意以下事项:

(1) 不得毁坏海岸防护设施、沿海防护林等建设海水养殖场,如不得砍伐红树林建设海水养殖池,毁坏沿海防护林建设高位虾池等;

(2) 新建、改建、扩建海水养殖场,应当进行环境影响评价,对可能造成的环境影响进行分析和评估,并依法采取相应的预防措施;

(3) 在养殖过程中应当保护水域生态环境,科学确定养殖密度合理投饵、施肥、使用药物,不得造成养殖水域的污染。

二十三、在哪些区域不得从事污染环境、破坏景观的海岸工程项目建设活动?

在下列区域内不得从事污染环境、破坏景观的海岸工程项目建设活动:

(1) 海洋自然保护区。所谓自然保护区,是指对有代表性的自然生态系统、珍稀濒危野生动植物物种的天然集中分布区、有特殊意义的自然遗迹等保护对象所在的陆地、陆地水体或者海域,依法划出一定面积予以特殊保护和管理的区域。所谓海洋自然保护区,是指以海洋自然环境和资源保护为目的,依法把包括保护对象在内的一定面积的海岸、河口、岛屿、湿地或海域划分出来,进行特殊

第七章　农村资源环保法律常识

保护和管理的区域。海洋自然保护区分为国家级海洋自然保护区和地方级海洋自然保护区二级。

（2）海滨风景名胜区。这是指在沿海地区具有观赏、文化或者科学价值，自然景物、人文景物比较集中，环境优美的地区依法划出一定范围，供人游览、观赏、休息和进行科学文化活动的沿海地域。

（3）重要渔业水域。所谓渔业水域，是指鱼、虾、蟹、贝类的产卵场、索饵场、越冬场、洄游道和鱼、虾、蟹、贝、藻类及其他水生动植物的养殖场所。

（4）其他需要特别保护的区域。所谓其他需要特别保护的区域，是指除海洋自然保护区、海滨风景名胜区、重要渔业水域以外的其他需要给予特别保护的区域，如海洋特别保护区、盐场保护区、海浴场等。

在上述区域范围内，不得新建、扩建、改建污染环境或者破坏景观的海岸工程建设项目，同时也不得进行其他诸如弃置、堆放和处理固体废弃物等污染环境或者破坏景观的活动。

二十四、沿海陆域不得新建哪些严重污染海洋环境的工业生产项目？

在一段时间内，沿海一些地方为了发展本地经济，纷纷上马一些不具备有效治理污染措施的工业生产项目，如化学制浆造纸、化工、印染、制革、电镀、炼油、岸边冲滩拆船等，而且这些工业生产项目由于位于海边，直接或者间接地通过管道、沟渠、设施向海域排放污染物，对海洋环境造成了严重的污染。

因此，为了保护海洋环境，禁止在沿海陆域新建不具备有效治理措施的化学制浆造纸、化工、印染、制革、电镀、炼油、岸边冲滩拆船以及其他严重污染海洋环境的工业生产项目。关键是不得新建不具备有效治理措施的项目，所谓"不具备有效治理措施"，是指不具备与其生产设施相配套的、符合环境保护要求的、能够确保污染物达标排放的环境保护设施。化学制浆造纸、化工、印染、制革、电镀、炼油、岸边冲滩拆船等工业生产项目所排放的工业废水数量大且其中含有大量有毒有害物质，如重金属、油类等，所以如果不具备有效治理污染的措施，不得在沿海陆域新建。

二十五、农作物、养殖物等因受环境污染而遭受损失，可以通过哪些途径来维护自己的权利？

根据《环境保护法》、《民法通则》以及《最高人民法院关于民事诉讼证据的若干规定》的相关规定，如果农作物、养殖物等因受到环境污染而遭受损失，造成污染的一方有责任排除危害，并对直接受到损害的单位或者个人赔偿损失。对于赔偿责任和赔偿金额的纠纷，可以根据当事人的请求，由环境保护行政主管

村官常用法律知识必读

部门或者其他依照法律规定行使环境监督管理权的部门处理；当事人如果对处理决定不服，可以向人民法院起诉。当然，在请求有关部门处理之前，当事人也可以直接向人民法院提起民事侵权诉讼。在诉讼过程当中，加害人应就法律规定的免责事由及其行为与损害结果之间不存在因果关系承担举证责任。当然，如果完全由于不可抗拒的自然灾害，并经及时采取合理措施，仍然不能避免造成环境污染损害的，免予承担责任。

二十六、刚刚装修好的新房甲醛、氨超标 5~10 倍，不能住人，到底能不能要求装修公司赔偿？

《住宅室内装饰装修管理办法》第 29 条规定："装修人委托企业对住宅室内进行装饰装修的，装饰装修工程竣工后，空气质量应当符合国家有关标准。装修人可以委托有资格的检测单位对空气质量进行检测。检测不合格的，装饰装修企业应当返工，并由责任人承担相应损失。"我国《环境保护法》第 41 条第 1 款规定："造成环境污染危害的，有责任排除危害，并对直接受到损害的单位或者个人赔偿损失。"《住宅室内装饰装修管理办法》第 25 条规定："住宅室内装饰装修工程发生纠纷的，可以协商或者调解解决。不愿协商、调解或者协商、调解不成的，可以依法申请仲裁或者向人民法院起诉。"

二十七、危险物品运输途中出现事故而致使水污染应当如何承担责任？哪些行为构成重大环境污染事故罪？

我国《水污染防治法》第 31 条第 1 款规定："禁止将含有汞、镉、砷、铬、镉、铅、氰化物、黄磷等可溶性剧毒废渣向水体排放、倾倒或者直接埋入地下。"我国《刑法》第 136 条规定："违反爆炸性、易燃性、放射性、毒害性、腐蚀性物品的管理规定，在生产、储存、运输、使用中发生重大事故，造成严重后果的，处 3 年以上有期徒刑或者拘役；后果特别严重的，处 3 年以上 7 年以下有期徒刑。"因此，作为运输人员应非常清楚地知道自己运送的物品是什么，对于有毒有害的物品更应倍加慎重，小心防范。

根据我国《刑法》第 338 条的规定，构成重大环境污染事故罪的必须是已经"造成重大环境污染事故，致使公私财产遭受重大损失或者人身伤亡的严重后果"。根据这一规定，如果实施了违法排放、倾倒、处置危险废物的行为，但未造成严重后果的，不应认定为重大环境污染事故罪。

二十八、如何认定非法采矿罪？

非法采矿罪，是指违反矿产资源保护法的规定，未取得采矿许可证擅自采矿，擅自进入国家规划矿区、对国民经济具有重要价值的矿区和他人矿区范围采矿，擅自开采国家规定实行保护性开采的特定矿种，或越界开采矿产资源，经责令停止开采后拒不停止开采，造成矿产资源破坏的行为。

（1）本罪的对象是矿产资源，具体是指矿物和开采矿物的场所两部分内容，其他资源不能成为本罪的对象。

（2）本罪客观上的具体方式是擅自非法采矿。所谓"擅自非法采矿"，是指未取得采矿许可证擅自采矿的，擅自进入国家规划矿区、对国民经济具有重要价值的矿区和他人矿区范围采矿的，擅自开采国家规定实行保护性开采的特定矿种，或者虽有采矿许可证，但不按采矿许可证上采矿范围的要求采矿。国家对矿产资源实行限制性开采，如《矿产资源法》第17条规定："国家对规划矿区、对国民经济具有重要价值的矿区和国家规定实行保护性开采的特定矿种，实行有计划的开采；未经国务院有关部门批准，任何单位和个人不得开采。"又比如1988年《国务院关于对黄金矿产实行保护性开采的通知》中指出，国务院决定将黄金矿产列为实施保护性开采的特定矿种，实行有计划的开采，未经国家黄金管理局批准，任何单位和个人不得开采。除黄金之外，我国还将钨、锡、锑、离子型稀土矿等矿种列为保护性开采的特定矿种。国务院发布的《矿产资源开采登记管理办法》中规定的石油、天然气矿种禁止个体开采。

（3）本罪的构成必须基于一定的危害结果，只有破坏行为，而无破坏结果，则无以构成犯罪。行为人除实施了上述擅自非法采矿的行为外，还需具备经责令停止开采后拒不停止开采，导致矿产资源破坏的后果。所谓"经责令停止开采后拒不停止开采"，是指经有关矿产管理部门三令五申或作出行政处罚后，仍然开采的。所谓"造成矿产资源破坏"，是指在矿区乱采滥挖，使整个矿床及依据矿床设计的采矿方法遭到破坏，导致矿产不能充分开采；在储存有共生矿产和伴生有矿产的矿区采取采主矿弃副矿的采矿方法，对应综合开采、综合利用的矿产不采，使矿产不能充分合理利用；对暂不能综合开采或必须同时采出而暂时还不能综合利用的矿产以及含有有用成分的尾矿，不采取有效的保护措施，造成损失破坏等情况。

二十九、什么行为构成违法发放林木采伐许可证罪？退耕还林者擅自复耕或林粮间作该怎样处理？

违法发放林木采伐许可证罪，是指林木主管部门的工作人员违反森林法的规定，超过批准的年采伐限额发放林木采伐许可证或者违反规定滥发林木采伐许可证，情节严重，致使森林遭受严重破坏的行为。

应当注意以下几点：

(1) 根据《刑法》第 407 条的规定，违法发放林木采伐许可证罪的主体是林木主管部门的工作人员。"林木主管部门"是指国务院以及各级地方人民政府或者其委托的主管林业的行政部门。《森林法》第 10 条规定："国务院林业主管部门主管全国林业工作。县级以上地方人民政府林业主管部门主管本地区的林业工作。乡级人民政府设专职或者兼职人员负责林业工作。"第 13 条规定："各级林业主管部门依照本法规定，对森林资源的保护、利用、更新，实行管理和监督。"第 25 条第 1 款规定："采伐林木必须申请采伐许可证，按许可证的规定进行采伐；农村居民采伐自留地和房前屋后个人所有的零星林木除外。"第 32 条第 4 款规定："农村集体经济组织采伐林木，由县级林业主管部门依照有关规定审核发放采伐许可证。"第 32 条第 5 款规定："农村居民采伐自留山和个人承包集体的林木，由县级林业主管部门或者其委托的乡、镇人民政府依照有关规定审核发放采伐许可证。"《森林法实施条例》第 32 条规定："除森林法已有明确规定的外，林木采伐许可证按照下列规定权限核发：（一）县属国有林场，由所在地的县级人民政府林业主管部门核发；（二）省、自治区、直辖市和设区的市、自治州所属的国有林业企业事业单位、其他国有企业事业单位，由所在地的省、自治区、直辖市人民政府林业主管部门核发；（三）重点林区的国有林业企业事业单位，由国务院林业主管部门核发。"

(2) 违法发放林木采伐许可证罪在客观方面表现为，违反森林法的规定，超过批准的年采伐限额发放林木采伐许可证或者违反规定滥发林木采伐许可证，情节严重，致使森林遭受严重破坏的行为。

(3) 情节严重，致使森林遭受严重破坏。根据 2000 年 11 月 17 日最高人民法院《关于审理破坏森林资源刑事案件具体应用法律若干问题的解释》第 12 条的规定，《刑法》第 407 条中规定的"情节严重，致使森林遭受严重破坏"，是指具有下列情形之一的：①发放林木采伐许可证允许采伐数量累积超过批准的年采伐限额，导致林木被采伐数量在 10 立方米以上的；②滥发林木采伐许可证，导致林木被滥伐 20 立方米以上的；③滥发林木采伐许可证，导致珍贵树木被滥伐的；④批准采伐国家禁止采伐的林木，情节恶劣的；⑤其他情节严重的情形。

退耕还林者擅自复耕，或者林粮间作、在退耕还林项目实施范围内从事滥采、乱挖等破坏地表植被的活动的，依照刑法关于非法占用农用地罪、滥伐林木罪或者其他罪的规定，依法追究刑事责任；尚不够刑事处罚的，由县级以上人民政府林业、农业、水利行政主管部门依照森林法、草原法、水土保持法的规定处罚。

三十、违法造成环境污染事故或经限期治理未完成治理任务的企事业单位，应承担什么样的法律后果？当事人对环保行政处罚不服的，应该怎么办？

根据我国《环境保护法》第38条的规定，对违反法律规定，造成环境污染事故的企业事业单位，由环境保护行政主管部门或者其他依照法律规定行使环境监督管理权的部门根据所造成的危害后果处以罚款；情节较重的，对有关责任人员由其所在单位或者政府主管机关给予行政处分。对经限期治理逾期未完成治理任务的企业事业单位，除依照国家规定加收超标准排污费外，可以根据所造成的危害后果处以罚款，或者责令停业、关闭。其中，罚款由环境保护行政主管部门决定。责令停业、关闭，由作出限期治理决定的政府部门决定；责令中央直接管辖的企业事业单位停业、关闭，须报国务院批准。

根据我国《环境保护法》第40条的规定，当事人对行政处罚决定不服的，可以在接到处罚通知之日起15日内，向作出处罚决定的机关的上一级机关申请复议；对复议决定不服的，可以在接到复议决定之日起15日内，向人民法院起诉。当事人也可以在接到处罚通知之日起15日内，直接向人民法院起诉。当事人逾期不申请复议，也不向人民法院起诉，又不履行处罚决定的，由作出处罚决定的机关申请人民法院强制执行。

案例　砍伐自栽林是否违法

【案情】

2007年元旦，安徽省马鞍山市郊向山镇林业派出所接到七联林场报案：九号桥山场和小坳心连续发生多起砍伐病死树和火炬松事件。经过十多天的调查走访，工作人员终于查清事情：七联村红光胜队村民王某，多次到七联村九号桥处（系王某承包的土地，山上的树系王某亲手栽种），利用林业局组织砍伐病死树之机，偷偷上山砍伐，此外还先后发动儿子、女婿上山砍伐，三次共砍伐火炬松和病死树20余棵。林业派出所在事实调查清楚后，决定除对王某进行行政罚款、赔偿损失外，还依据《治安管理处罚条例》对其拘留15天。王某对此不服气，称这山上的树都是自己栽下的，且为自己承包，现建房遇到困难，砍几棵树，行政处罚已经不轻了，再拘留，他心里不服气。

【评析】

在本案中，林业派出所对王某所进行的行政罚款、赔偿损失和行政拘留是有法律依据的，林业派出所的处罚依据就是我国《森林法》第32条的规定。在本案中，一般公民总是认为：自己栽种的林木所有权人应该是栽种人自己。然而，根据我国的《宪法》规定：个人对森林并没有所有权，只有国家和集体才是真正的所有权人。另外，对于特别自然资源的保护，我国采取了许可证制度，它是保障资源合理、有效利用的重要行政手段。在此案中，对于林木资源的采伐应该先取得采伐许可证。而村民王某并没有取得许可证，就擅做主张对自栽的林木进行砍伐，这是违法的，应当受到处罚。

第八章 村民关系调解法律常识

一、相邻关系的含义和内容是什么？村民租赁房屋也要遵守相邻关系的规定吗？

相邻关系，是指不动产相互毗邻的所有人或者使用权人，为了对其占有或使用的不动产加以充分利用，相互之间因给予方便或接受某种限制而产生的权利义务关系。在相邻关系中，双方当事人彼此之间享有这样一种权利，即为了自己能够正常、充分地利用不动产（比如房屋、土地等），而有权要求相邻对方不实施某种行为（如不阻止通行，不影响屋通风采光等）或者要求对方实施某种行为（如拆除危险建筑物）的权利。

依据我国《民法通则》规定，不动产的相邻各方，应当按照有利生产、方便生活、团结互助、公平合理的精神，正确处理截水、排水、通行、通风、采光等方面的相邻关系。给相邻方造成妨碍或者损失的，应当停止侵害，排除妨碍，赔偿损失。

村民租赁房屋也要遵守相邻关系。相邻关系主体，不仅包括所有权人，还包括使用权人，比如承租人和典权人。换句话讲，谁依法占有、使用不动产，谁就是相邻关系的权利和义务人。

二、处理农村房屋相邻关系，应遵循哪些原则？

确定农村房屋相邻关系中的权利与义务，应当遵循以下原则：
(1) 有利于生产原则。
(2) 方便生活原则。
(3) 有利生产，方便生活，是确定相邻关系权利和义务的两大出发点，两者必须兼顾。既不能单纯强调保护个人权益而影响或阻碍生产建设，也不能借口有利生产而任意损害邻人的合法权益。
(4) 团结互助原则。
(5) 公平合理原则。即在相邻权限制邻人对不动产的利用时，必须选择对邻人影响最小的方案，必要时还应作出补偿。

三、村邻挤占通道和宅基地怎么办？

在农村，挤占通道和宅基地的现象时有发生。有的宅基地与外边的通道被相邻的人家挤占得只能单人通行，这些矛盾非常复杂，有的还和家族之间、家庭之间的其他矛盾纠缠在一起。《民法通则》第83条规定，两个或者两个以上相毗邻的不动产所有人或者使用人，对各自所有或使用的不动产行使所有权或使用权时，应当本着有利生产、方便生活、团结互助、公平合理的精神，正确处理截水、排水、通行、通风、采光等方面的相邻关系。

在相邻关系中通道使用权和宅基地使用权是邻里各方最容易产生矛盾的两个问题。对于通道，除了另有约定的以外，一般都由相邻各方共同使用，一方如果挤占了通道，客观上会对他方造成一定的妨碍，因此，占用时必须征得他方同意，否则就是侵害了他方的通道使用权。我国法律保护公民宅基地的长期使用权，但是公民在行使该权利时，不得妨碍公共利益和他人的合法权益。侵害通道使用权，给他方造成损失的，受害方可以要求对方赔偿损失。处理相邻关系纠纷，应当互谅互让，尽量协商解决。协商不成时，可以通过当地民事调解组织或者人民法院处理。

四、农民土地相邻，相邻一方应如何保障和维护自己的合法权益？

相邻关系在农村土地利用过程中是一种非常重要的关系。那么，作为相邻一方的农民当自己的合法权益受到侵犯时应如何保障和维护自己的合法权益呢？依据《民法通则》、《民事诉讼法》及相关司法解释的规定，我们主要分以下几种情况进行解答：

第一，相邻一方因施工临时占用他方使用的土地，占用的一方如未按照双方约定的范围、用途和期限使用的，应当责令其及时清理现场、排除妨碍、恢复原状、赔偿损失。

第二，一方擅自堵截或独占自然流水，影响他方正常生产、生活的，他方有权请求排除妨碍；造成他方损失的，应负赔偿责任。

第三，相邻一方必须使用另一方的土地排水的，应当准许，但应在必要限度内使用并采取适当的保护措施，如仍造成损失的，由受益人合理补偿。

第四，相邻一方可以采取其他合理的排水措施而未采取，向他方土地排水毁损或者可能毁损他方财产，他方要求致害人停止侵害、消除危险、恢复原状、赔偿损失的，应当予以支持。

第五，一方必须在相邻一方使用的土地上通行的，应当予以准许；因此造成损失的,应当给予适当补偿。

第六,对于一方所有的或者使用的建筑物范围内历史形成的必经通道,所有权人或者使用权人不得堵塞。因堵塞影响他人生产、生活,他人要求排除妨碍或者恢复原状的,应当予以支持。但有条件另开通道的,也可以另开通道。处理相邻房屋滴水纠纷时,有过错的一方造成他方损害的,应当责令其排除妨碍、赔偿损失。

第七,相邻一方在自己使用的土地上挖水沟、水池、地窖等或者种植的树木根枝伸延危及另一方建筑物的安全和正常使用的,应当根据实际情况,责令其消除危险,恢复原状,赔偿损失。当上述权利得不到实现时,权利受侵害一方即可依照《民事诉讼法》的相关规定向人民法院提起民事诉讼。

五、针对侵害相邻权的行为,受侵害人可以主张哪些权利?

违反相邻关系,给相邻方造成妨碍或者损失的。受害人可以主张如下权利:

(1)停止侵害请求权。一方违反相邻义务,正在实施侵害邻人利益的活动时,邻人有权直接请求或请求法院责令其停止侵害行为。

(2)排除妨碍请求权。如果一方因违法行为已经使邻人不能或者部分不能正常利用其不动产,邻人有权直接请求或通过法院请求其排除这种不动产利用上的障碍。

(3)损害赔偿请求权。如果一方因侵害行为或妨碍行为给邻人造成财产损失的,邻人在享有上述两项权利的同时,还有权请求对方对因此遭受的全部损失进行赔偿。

六、相邻通行关系中,当事人之间的权利和义务有哪些内容?

相邻通行关系,分相邻土地通行关系和相邻建筑通行关系两种情况。

(1)相邻土地通行关系,是指如果一方不经过邻人土地通行,就无法到达公共道路的,该方有在邻人的土地上通行的权利。如果一方因在邻人土地上通行,给邻人造成损失的,该方有给予适当补偿的义务。

(2)相邻建筑通行关系,是指对于在一方所有的或者使用的建筑物范围内历史形成的必经通道,所有权人或者使用权人不得堵塞,邻人有继续使用的权利。堵塞通道因此影响邻人生产生活的,邻人有要求排除妨碍或恢复原状的权利。当然,如果有条件另开通道的,原通道所在房屋的所有权人或使用权人有权要求邻人另开通道。

七、管线埋设及建筑施工临时占用邻地的,应当遵循怎样的规则?

相邻一方埋设管线或因修建施工临时占用他方土地的,占用的一方应当在约定的范围、用途和期限内占用。如果管线埋设人和施工人未按上述约定使用土地，土地的所有人或使用人有权责令其及时清理现场、排除妨碍、恢复原状和赔偿损失。另外，管线埋设人应当选择对邻人影响最小的地点和方式埋设管线。

八、哪些行为可被视为侵害相邻人通风权与采光权？侵犯相邻方通风权、采光权的可怎样选择救济途径？

视为侵害相邻人通风权的情况主要有：
（1）因相邻一方建筑房屋未与相邻他方的房屋保持适当距离，相距太近而导致相邻他方室内空气流通不畅的；
（2）因相邻一方林木根枝等延伸至他方门窗前，严重影响他方室内空气流通的。

视为侵害相邻人采光权的情况主要有：
（1）因相邻一方建造房屋或种植竹木未与相邻他方的房屋保持适当距离，导致他方室内采光不足的；
（2）因相邻一方过度或不适时的光源照射等因素而导致相邻他方采进过量光照的。

受害方可以主张下列救济方式：
（1）请求停止侵害。当对方修建房屋与自己房屋距离过近时，相邻权人有权及时提出异议，要求对方停止侵害。
（2）请求排除妨碍。如果在对方建房时相邻权人未提出异议，房屋建成后，相邻权人才要求排除妨碍的，只有在对对方建成的房屋损坏不大的前提下，才可以拆除楼层或降低高度。
（3）请求采取其他补救措施。在不能采取停止侵害和排除妨碍的请求时，相邻权人可以要求对方采取其他补救措施，比如为其另开天窗或安装风扇等。
（4）请求赔偿损失。

九、拆除己方房屋时可以一并拆除共用墙吗？共用墙的另一方可以以共用墙为理由干涉对方买卖房屋吗？

都不可以。根据相邻权的规定，共用墙的所有人有保留共用墙的义务。即一方如果拆除房屋，共用墙不得拆除，可以由另一方以折价补偿的方式，取得共用墙的所有权。

界墙人对其房屋享有完全的所有权，不因有共用墙而受影响。如果界墙人转让其房屋，共用墙所有人不得以共用墙为由提出异议。

十、对于相邻用水关系,法律是怎么规定的?

相邻人不得擅自改变水的自然流向。如果一方需要改变水的自然流向,必须征得他方同意。

位于高地或者上游的相邻人,不得截留或者独占自然水流,影响他方正常生产、生活,否则,他方有权请求排除妨碍、恢复原状、赔偿损失。位于低地或者下游的相邻人,不得以损害相邻人利益为目的使用水流。

水源充足时,应遵循"由远及近、由高至低"的原则依次用水;水源不足时,相邻各方应本着互谅互让的原则协商处理,合理分配,共同使用。相邻一方必须使用另一方的土地排水的,应当予以准许;但应在必要限度内使用并采取适当的保护措施排水。如仍造成损失的,由受益人合理补偿。相邻一方可以采取其他合理的措施排水而未采取,向他方土地排水毁损或者可能毁损他方财产,他方有权要求致害人停止侵害、消除危险、恢复原状、赔偿损失。

十一、在相邻疆界关系中,当事人之间的权利和义务有哪些?

(1) 双方共建的界墙、界篱,归双方共有,双方对其共有的界墙、界篱承担共同维修的义务。

(2) 双方对相邻房屋的使用范围,只能限制在自己一侧,不得擅自越界。

(3) 一方修建房屋逾越疆界的,他方有权及时制止,责令其停止侵害、恢复原状。但如果越界房屋已经建成的,则只能要求赔偿损失。

(4) 一方种植竹木越界影响邻人房屋的安全或正常使用的,邻人有权请求剔除越界根枝。对方不予剔除的,邻人有权自行剔除。如果因竹木越界造成损失,邻人有权请求损害赔偿。

十二、什么是相邻防险关系?在相邻环保关系中,当事人之间的权利和义务有哪些?

相邻防险关系包括以下几种情况:

(1) 在自己的房屋或土地范围内,从事高空、高压、易燃、易爆、剧毒、放射性等高度危险作业的,必须采取必要防范措施。否则,造成后果的,应承担相应的责任。

(2) 在自己所有或使用的土地上开挖水沟、水池、水井、地窖的,开挖人必须选择适当的地点和方式。否则,因此给邻人房屋造成损害或构成危险的,要承担相应责任。

(3) 相邻人有义务采取必要措施加固其建筑及建筑物上的搁置物、悬挂物,避免因其倒塌、脱落、坠落给邻人造成损害。

在相邻环保关系中，当事人之间有如下权利和义务：

（1）相邻一方在排放废水、废渣、废气、粉尘、油污和放射性物质时，应严格遵守国家标准。否则，应承担相应赔偿责任。

（2）相邻一方在他方房屋附近修建厕所、牲畜栏厩、粪池、污水池或堆放垃圾的，应与相邻他方房屋保持适当距离，并采取措施防止污染。

（3）相邻一方使用其不动产而产生的噪音、振动等，必须控制在社会一般观念可容忍的范围之内。

十三、对醉酒违法和结伙斗殴等寻衅滋事行为应作何处罚？对猥亵他人或者在公众场所故意裸露身体应作何处罚？

醉酒的人违反治安管理，应当给予处罚。人在醉酒状态中，对本人有危险或者对他人的人身、财产或者公共安全有威胁的，应当对其采取保护性措施约束至酒醒。

有下列行为之一的，处5日以上10日以下拘留，可以并处500元以下罚款；情节较重的，处10日以上15日以下拘留，可以并处1000元以下罚款：

（1）结伙斗殴的；

（2）追逐、拦截他人的；

（3）强拿硬要或者任意损毁、占用公私财物的；

（4）其他寻衅滋事行为。

猥亵他人，或者在公共场所故意裸露身体，情节恶劣的处5日以上10日以下拘留；猥亵智力残疾人、精神病人、不满14周岁的人或者有其他严重情节的，处10日以上15日以下拘留。

十四、对殴打、伤害他人的行为应作何处罚？强迫他人交易应作何处罚？

殴打他人的，或者故意伤害他人身体的，处5日以上10日以下拘留，并处200元以上500元以下罚款；情节较轻的，处5日以下拘留或者500元以下罚款。

有下列情形之一的，处10日以上15日以下拘留，并处500元以上1000元以下罚款：

（1）结伙殴打、伤害他人的；

（2）殴打、伤害残疾人、孕妇、不满14周岁的人或者60周岁以上的人的；

（3）多次殴打、伤害他人或者一次殴打、伤害多人的。

强买强卖商品，强迫他人提供服务或者强迫他人接受服务的，处5日以上10

第八章　村民关系调解法律常识

日以下拘留，并处 200 元以上 500 元以下罚款；情节较轻的，处 5 日以下拘留或者 500 元以下罚款。

十五、盗窃、诈骗、哄抢、抢夺、敲诈勒索、故意毁损公私财物的、赌博的行为，应受何种处罚？

盗窃、诈骗、哄抢、抢夺、敲诈勒索或者故意损毁公私财物的，处 5 日以上 10 日以下拘留，可以并处 500 元以下罚款；情节较重的，处 10 日以上 15 日以下拘留，可以并处 1000 元以下罚款。

以营利为目的，为赌博提供条件的，或者参与赌博赌资较大的，处 5 日以下拘留或者 500 元以下罚款；情节严重的，处 10 日以上 15 日以下拘留，并处 500 元以上 3000 元以下罚款。

十六、饲养动物干扰他人正常生活的行为应受何种处罚？

饲养动物，干扰他人正常生活的，处警告；警告后不改正的，或者放任动物恐吓他人的，处 200 元以上 500 元以下罚款。

驱使动物伤害他人的，依照《治安管理处罚法》第 43 条第 1 款的规定处罚。

十七、在农村生活中发生了纠纷该如何解决？如何和解和调解？

农民在生活中难免会发生这样或那样的矛盾。个人之间、法人之间、其他组织之间以及他们相互之间因财产关系、人身关系而发生的纠纷，这都叫做民事纠纷。民事纠纷可以采取和解、调解、仲裁、诉讼等方式解决。农民朋友可以根据情况选择适合于自己的解决方式。

和解是当事人双方在平等的基础上相互协商、互谅互让，进而对纠纷的解决达成协议的活动。和解具有及时解决纠纷、节约成本、保护合作关系等优点，双方当事人应首先选择。和解协议相当于合同，当事人双方应自觉履行。一方不履行和解协议，另一方可以向法院提起诉讼，当然也可以根据约定申请仲裁。法院通过对和解协议的审查，对于意思真实而又不违反法律强制性或禁止性规定的和解协议予以支持，但对于一方非自愿作出的或违反法律强制性或禁止性规定的和解协议不予支持。

调解是指第三方对纠纷的双方当事人进行沟通疏导、说服教育，促使其相互谅解、达成协议，从而解决纠纷的一种活动。调解一般包括村民调解委员会调解、法院调解、仲裁调解、行政调解等类型。村民调解委员会的调解属于民间调解；法院调解或仲裁调解达成的调解协议具有等同于法院判决或仲裁裁决的效力，可以强制执行。行政调解不具有此等效力，当事人不服行政调解，可就原纠

村官常用法律知识必读

纷再提起民事诉讼。

十八、村民调解委员会的调解协议有什么法律效力？

依法律及相关司法解释的规定，经人民调解委员会调解达成的有民事权利与义务内容，并由双方当事人签字或者盖章的调解协议，具有民事合同性质。当事人应当按照约定履行自己的义务，不得擅自变更或者解除调解协议。一方不履行调解协议，另一方有权向法院提起诉讼要求对方履行调解协议。

十九、什么是信访？哪些事项可以信访？

信访是指公民、法人或者其他组织采用书信、电子邮件、传真、电话、走访等形式，向各级国家机关（人民代表大会及其常务委员会、人民政府、人民法院、人民检察院）反映情况，提出建议、意见或者投诉请求，由有关国家机关依法处理的活动。信访是我国的一项特色制度，它为百姓提供了一条向国家发表意见、提出建议、批评投诉的渠道，也是国家沟通人民、了解下情的途径。

2005年1月10日，国务院颁布新的《信访条例》，对行政机关办理信访事项作出一系列规定。此外，我国部分省、自治区、直辖市也制定了关于信访的地方性法规。信访是国家设定的下情上达的渠道，原则上公民的所有意见和建议都可以通过信访途径向国家提出。具体说来，对下列四类事项，公民可以提出信访：各级人民代表大会及其常务委员会职权范围内的事项；各级人民政府职权范围内的事项；各级人民法院职权范围内的事项；各级人民检察院职权范围内的事项。

公民对各类事项的信访，可以是对国家机关工作提出建议、意见，或是提出批评，也可以是对国家机关的决定提起申诉，还可以是对国家机关工作人员的违法行为提出检举、控告等。

二十、信访应向哪个机关或部门提出？通过什么渠道和方式提出？

我国信访实行属地管理、分级负责、归口办理的原则。因此，信访应向对信访事项直接负责的机关或部门提出。

（1）属于人民代表大会及其常务委员会职权范围内的事项应向直接负责的人民代表大会及其常务委员会信访；

（2）属于人民政府及其工作部门职权范围内的事项应向直接负责的人民政府及其工作部门信访；

（3）属于人民法院职权范围内的事项应向直接负责的人民法院信访；

（4）属于人民检察院职权范围内的事项应向直接负责的人民检察院信访。

信访可以通过书信、电话、电子邮件、传真、走访等多种渠道提出。而在现代网络资源和技术不断发展的今天，信访人更是可以通过信访信息系统直接提出信访要求。根据新的《信访条例》，各级人民政府、县级以上人民政府工作部门应当向社会公布信访工作机构的通信地址、电子信箱、投诉电话、信访接待的时间和地点、查询信访事项处理进展及结果的方式等相关事项。国家和地方信访工作机构充分利用现有政务信息网络资源，建立全国和地方信访信息系统，为信访人在当地提出信访事项、查询信访事项办理情况提供便利。

二十一、信访人在信访过程中有哪些权利和义务？信访人在信访过程中应遵守哪些秩序？

信访人在信访过程中享有如下权利：
（1）可以通过多种方式进行信访，如来访、书信、传真、电话、电子邮件等；
（2）有要求获得书面答复意见的权利；
（3）有对信访事项答复意见不满要求复查的权利；
（4）有对复查决定不满要求复核的权利。
信访人享有信访的权利，但在信访过程中也须履行一定的义务，具体如下：
（1）如实反映情况，不得捏造或者歪曲事实，不得进行诬告陷害；
（2）遵守信访程序，依法规规定的程序进行信访；
（3）遵守接待场所秩序，爱护公共财产；
（4）服从符合法律法规、规章、政策的处理决定。
信访人在信访过程中应遵守信访秩序，不得有以下行为：
（1）在国家机关办公场所周围、公共场所非法聚集，围堵、冲击国家机关，拦截公务车辆，或者堵塞、阻断交通；
（2）携带危险物品、管制器具；
（3）侮辱、殴打、威胁国家机关工作人员，或者非法限制他人人身自由；
（4）在信访接待场所滞留、滋事，或者将生活不能自理的人弃留在信访接待场所；
（5）煽动、串联、胁迫、以财物诱使、幕后操纵他人信访或者以信访为名借机敛财；
（6）扰乱公共秩序、妨害国家和公共安全的其他行为。

二十二、集体信访的情况下，应遵守哪些规定？违反信访条例秩序规定应承担何种责任？

集体信访是指多人因共同的事项反映共同的意愿。集体信访可以采取书信、

村官常用法律知识必读

电话、网络等方式进行，也可以当面反映。但如果采取当面反映的形式，必须推选代表进行，且代表人数不得超过五人。之所以作出如此限制规定，主要是为了保证国家机关更清楚明白地了解到信访人的意愿，并有利于问题得到及时妥善的解决。

违反《信访条例》关于信访秩序规定的信访人，有关国家机关工作人员应当对信访人进行劝阻、批评或者教育。经劝阻、批评和教育无效的信访人，由公安机关予以警告、训诫或者制止；违反集会游行示威的法律、行政法规，或者构成违反治安管理行为的，由公安机关依法采取必要的现场处置措施、给予治安管理处罚；构成犯罪的，依法追究刑事责任。此外，信访人捏造歪曲事实，诬告陷害他人，构成犯罪的，依法追究刑事责任；尚不构成犯罪的，由公安机关依法给予治安管理处罚。

案例　如何处理共用宅基地纠纷

【案情】

2000年，某村农民王东与其弟王建共同向乡政府提出申请，要求占用村东面积为4亩的空闲地盖房，得到了乡政府的批准。2001年，王东和王建盖4间房屋，两屋之间面积达100平方米的空地，双方约定为共用宅基地。2003年，王东娶妻，2004年生一子，同时王东的岳父母也搬来与他们同住。原来所盖的房屋已明显不够用，王东打算再加盖2间小屋，当其找王建商量时，恰巧王建外出不在家。王东便自作主张占用共用空地的60平方米盖了两间小屋。王建回来后，未提出反对意见。2006年王建娶妻，其妻得知此事后，向王东要求赔偿因占用共同空地造成的损失3000元，王东不允。2006年9月，王建向法院起诉，状告王东侵权。法院认为王建在得知王东占用共用宅基地后未表示反对，视为默认，依法驳回王建的起诉。事后王东自愿给付王建1000元作为补偿。

【评析】

宅基地的使用权，依法可以由两个或两个以上的公民共同享有。宅基地的共同使用，虽然不同于共同财产的使用，但各共有人在对共有宅基地进行使用时仍必须遵守一般规定。首先，宅基地共同使用人中的任何一方要占用宅基地建房，必须经过其他共同使用人的同意。未经其他共同使用人同意而擅自占用宅基地建房是违反法律规定的，权利受到侵犯的宅基地共同使用人可以视具体情况要求非法占用人排除妨碍、恢复原状或者赔偿损失。例外的情况是：宅基地一方使用人在占用宅基地建房时，虽然没有取得其他共同使用人的同意，但如果其他共同使用人明知其占用宅基地而未提出任何反对意见，则视为默认，在这种情况下，如果一方在共同使用的宅基地上盖起了新房或修建了其他建筑物，又不妨碍国家利益和社会公共利益，不妨碍他人合法权益的，宅基地占用人可以继续使用。

　　本案属于上述分析中的例外情况，王东与王建共用面积达100平方米的空地，王东在利用该片空地中的60平方米建房时未取得王建的同意，原则上构成侵权。但王建得知此事后在长达两年的时间里一直未表示反对，应视为其默认王东的行为，王东占用共用空地的做法则由非法转为合法。王建在其妻的鼓动下提出侵权诉讼是没有理由的，应予驳回。

第九章　农村民事法律常识

一、什么是民事官司？

民事官司即民事诉讼，是指当事人之间因民事权益矛盾或者经济利益冲突，向人民法院提起诉讼，人民法院立案受理，在双方当事人和其他诉讼参与人的参与下，由人民法院审理和解决民事案件、经济纠纷案件和法律规定由人民法院审理的特殊案件的活动，以及这些诉讼活动中所产生的各种法律关系的总和。当事人通过打民事官司，可以达到制裁民事违法行为，保护自己的合法权益的目的。

二、哪些纠纷属于民事官司？

根据《民事诉讼法》第3条的规定：人民法院受理公民之间、法人之间、其他组织之间以及它们相互之间因财产关系和人身关系提起的民事诉讼。常见的民事官司主要有：

（1）公民之间、公民与法人之间因财产权而发生的纠纷，大多指对财产的占有、使用、收益和处分所发生的纠纷。

（2）公民之间因买卖、租赁、借贷、赠与、典当等合同行为而发生的纠纷，以及继承遗产所引起的纠纷。

（3）因不当得利、无因管理等所产生的债务纠纷以及损坏财产而引起的赔偿纠纷。如拾到财物不还，代别人饲养走失的动物等。

（4）因人身权利引起的纠纷。这主要是指侵害公民的健康权、姓名权、荣誉权和肖像权。

（5）因侵害公民的发明权、著作权（版权）而引起的纠纷。

（6）婚姻家庭引起的纠纷，主要有离婚以及因离婚引起的财产分割、子女抚养方面的纠纷和赡养、抚育、扶养纠纷。

（7）因经济合同、企业劳动用工、企业承包、土地承包、相邻权等引起的纠纷。

（8）法律规定的最高人民法院有关文件规定的应由人民法院受理的其他民

事案件。

公民只要遇到上述 8 类情况中的任何一项内容，都可以向人民法院提起民事诉讼。

三、公民如何进行民事诉讼？

公民，亦称自然人，是我国《民法通则》确认的民事主体之一。根据我国《宪法》的规定，凡具有中华人民共和国国籍的自然人，都是中华人民共和国公民。中华人民共和国公民从出生时起到死亡时止，具有民事权利能力，可以成为民事法律关系的主体。公民作为主体的民事法律关系发生争议，可以以自己的名义起诉、应诉，成为民事诉讼的当事人。

居住在我国领域内的外国人和无国籍人虽然不是中华人民共和国公民，但也可以依法进行民事活动，成为民事法律关系的主体。当该民事法律关系发生争议时，外国人和无国籍人也可以以自己的名义起诉、应诉，成为民事诉讼当事人。

公民的诉讼权利能力与民事权利能力相一致，始于出生终于死亡。

四、哪些民事纠纷可以到法院去打官司？哪些民事纠纷不能到法院去打官司？

原告提起诉讼，凡是符合《民事诉讼法》第 108 条规定的起诉条件的，人民法院必须受理。根据《民事诉讼法》第 111 条的规定，对于下列起诉，人民法院可以分别情形，予以处理：

（1）依照《行政诉讼法》的规定，属于行政诉讼受案范围的，告知原告提起行政诉讼。由于在行政诉讼案件中，也涉及当事人的人身权利和财产权利，所以行政诉讼争议与民事诉讼争议很相似，容易混同，但两者产生的原因和性质则完全不同。行政诉讼争议是基于一方当事人对国家行政机关的具体行政行为不服而产生的诉讼，产生争议的当事人不是基于平等地位发生的争议，而民事诉讼争议是当事人之间基于平等地位发生民事法律关系而产生的争议，双方当事人是平等的民事主体，没有隶属关系。人民法院在受理案件时要注意区分两类案件的不同性质，对属于行政诉讼争议的，应告知当事人依照行政诉讼法的有关规定起诉。

（2）依照法律规定，双方当事人对合同纠纷自愿达成书面协议向仲裁机构申请仲裁、不得向人民法院起诉的，人民法院应当告知原告向仲裁机构申请仲裁。合同的双方当事人可以在合同中协议规定发生纠纷时由仲裁机关管辖，或由人民法院管辖。这一规定，扩大了当事人的诉讼权利，充分尊重了当事人选择管辖纠纷机关的权利。合同纠纷的双方当事人在纠纷发生之前或纠纷发生之后，可

村官常用法律知识必读

以协商选择管辖纠纷的仲裁机关和人民法院。如果当事人明确选择由仲裁机关处理的，应由仲裁机关进行仲裁，如果一方当事人向人民法院起诉的，人民法院不应受理，应告知起诉人到协商确定的仲裁机关申请仲裁。根据最高人民法院有关法律、法规的规定，对合同纠纷的双方当事人没有选择管辖协议的，一方当事人向仲裁机关申请仲裁，仲裁机关已经立案并发出应诉通知书，而另一方拒绝应诉之后向人民法院起诉的，只要符合法律规定的起诉条件，人民法院应受理。但是，如果合同纠纷的一方当事人向仲裁机关申请仲裁，另一方当事人作出答辩或者表示同意应诉后又向人民法院起诉的，人民法院不予受理。仲裁机关裁决后当事人一方或者双方对裁决不服的，可以依法向有管辖权的人民法院起诉。

（3）依照法律规定应当由其他机关处理的争议，告知原告向有关机关申请解决。例如提升工资、颁发奖金、分配住房、录取学员等争议应向有关主管部门申请解决。还有男女双方登记离婚后一方反悔，向人民法院提起诉讼的，应告知当事人向原婚姻登记机关申请解决，人民法院不予受理。

（4）对不属于本院管辖的案件，告知原告向有管辖权的人民法院起诉。人民法院只能对本院有管辖权的案件行使管辖权，如果经过对原告起诉的审查，认为原告的起诉虽然属于人民法院受理民事诉讼的范围，但本院无管辖权，应告知当事人到有管辖权的人民法院提出起诉的不予受理。

（5）对判决、裁定已经发生法律效力的案件，当事人又起诉的，告知原告按申诉处理，但是，人民法院作出的准许当事人撤诉的裁定除外。判决、裁定是人民法院行使审判权的结果，一旦发生法律效力，当事人不得以同一事实和同一诉讼标的再次提起诉讼，只能向人民法院申诉，通过再审程序解决。但是人民法院裁定准许当事人撤诉的，当事人撤回的只是起诉的权利，其实体的民事权利还存在，因此，当事人还可以同一事实和理由，就同一诉讼标的再起诉。

（6）依照法律规定在一定期限内不得起诉的案件，在不得起诉的期限内起诉的，不予受理。在特殊情况下，为保护当事人的合法权益，避免发生重复诉讼或者防止矛盾进一步激化，依法规定某类纠纷在一定期限内，一定条件下，当事人不得起诉。这只是程序上的一个规定，是对当事人行使起诉权的期限的推迟，不涉及当事人的实体权益。如根据我国《婚姻法》的规定，女方在怀孕期间和分娩后一年内，男方不得提出离婚。那么，对这类案件，男方提出离婚的，人民法院应告知男方在一定期限内不得起诉。

（7）判决不准离婚、调解和好的离婚案件以及判决或者调解维持收养关系的案件，没有新情况、新理由，原告在6个月内又起诉的不予受理。

五、什么是原告？什么是被告？

民事诉讼中的原告，是指认为自己的民事权益或者受其管理支配的民事权益受到侵害，或者与他人发生争议，为维护其合法权益而向人民法院提起诉讼，引起诉讼程序发生的人。民事诉讼中的被告，是指被诉称侵犯原告民事权益或与原告发生民事权益争议，被人民法院传唤应诉的人。

在一般情况下，原告一方和被告一方都是一人，即单一的原告、被告。这在《民事诉讼法》学理论研究中称为狭义的当事人。广义的当事人，除单一的原告、被告外，还包括共同诉讼人、诉讼代理人、第三人。原告和被告都是民事诉讼的当事人，是基本的诉讼主体，诉讼当事人的特征在其身上有最充分的体现。原告和被告都以自己的名义参加诉讼，与案件有法律上的利害关系，为保护自己的民事权益进行诉讼，受人民法院裁判的拘束。

六、什么是诉讼代理人？

诉讼代理人，是指按照法律规定，由法院指定或受当事人委托，以当事人一方的名义，在一定权限范围内进行诉讼活动的人。被代理的一方当事人称为被代理人或委托人。代理当事人进行诉讼活动的权限称为诉讼代理权。诉讼代理的目的在于协助当事人实现诉讼权利和履行诉讼义务。诉讼代理人的特点如下：

（1）诉讼代理人只能以被代理人的名义进行诉讼活动，而不能以自己的名义进行诉讼活动；

（2）诉讼代理人参加诉讼的目的在于维护被代理人的权利和利益，而不是为了维护自己的权益；

（3）诉讼代理人在代理权限范围内所实施的行为，其法律后果由被代理人承担；

（4）诉讼代理人只能代理当事人一方，而不能在同一诉讼中代理当事人双方；

（5）诉讼代理人必须是有诉讼行为能力的人。根据诉讼代理权发生的根据不同，诉讼代理人分为法定代理人和委托代理人两种。

七、民事官司当事人可委托哪些人作为自己的诉讼代理人？

如当事人要委托他人作为诉讼代理人，可以选择律师、当事人的近亲属作为代理人，其中近亲属包括配偶、父母、子女、兄弟姐妹、祖父母、外祖父母、孙子女、外孙子女。同时，有关的社会团体或者当事人所在单位推荐的人、经法院许可的其他公民也都可以被委托诉讼代理人。

八、打民事官司，当事人应向法院提供哪些证据？

当事人在诉讼中要求人民法院保护自己的权益时，就必须向人民法院提供证据，而当事人向人民法院如实提供的诉讼证据是证明案件事实的根据，是人民法

村官常用法律知识必读

院经过查证属实，正确应用法律，作出裁判的前提和保障。

根据《民事诉讼法》第63条的规定，结合案件的实际情况，当事人应向法院提供以下几种具有证明力的证据：

（1）书证；

（2）物证；

（3）视听资料；

（4）证人证言；

（5）当事人的陈述；

（6）鉴定结论；

（7）勘验笔录。

当事人向人民法院提供的以上证据，经过人民法院查证属实，才能作为认定事实的根据。当事人提供的证据，必须具有客观性、相关性和合法性。

九、离婚案件的当事人应向法院提供什么证据？

离婚案件，是指配偶一方以对方为被告，向人民法院提出的以解除现存的婚姻关系为目的的诉讼。《婚姻法》规定："人民法院审理离婚案件，应当进行调解，如感情确已破裂，调解无效，应准予离婚。"因此，夫妻感情是否确已破裂，是人民法院判决准予离婚或不准予离婚的唯一标准，也是离婚案件中的主要证明对象。此外，夫妻共同财产的情况、子女的抚养问题、债务的清偿问题等，都需要证明。当事人应当向人民法院提供以下几个方面的证据：

（1）提供结婚证书及个人身份证。

（2）提供引起离婚主要原因的证据材料。例如，对第三者插足的离婚案件，要提供第三者介入事实的证据材料，说明是关系暧昧，还是通奸，是非法姘居还是重婚，以及对夫妻关系的影响等情况的证据材料。

（3）提供婚前基础状况的证据材料。例如，双方是自由恋爱还是包办买卖婚姻，何时恋爱，恋爱期间有无波折，是初婚还是再婚的证据材料。

（4）提供婚后感情的证据材料。例如，通过具体事例说明夫妻婚后感情好或者不好，或者一般。夫妻是否已经分居、何时开始分居、分居原因等证据材料。

（5）提供双方经济收入情况及生活现状的证据材料。例如，双方的工资收入，如有存款，应提供开户姓名、储蓄所名称、账号、开户日期、金额、种类等；如有债务，则应提供借据或者证人证言等证明材料。

（6）提供家庭财产清单，并附上关于该财产是夫妻个人财产还是夫妻共有财产的证明材料。对性质有争议的财产，应提供该财产的来源和取得时间的证据材料。

（7）提供子女情况的证明材料。例如，子女人数、姓名、性别、年龄、文化程度，是亲生的、收养的还是过继的；夫妻双方对子女的扶养条件如何；如果夫妻已分居，子女随母亲还是随父亲生活的证据材料。

（8）提供住房情况的证明材料。例如，现住房如果是租赁的，则应提供房屋租赁契约；现住房是私房，应提供房屋产权证书。

（9）如果双方已进行过离婚诉讼，则应提供原审法院的名称、承办审判员姓名、原案卷号，并提交原判决书、裁定书。

（10）提供与本案有关的其他的证据材料。

十、继承案件的当事人应向法院提供什么证据？

继承人之间为继承遗产发生纠纷，提起诉讼的案件称为继承案件。根据《继承法》的规定，财产继承有法定继承和遗嘱继承两种方式。法定继承，即依照《继承法》规定的范围和顺序，依次进行继承。遗嘱继承就是被继承人生前立有符合法律规定的遗嘱，在其死后由继承人按所立遗嘱继承遗产。继承案件情况比较复杂，当事人应围绕着自己的主张进行举证。主要提供的证据资料有：

（1）提供由公安机关或者有关部门出具的被继承人死亡的证明书。

（2）提供被继承人遗产状况的证据材料。例如，财产清单、房屋产权证书、存款单、自行车执照等说明遗产的位置、数量、质量和特征的证据。被继承人生前有债权、债务的，应提供有关债权、债务内容及数额的证据材料。

（3）提供被继承人生前婚姻、生育和收养子女状况的证据材料，包括被继承人的配偶、父母、子女的姓名、性别、年龄、工作单位和住址等基本情况。

（4）提供继承人与被继承人之间尽扶养义务的证据材料。

（5）被继承人生前立有遗嘱的，应提供遗嘱原件（包括经过公证的遗嘱）。对自书遗嘱，应提供该遗嘱确系被继承人自己书写的证据材料（包括鉴定证明）。对口头遗嘱，要提供与继承人、受遗赠人无利害关系的两人以上的见证人名单。

（6）当事人如果放弃继承权利，应提交其亲笔书写的弃权书，如果认为当事人中有不应享有继承权的，也应提供其丧失继承权的证据材料。

（7）如果当事人是丧偶儿媳或者丧偶女婿，主张自己享有继承权。则应提供自己对公婆或者岳父母生前尽了主要扶养义务的证明材料。

（8）如果当事人是被继承人的妻子，主张保留胎儿的继承份额，应当提供医院开具的自己已怀有身孕的诊断证明。

（9）提供与本案有关的其他证据材料。

十一、债务纠纷案件的当事人应向法院提供什么证据？

债务纠纷案件中，当事人应提供以下几个方面的证据：

（1）提供借据、收据、合同等能够证明原告和被告之间存在着债权债务关系的证明材料。

（2）原告应提供自己将标的物交给被告的时间、地点及交付经过的证据材料。

（3）有债务担保人或者连带责任人的，应提供有关人员的姓名、性别、工作单位、职务、家庭住址及其应当承担责任的证据材料。

（4）没有抵押权的债权，应提供抵押物的收据等，说明抵押物的种类、数量、价值等。

（5）提供债务人逾期不履行债务以及其他违反合同行为的证据。

（6）提供被告具有偿付能力的证据材料。

（7）要求返还物品的，应提供物品的数量、质量及存放地点的证据材料。

（8）债务人可以提供债务的关系发生、变更或者已经消灭的证据材料。

（9）提供其他与本案有关的证据材料。

十二、追索赡养费、扶养费、抚育费案件的当事人应向人民法院提供哪些证据？

（1）提供结婚证书、户口簿、收养关系证书或者字据等说明原告、被告之间存在着婚姻关系、直系血缘关系、收养关系或其他社会关系的证据材料。

（2）原告应提供本人经济生活状况和需要赡养、扶养、抚育理由的证据材料。

（3）提供被告不履行赡养、扶养、抚育义务的事实和原因的证据材料。

（4）提供被告现实经济状况，说明他给付原告生活费用和提供劳务的可能性。

（5）提供其他与本案有关的证据。

十三、什么是证人？

证人，是指因了解案件有关情况被人民法院传唤为案件作证的人。证人只限于自然人，法人或其他组织不能作为证人。因为，证人要就其亲眼见到或亲耳听到的有关案件事实，向人民法院陈述，法人或其他组织没有这种权利。证人是知道案件的第三者，证人是与案情事实的发生、发展相联系的知情人，证人不可任意选择和更换。证人只是了解案件的一定情况，对该案的处理结果没有法律上的利害关系。如果既了解案情，又与案件有法律上的利害关系，他就不能作证人。证人应该是能够正确表达意志的人，不能正确表达自己意志的人，不能作为证人。证人向人民法院陈述自己所知道的案情情况，应制成笔录，必要时也可以由证人亲笔写证言。

十四、哪些人不能作证人？

因为证人的证言是对案件真实情况的陈述，因此不能正确表达自己意志的精神病人、年幼的人就不能作为证人。诉讼代理人由于和证人的身份相互冲突，不能作为证人，如果他确实了解案件的重要事实，有出庭作证的必要，必须在辞去委托之后才能以证人的身份作证。如审判员、书记员、鉴定人、翻译人、勘验人等如果在诉讼前就知道案件情况，就只能以证人身份参加诉讼。

十五、证人一定要出庭作证吗？

为了确保证人如实作证，证人有出庭作证的义务，不能逃避。只有当证人由于年迈体弱或者行动不便无法出庭，或由于特殊岗位确实无法离开，或路途特别遥远交通不便难以出庭，或因自然灾害等不可抗力的原因无法出庭及其他特殊情况不能出庭时，可以经法院许可提交书面证言或录音录像或通过双向视听传播技术等手段作证。

十六、因合同纠纷引起的民事官司到哪个法院去打？

合同是两个以上的当事人达成的关于设立、变更、终止民事权利和义务关系意思达成一致的协议。合同纠纷是民事诉讼的重要对象，因合同纠纷提起诉讼的管辖问题是民事诉讼特殊地域管辖的一个主要内容。《民事诉讼法》第24条和第25条规定："因合同纠纷提起的诉讼，由被告住所地或者合同履行地人民法院管辖。""合同的双方当事人可以在书面合同中协议选择被告住所地、合同履行地、合同签订地、原合住所地、标的物所在地人民法院管辖，但不得违反本法对级别管辖和专属管辖的规定。"根据这一规定，凡是合同纠纷的当事人，应当到合同的履行地或者被告住所地的人民法院起诉。如果书面合同的双方当事人在签订合同时或者纠纷发生以后经双方当事人书面协议可以选择被告住所地、合同履行地、合同签订地、原告住所地、标的物所在地的人民法院起诉，人民法院均应受理。合同履行地，一般是按照合同的规定，双方或一方当事人实现权利、履行义务的具体地点。根据最高法院的司法解释，合同没有实际履行，当事人双方住所地又都不在合同约定的履行地的，应当由被告住所地人民法院管辖。根据最高人民法院《关于适用〈中华人民共和国民事诉讼法〉若干问题的意见》的有关规定，在实践中，应区分合同的不同类型确定合同的履行地：

（1）购销合同的双方当事人在合同中对交货地点有约定的，以约定的交货地点为合同履行地，没有约定的，依交货方式确定合同履行地；采用送货方式的,以货物送达地为合同履行地;采用自提方式的,以提货地为合同履行地;代办托运或按木材、煤炭送货方法送货的,以货物发运地为合同履行地。购销合同的实际履行地与合同中约定的交货地点不一致的,以实际履行地为合同履行地。

(2) 加工承揽合同,以加工行为地为合同履行地,但合同中对履行地有约定的除外。

(3) 财产租赁合同、融资租赁合同以租赁物使用地为合同履行地,但合同中对履行地有约定的除外。

(4) 补偿贸易合同,以接受投资一方的主要义务履行地为合同履行地。

(5) 在借贷案件中,债权人起诉时,债务人下落不明的,由债务人原住所地或者其财产所在地人民法院管辖。

十七、什么是起诉?

起诉是公民、法人或其他组织因其民事权益受到侵害或与他人发生争议,以自己的名义,请求人民法院行使审判权,给予司法保护的诉讼行为。起诉在民事诉讼中有重要作用,没有当事人的起诉行为就不会有受理、诉讼前的准备、开庭审理等一系列诉讼行为的发生。

十八、起诉的方式有几种?

根据《民事诉讼法》第109条的规定,起诉的方式有两种,即书面方式和口头方式,其中书面方式为主要方式,即起诉在一般情况下都应当向人民法院呈递起诉状,只有在当事人书写确有困难的情况下,才可以口头方式起诉。起诉并不一定引起诉讼程序的发生,原告起诉以后,还须由人民法院受理,诉讼程序才正式开始。

十九、什么是立案?

立案是人民法院审查原告的起诉后,认为起诉符合法定条件,予以受理,决定审理的诉讼行为。立案标志着诉讼程序的正式开始,立案是原告起诉,人民法院受理所产生的法律后果。《民事诉讼法》第112条规定:"人民法院收到起诉状或者口头起诉,经审查,认为符合起诉条件的,应当在7日内立案,并通知当事人;认为不符合起诉条件的,应当在7日内裁定不予受理;原告对裁定不服的,可以提起上诉。"立案的期限为7日,人民法院接到原告的起诉后,在7日内审查并作出决定立案,或者作出裁定不予受理。决定立案的应当通知当事人。裁定不予受理,原告对裁定不服的有权上诉。

二十、人民法院决定立案的时间有多长？

人民法院在接到当事人诉状时，应当进行审查，并作出受理或不予受理的决定。凡符合受理条件的，人民法院应当在7日内立案，并通知当事人；受理的条件有欠缺的，应当告知原告进行补正。如果原告能够补正并在指定期间进行了补正，也应当立案受理。不符合受理条件或原告根本无法补正、逾期不补正的，应当在7日内裁定，不予受理，并说明理由。人民法院用裁定的方式决定不予受理，诉讼程序则不开始，原告对此裁定不服的，可以在法定期限内提起上诉。

7日的期限，应当从人民法院接到起诉状或口头起诉之次日算起。因为《民事诉讼法》第75条第2款规定，其间开始的时日，不计算在期间内，分则的规定应服从总则的规定。

最高人民法院《关于严格执行案件审理期限制度的若干规定》（自2000年9月28日起施行，法释〔2000〕29号），就人民法院的立案期限再次予以明确规定，第一审人民法院收到起诉书（状）后，经审查认为符合受理条件的应当在7日内立案。改变管辖的民事案件，应当在收到案卷材料后的3日内立案。第二审人民法院应当在收到第一审人民法院移送的上（抗）诉材料及案卷材料后的5日内立案。发回重审或指令再审的案件，应当在收到发回重审或指令再审裁定及案卷材料后的次日内立案。按照审判监督程序重新审判的案件，应当在作出提审、再审裁定的次日立案。立案机构应当在决定立案的3日内将案卷材料移送审判庭。

二十一、一方当事人拒不到庭，法院还能判决吗？

根据《民事诉讼法》第130条的规定，被告经人民法院传票传唤，无正当理由拒不到庭的，可以缺席判决。根据《民事诉讼法》第129条的规定，原告经人民法院传票传唤，无正当理由拒不到庭的，可按撤诉处理；被告反诉的，可以缺席判决。

根据《民事诉讼法》第129条、第130条的规定，对于法定代理人和第三人，经法院传票传唤，无正当理由拒不到庭的，同样可以缺席判决。

人民法院开庭审理案件时，如果遇到一方当事人拒不到庭的情况，可以仅就到庭的另一方当事人进行询问、核对证据、听取意见，在审查核实未到庭一方当事人提出的起诉状或者答辩状和证据后，在查清全部案件事实的情况下，可以依法作出缺席判决。缺席判决同样具有法律效力。

二十二、民事案件怎样上诉？

根据《民事诉讼法》第147条、第148条、第149条和第107条的规定，当事人对一审判决或裁定不服，可以在法定期限内上诉。上诉虽然可以直接向二审法院提出，但由于二审法院接到上诉状后，还得在5日之内，将其移交给原审法院，由原审法院连同其他材料一起报送给二审法院，所以，上诉应当通过原审法院提出。对判决不服，上诉期限为15日；对裁定不服，上诉期限为10日。上诉要用书面形式，要递交上诉状。上诉状的内容包括：当事人的姓名，如果当事人是法人，要写清法人的名称及其法定代表人的姓名；原审人民法院名称、案件的编号和案由；上诉的请求和理由。

递交一份上诉状正本的同时，还要递交与对方当事人或者代表人数目相同的副本，以便法院转交后供其答辩。上诉时，还要按规定预交案件受理费和其他费用。如果交纳诉讼费用确有困难，可以按照规定，向人民法院申请缓交、减交或免交。

二十三、什么是再审？

所谓再审就是人民法院根据法律的规定，为了纠正已经发生法律效力的判决或者裁定中的错误，按照上级人民法院的指令或者本院审判委员会的决定，或者根据人民检察院的抗诉，或者是人民法院审查当事人的申请认为符合本法规定的条件，对已经发生法律效力的案件再次进行审理。再审一般由原审人民法院进行。

二十四、民事官司怎样申请执行？

发生法律效力的民事判决书、裁定书、调解书和其他应当由人民法院执行的法律文书，当事人必须履行。如果一方拒不履行，有的可以由审判员移送执行员执行，对方当事人也可向法院申请执行。

申请执行要注意以下两点：

（1）对于法院的判决、裁定，应向第一审法院申请；对于其他法律文书的执行，如仲裁裁决等，应根据《民事诉讼法》第207条第2款的规定，向被执行人住所地或者被执行的财产所在地人民法院申请执行。

（2）申请执行时，要在法定期限内递交《申请执行书》和据以执行的判决书、裁定书等法律文书及有关材料。

二十五、被执行人隐匿财产的，法院如何处理？

为了解决审判实践中严重存在的执行难的状况，《民事诉讼法》第227条明确规定，被执行人不履行法律文书确定的义务，并隐匿财产的，人民法院有权发出搜查令，对被执行人及其住所或者财产隐匿地进行搜查。

二十六、采取执行措施后，被执行人仍不能偿还债务怎么办？

在执行程序中，人民法院在采取查询、冻结、划拨被执行人的银行存款，扣留、提取被执行人的收入,查封、扣押、冻结、拍卖、变卖被执行人的财产等项执行措施后,被执行人仍不能履行法律文书确定的义务的,应当由其继续履行义务;债权人倘若发现被执行人还有其他财产的,可以随时请求人民法院执行,这就是继续执行制度。这项制度的实质,是被执行人债务的不豁免原则,即被执行人的债务不因清偿或分配而予以豁免,只要债务人还有剩余债务存在,他就应当负责清偿,直至全部清偿完毕。法律规定,即便作为被执行人的公民死亡,作为被执行人的法人或者其他组织终止,其所负的债务也不能被免除,而应以其遗产偿还债务,或者由其权利和义务承受人履行义务。《民事诉讼法》规定继续执行制度,目的是加重债务人履行法律文书确定的义务的责任,切实保护债权人的合法权利,解决目前严重存在的"执行难"问题。

二十七、什么是正当防卫?公民在什么情况下可实施正当防卫?

正当防卫,是指为了使国家、公共利益、本人或者他人的人身、财产和其他权利免受正在进行的不法侵害,而采取的制止不法侵害并对不法侵害人造成损害的行为。根据我国刑法规定的精神,确定正当防卫时必须具备五个条件:

(1) 正当防卫的前提条件是必须存在不法侵害。一般说来,不法侵害是指违反法律规定、具有社会危害性并且带有较明显的紧迫性或攻击性的行为。对于合法行为如公安人员拘留、逮捕行为和群众捉拿或扭送罪犯等,不能进行所谓的正当防卫。

(2) 正当防卫的时间条件是必须针对正在进行的不法侵害。所谓正在进行,就是不法侵害已经开始,尚未结束。如果凭借错误的想象和推测而事先防卫,则属于假想防卫;不法侵害已经结束,再对不法分子进行防卫,则属于事后防卫,这都属于非法的报复行为,构成犯罪,应负刑事责任。

(3) 正当防卫的对象条件是不法侵害人本人。不法侵害者可以是一人或数人,均可对其进行防卫,但不能错误地针对第三人或者其亲朋好友,否则便不是正当防卫。

(4) 正当防卫的主观条件是正当的防卫意图。所谓正当的防卫意图是指防卫人是为了保护国家、公共利益、本人或他人合法的人身、财产和其他权利免受不法侵害。

(5) 正当防卫的限度条件是没有超过必要限度。超过必要限度的防卫,称为防卫过当。《刑法》明文规定,明显超过必要限度造成重大损害的,应当负刑事责任。

二十八、什么是隐私权?

隐私权是指自然人以自己的隐私为客体的人格权。具体来说,即自然人就自己个人私事、个人信息等个人生活领域内的事情不愿为他人知悉、禁止他人干涉的权利。所谓隐私,是指不愿告人或不为人知的事情。隐私的内容,或者是当事人不愿为他人知悉或不愿、不便为他人干预;或者是按照正常的心理和道德标准而论不便为公众所知晓。不论具体情况如何,都是客观存在的事实。隐私的内容以真实性和隐私性为主要特征,但这并不意味着有关隐私内容的判断可以不顾及其是否合法、是否合乎道德规范。任何个人隐私都必须局限在合法的、合乎公共道德准则和社会需要的范围内。对任何违反法律和社会利益的行为,他人都有权予以揭露和干预。隐私权本质上是要保护纯粹个人的、与公共利益无关的事情。然而在人类社会里,所谓个人事情与公共事务不存在截然分明的界限。隐私,实际上是因人、因时、因事而异的。

隐私权的主要内容包括:

(1) 个人生活安宁权。权利主体能够按照自己的意志支配自己的私生活,不受他人的干涉、破坏。比如自然人的私生活不被非法窥视和骚扰。

(2) 个人生活情报保密权。个人生活情报,包括所有的个人信息和资料,诸如身高、体重、女性的"三围"、病历、身体缺陷、生活经历、财产状况、婚恋、家庭、社会关系、嗜好、信仰、心理特征等。每个人都有权禁止他人非法利用个人生活情报资料。例如,未经他人同意不得传播其财产状况以及过去和现在的其他不为外界知悉、传播或公开的私事等。

(3) 个人隐私利用权。权利主体有权依法按自己的意志利用其隐私,以从事各种满足自身需要的活动。如利用个人的生活情报资料撰写自传、利用自身形象或形体供绘画或摄影、出写真集等。应当注意的是,隐私的利用不得违反法律的强制性规定,不得有悖于公序良俗,即权利不得滥用。例如,利用自己身体的隐秘部分制作淫秽物品,即应认定为非法利用隐私,从而构成违法行为。

(4) 个人通讯秘密权。权利主体有权对个人信件、电子邮件、电报、电话、传真等内容加以保密,禁止他人擅自查看、刺探和非法公开。这是我国宪法确定的自然人的通信自由和通信秘密受法律保护的原则的具体化。隐私权制度的发展在很大程度上与现代通讯的发达联系在一起。如今的信息处理技术飞速发展,使个人通信的内容可以轻而易举地被窃听或窃取,因而,保障个人通讯安全,已成为隐私权的一项重要内容。

二十九、村民的选举资格被剥夺了,如何打官司?

依法凡有公民权,年满18周岁的成年人,如未被人民法院裁决剥夺其公民权的,精神正常者,均享有选举权和被选举权。《中华人民共和国民事诉讼法》第164条、第165条规定:村民在选举村委会委员、选举乡人大代表中被剥夺选举权，经向村选举委员会申诉，对其处理决定不服的，可以在选举日的 5 日前以当地选举委员会为被告向选举所在地基层人民法院起诉。第 165 条规定：人民法院受理选民资格案件后，必须在选举日前审结。审理时，起诉人、选举委员会代表和有关公民必须参加。人民法院的判决书，应当在选举日前送达选举委员会和起诉人，并通知有关公民。

三十、亲属是否可以依法要求释放超期被关押的犯罪嫌疑人？

亲属等可以依法要求释放违法超期关押的犯罪嫌疑人。

《中华人民共和国刑事诉讼法》对此有如下规定：

第 69 条：公安机关对被拘留的人，认为需要逮捕的，应当在拘留后的 3 日以内，提请人民检察院审查批准，在特殊情况下，提请审查批准的时间可以延长 1～4 日。

对于流窜作案、多次作案、团伙作案的重大嫌疑分子，提请审查批准的时间可以延长至 30 日。

人民检察院应当自接到公安机关提请批准逮捕后 7 日内，作出批准逮捕或者不批准逮捕的决定。人民检察院不批准逮捕的，公安机关应当在接到通知后立即释放，并且将执行情况及时通知人民检察院。对于需要继续侦查，并且符合取保候审、监视居住条件的，依法取保候审或者监视居住。

第 71 条：公安机关逮捕嫌疑人的时候，必须出示逮捕证。

逮捕后，除有碍侦查或者无法通知的情形以外，应当把逮捕的原因和羁押处所在 24 小时以内通知被逮捕人的家属或者他所在的单位。

第 75 条：犯罪嫌疑人、被告人及其法定代理人、近亲属或者犯罪嫌疑人、被告人委托的律师及其他辩护人对于人民法院、人民检察院或者公安机关采取强制措施超过法定期限的，有权要求解除强制措施。人民法院、人民检察院或者公安机关对于被采取强制措施超过法定期限的犯罪嫌疑人、被告人应当予以释放，解除取保候审、监督居住或者依法变更强制措施。

案例　邻居侵占宅基地，怎么解决？

【案情】

某村村民卫某与崔某为邻居，2009 年 5 月，卫某决定拆除旧房，在原宅基地上建新房。2009 年 6 月，卫某取得乡政府的批准，开始动工拆房打地基。崔某见卫某建新房，与其妻商量也拆掉旧房盖楼。2009 年 7 月，崔某取得乡政府的批准开始拆房。在崔某拆房后,卫某趁机将新屋的地基向崔某宅基地上延长30厘米,崔某直至打地基时才发现卫某侵占其使用的宅基地。崔某遂要求卫某赔偿损失,但卫某称房屋已经盖成,且崔某一直未表示反对,故不予赔偿。争执不下,卫某遂向法院提起诉讼。在法庭审理过程中,崔某与卫某达成调解协议:卫某一次性向崔某赔偿人民币500元。

【评析】

农民经合法审批手续取得的宅基地使用权,任何人都不得侵犯。否则视为侵权行为。邻居侵占宅基地,应本着"和为贵"的原则,尽量采取与邻居协商的方式,请求其返还自己使用的宅基地。若劝阻无效,邻居蛮横无理,继续占用宅基地,拒不停止侵权行为,农民可以向法院起诉,请求法院判令邻居停止侵权行为,返还被侵占的宅基地。

本案中,崔某系卫某邻居,卫某占用宅基地的行为构成侵权。在劝阻无效的情况下,崔某可通过诉讼方式解决。法律允许以调解方式结案。但应本着查清事实,分清是非的原则,本案中,宅基地的所有者村集体经济组织并未许可卫某占用贾某使用的宅基地,崔某、卫某两人变相以500元人民币转让土地使用权的做法是不妥当的。

第十章 农村行政法律常识

一、什么是行政官司？

行政官司，又称为行政诉讼，是指公民、法人或其他组织认为国家行政机关和行政机关工作人员的具体行政行为侵犯其合法权益时，依照《行政诉讼法》向人民法院起诉，由人民法院审理并作出裁判的活动。即人们通常所说的"民告官"。

行政官司有几大特点：

（1）行政诉讼活动是行政纠纷引起的，即具体行政行为被认为侵犯了相对人的合法权益，或是违法，或是越权、滥用职权；

（2）诉讼当事人中的被告方必须是国家行政机关或是法律法规授权行使行政管理权的组织；

（3）原告必须是认为具体行政行为侵犯其合法权益的公民、法人或其他组织，也就是行政机关具体行政行为的相对人；

（4）行政诉讼必须由国家审判机关依照法定程序进行；

（5）人民法院依法对具体行政行为是否合法进行审查，在诉讼期间行政决定不因原告提起诉讼而停止执行；

（6）行政机关对自己作出的具体行政行为负有举证责任；

（7）行政诉讼不适用调解和反诉。

二、打行政官司向何地法院起诉？

根据《行政诉讼法》第17条、第18条、第19条和第20条规定，打行政官司应向最初作出行政裁决的行政机关所在地人民法院起诉；经过复议的案件，复议机关改变原裁决的，也可以向复议机关所在地人民法院起诉。对限制人身自由的行政强制措施不服，向被告所在地或者原告所在地人民法院起诉均可；因不动产提起的诉讼，应向不动产所在地人民法院提出。可以向两个以上人民法院提起诉讼的，原告可以选择其中的一个；如果已经向两个以上的人民法院提起诉讼，应由具有管辖权的最先收到起诉状的人民法院收案受理。

三、打行政官司，原告如何做好开庭的准备？

开庭审理，是行政诉讼中的主要阶段。原告做开庭审理的准备，应从以下几方面着手：

（1）要注意本案的审判员、书记员、鉴定人、翻译人与本案是否有利害关系，以便法庭交代回避权时，能及时正确决定是否申请回避。

（2）要熟记或熟读起诉状的内容，认真做好陈述。

（3）要携带笔和纸，在法庭上，应记下被告答辩的要点，以便在辩论中，对应该辩驳的内容，根据事实、证据和法律，逐一辩驳，从而维护自己的诉讼请求，使自己的合法权益得到保护。

四、对行政机关的哪些行为可以向法院起诉？

根据《行政诉讼法》第2条规定："公民、法人或者其他组织认为行政机关和行政机关工作人员的具体行政行为侵犯其合法权益，有权依照本法向人民法院提起诉讼。"可见，并非所有行政行为都可以提起行政诉讼，只有具体行政行为可以。所谓具体行政行为，是指行政机关依法行使职权、针对特定的人就特定的事件所做的直接影响其权利与义务的行为。例如，公安机关依照《治安管理处罚条例》将某公民行政拘留10天，这一行政处罚行为就属于具体行政行为的范畴。具体行政行为是针对抽象行政行为而言的。所谓抽象行政行为是指行政机关依法行使职权过程中，针对非特定对象，制定可以反复适用的法规、规章及其他具有普遍约束力的规范性文件的行为。根据《行政诉讼法》第11条的规定，人民法院受理公民、法人和其他组织对下列具体行政行为不服提起的诉讼：

（1）对拘留、罚款、吊销许可证和执照、责令停产停业、没收财物等行政处罚不服的；

（2）对限制人身自由或者对财产的查封、扣押、冻结等行政强制措施不服的；

（3）认为行政机关侵犯法律规定的经营自主权的；

（4）认为符合法定条件申请行政机关颁发许可证和执照，行政机关拒绝颁发或者不予答复的；

（5）申请行政机关履行保护人身权、财产权的法定职责，行政机关拒绝履行或者不予答复的；

（6）认为行政机关没有依法发给抚恤金的；

（7）认为行政机关违法要求履行义务的；

（8）认为行政机关侵犯其他人身权、财产权的。

此外，人民法院还受理法律、法规规定可以提起诉讼的其他行政案件。

五、哪些事项人民法院不予受理？

根据《行政诉讼法》第12条的规定，人民法院对因下列事项提起的诉讼不予受理：

（1）国防、外交等国家行为；

（2）行政法规、规章或者行政机关制定、发布的具有普遍约束力的决定、命令；

（3）行政机关对行政机关工作人员的奖惩、任免等决定；

（4）法律规定由行政机关最终裁决的具体行政行为。

六、人民法院对行政诉讼案件是如何进行判决的？

根据《行政诉讼法》第54条的规定，人民法院审理行政案件，根据不同情况，分别作出以下判决：

（1）判决维持。人民法院经审理后认为行政机关作出的具体行政行为认定的事实清楚，提供的证据确凿，适用法律、法规正确，处理程序符合法律、法规的规定的，应当判决维持被告作出的具体行政行为。

（2）判决撤销或者部分撤销，并可以判决被告重新作出具体行政行为。人民法院经审理认为具体行政行为违法，应当判决撤销该具体行政行为，具体行政行为部分违法，则判决撤销违法部分，维持正确部分。

（3）判决被告在一定期间履行法定职责。这主要是指：①认为符合法定条件申请颁发许可证和执照，行政机关拒绝颁发或不予答复的，人民法院可判决其颁发许可证和执照。如某个体户要开一家副食品店，现条件具备，向工商行政管理机关申请颁发营业执照，工商行政管理机关拒绝颁发或者在法定期限内不予答复。对这类案件，法院经审理后，应判决工商行政管理机关在一定期限内，发给该个体户营业执照。②申请行政机关履行保护人身权、财产权的法定职责，如公安机关接到被拐骗儿童的家长的报告后，明确表示拒绝或者迟迟没有采取措施，人民法院应当判决被告立即在一定时间内履行。

（4）判决变更具体行政行为。判决变更具体行政行为是指人民法院以判决的方式改变具体行政行为的内容。人民法院判决变更具体行政行为，必须同时具备两个条件：①必须是行政处罚，而不是其他的具体行政行为；②必须是显失公正的行政处罚。显失公正，是指行政机关给予违法行为人的行政处罚与过错极不相称，畸轻或畸重。如甲、乙、丙进行输赢额不超过1元的赌博，被公安机关查获，分别给予行政拘留15天，罚款2000元的处罚。这种处罚就显失公正，对此

村官常用法律知识必读

人民法院可以判决变更。

七、法律对行政案件的起诉期限是怎样规定的？

行政案件的起诉，法律是有时间限制的，超过了法定期限，就丧失了请求司法保护权，《行政诉讼法》第39条规定："公民、法人或者其他组织直接向人民法院提起诉讼的，应当在知道作出具体行政行为之日起三个月内提出。法律另有规定的除外。"这里，有以下几个问题应明确：

（1）行政诉讼法规定的三个月起诉期限，只对那些按照法律、法规规定可以不经复议，而直接向人民法院起诉的行政案件适用；对于必须先经复议，对复议裁决不服时，才能向人民法院起诉的行政案件不适用。

（2）"三个月"的起算日，是从公民、法人或者其他组织收到决定书之日起计算；口头决定的，以向公民、法人或者其他组织口头宣布之日起计算。为避免发生争议，行政机关在宣告处理决定时，应记笔录并由被裁决人签名或盖章。

（3）在其他的法律、法规中，已明确规定了向人民法院提起行政诉讼期限的，按其他的法律、法规的规定办。如统计法、药品管理法、矿产资源法等，把起诉的时间规定为十五日；土地管理法、渔业法等，把起诉的时间规定为一个月，当事人必须照此执行。只有在其他的法律、法规中没有规定起诉日期的，才按行政诉讼法规定的起诉期限执行。

八、人民法院审理行政案件如何收取费用？

《行政诉讼法》第74条规定："人民法院审理行政案件，应当收取诉讼费用。"诉讼费用，是指当事人进行行政诉讼应当向人民法院交纳或支付的费用。征收诉讼费用，有利于减轻国家财政负担，增强当事人的法制观念，监督行政机关依法行政。行政诉讼费用包括案件受理和其他诉讼费用。案件受理费是人民法院在受理行政案件时依据有关规定向当事人收取的费用。其征收标准是：治安行政案件，每件缴纳5~30元；专利行政案件，每件缴纳50~4130元；其他行政案件，每件缴纳30~100元。有财产争议其争议金额不满1000元的，每件交50元；超过1000~5万元的部分，按4%缴纳；超过5万~10万元的部分，按3%缴纳；超过10万~20万元的部分，按2%缴纳；超过20万~50万元的部分，按1.50%缴纳；超过50万~100万元的部分，按1%缴纳；超过100万元的部分，按0.5%缴纳。

其他诉讼费用，包括鉴定费、翻译费、公告费、勘验费、证人、鉴定人或翻译人的误工补贴和车旅费，执行判决、裁决或调解协议实际应支出的费用，采取诉讼保全措施的申请费和实际支出的费用，以及人民法院认为应当由当事人支付的其他费用。其他诉讼费用的征收，由人民法院根据有关规定和实际情况决定金额。

九、行政诉讼费用由谁预交？应当由谁负担？

在第一审行政案件中，案件受理费由原告向人民法院预交。人民法院收到起诉状后，经审查认为符合立案条件的，应当在 7 日内立案，并通知原告预交案件受理费。如果原告收到人民法院通知之日起 7 日内既没有预交案件受理费，也没有提出减交、免交或缓交案件受理费的申请，则按自动撤诉处理。同一案件中有两个以上原告的，一般由最先提诉讼的原告预交受理费；同时提起诉讼的，预交受理费由原告协商解决，协商不成的，由人民法院决定由谁预交。

在行政上诉案件中，上诉人是诉讼费用的预交人。上诉人应当自收到人民法院预交诉讼费用的通知起 7 日内预交诉讼费用。逾期不交，又不提出缓交、免交或减交申请的，按自动放弃上诉权处理。

根据《行政诉讼法》第 74 条规定，诉讼费用由败诉方承担，双方都有责任的由双方承担。实践中，诉讼费用承担的具体方法是：

（1）一方胜诉，一方败诉的，诉讼费用由败诉方承担。

（2）部分胜诉，部分败诉的，诉讼费用由原告、被告按双方责任大小分担。

（3）诉讼过程中原告申请撤诉的案件，诉讼费用由原告承担。但是，如果原告申请撤诉是由于被告改变了它原来的具体行政行为，那么，经人民法院裁定准许撤诉后，案件受理费用由被告负担，减半收取。

（4）案件受理费以外的其他诉讼费用由申请人承担。

（5）在侵权赔偿诉讼中，如果是以调解方式结案的，诉讼费用可以由原、被告双方协商负担。协商不成的由人民法院决定。

十、我国法律对乡政府行使治安处罚权是如何规定的？

根据《地方各级人民代表大会和地方各级人民政府组织法》的规定，乡人民政府是我国最基层一级的地方人民政府，属行政机关之列，有权管理本行政区域内的公安工作。但根据《治安管理处罚条例》的规定，对违反治安管理行为的处罚，只能由公安机关作出，其他行政机关包括乡人民政府在内均不得自行对公民予以治安处罚。

在我国，只有作为行政主体的行政机关和法律、法规授权组织才能以自己的名义实施行政行为并独立承担由此产生的法律责任，其他机关、社会组织和个人均不得自行实施行政行为。但基于行政管理连续性、效率性的需要，法律、法规也允许行政机关和法律、法规授权组织在法定条件下（如不能亲自实施行政行

村官常用法律知识必读

为、亲自实施行政行为不便等）委托其他机关、社会组织或个人以委托的行政机关和法律、法规授权组织的名义实施行政行为，由此产生的法律责任亦由委托的行政机关和法律、法规授权组织承担。这种行为在行政法上被称为行政委托行为，接受委托的机关、社会组织则被称为委托组织。

乡政府在行使治安处罚裁决权时即属于上面所说的委托组织。根据《治安管理处罚条例》第33条第2款规定，在农村，没有公安派出所的地方，警告、50元以下罚款的治安处罚可以由公安机关委托乡（镇）人民政府裁决。这种情况下，乡（镇）人民政府就可以实际行使部分治安处罚裁决权，成为委托组织。但是需要注意：

（1）只有在县级以上公安机关委托的情况下，乡（镇）人民政府才能行使部分治安处罚裁决权。公安机关没有明确委托或者公安派出所委托的，乡（镇）人民政府均不得行使相应处罚权力。

（2）公安机关的委托应符合法定条件，即只有在农村没有公安派出所的地方，公安机关才能委托当地乡（镇）人民政府行使部分治安处罚裁决权。如果不是在农村，或者当地设有公安派出所，则公安机关不得委托。

（3）乡（镇）人民政府无权裁决。

（4）乡（镇）人民政府在行使上述治安处罚裁决权时须以委托它的公安机关的名义而不能以自己的名义，由此产生的法律责任亦由该公安机关而非其自身承担。

十一、行政主体是否能放弃行使其法定职权？

行政主体不能放弃行使其法定职权。与公民所拥有的权利不同，行政主体所拥有的行政职权并非是自然拥有的，而是来自于宪法、组织法或其他单行法律、法规的明示授权，没有法律、法规的明示授权或许可，行政主体一般不得从事相应的行政管理活动，国家对行政主体的授权也意味着在符合法定条件的情况下，行政主体必须依法认真行使其法定职权。国家设立行政权的目的，就是通过行政主体的行政管理活动，维护公共秩序。如果行政主体任意放弃行使其法定职权，不但会损害行政管理活动所涉及的公民、法人或者其他组织的合法权益，而且会阻碍国家行政管理活动的正常、有效、连续进行，损害公共利益的法治秩序。因此，行政主体在拥有国家授予的行政职权的同时，也承担了依法认真行使其职权的义务。行政职权不仅是一种权力（利），更是一种职责，一种义务，而行政主体职权与职责的一致性（或称重合性）则表明在法定条件满足的情况下，其不仅应该行使行政职权，也必须行使行政职权，而不得任意转让、放弃其职权，否则即构成行政失职，应承担相应的法律责任。

十二、有权实施行政处罚的行政机关有哪些？

行政处罚原则上由国家行政机关行使。考虑到行政管理的实际需要和行政组织编制管理的现状，法律规定某些符合条件的组织，经过法律、法规的授权或行政机关的委托可以实施行政处罚。

（1）行政主管机关。国家行政机关行使国家行政处罚权，应符合法律的要求。不是所有的行政机关都有行政处罚权。哪些行政机关有行政处罚权，由法律和国务院规定。具有行政处罚权的行政机关只能在法定职权范围内实施处罚。法定职权包括两个方面：一是行政机关只能对自己主管业务内违反行政管理秩序的行为给予行政处罚；二是行政机关给予违法人以什么种类、多大幅度的处罚，要依法律对该机关的授权。至于如何划分行政机关对违法案件的权限分工，由管辖制度加以解决。

《行政处罚法》对行政机关综合执法作了规定。行政机关一般是按业务特点设置工作部门的，单行的法律、法规往往也是分行业和管理领域，将包括行政处罚权在内的行政管理权授予某一行政主管机关。但是在行政管理实践中，往往需要将法律规定属于不同行政主管部门的处罚权集中于某一行政机关统一行使，以提高行政效果。因此，《行政处罚法》规定，除限制人身自由的行政处罚权只能由公安机关行使外，国务院或者经国务院授权的省、自治区、直辖市人民政府可以决定一个行政机关行使有关行政机关的行政处罚权。

（2）法律、法规授权的组织。为实施行政机关行使行政处罚权的例外，某些组织在法定条件下可以成为实施行政处罚的主体。主要条件是：该组织具有管理公共事务的职能；法律、法规的明文授权；在法定授权范围内行使行政处罚权。

授权组织的主体法律特征是：以自己的名义实施行政处罚，直接向法律负责；以自己的名义承担法律责任，参加诉讼并承担相应的法律后果；只要授权法律不改变，实施行政处罚就可成为该组织的固有职能。

（3）行政机关委托的组织。某些组织可以接受行政机关的委托实施行政处罚，并与行政机关形成委托和被委托的法律关系。受委托组织必须具备法定条件：该组织是依法成立的管理公共事务的事业组织；该组织有熟悉有关法律、法规、规章和业务的工作人员；对违法行为需要进行技术检查或者技术鉴定的，应有组织进行相应检查鉴定的条件。

在行政处罚委托法律关系中，行政机关进行委托负有以下法律义务：具有法律、法规或者规章的依据；委托事项必须在该机关的法定权限以内；对被委托组织实施行政处罚的行为进行监督；对被委托组织实施行政处罚的行为后果承担法

村官常用法律知识必读

律责任。

受委托组织的法律义务是：以委托行政机关的名义实施行政处罚；实施行政处罚不得超出委托范围；不得再委托其他任何组织或者个人实施行政处罚。

十三、对公安机关的行政拘留不服是否可以直接向人民法院起诉？

根据《治安管理处罚条例》第39条的规定，当事人不服的，在接到通知书后5日内，可以向上一级公安机关提起行政复议，不服裁决可以在接到通知书后5日内再向当地人民法院提起诉讼。据此，对公安机关拘留、罚款不服的，不能直接向人民法院起诉，必须在规定的期限内先向上一级公安机关提起行政复议，仍不服的，再向当地人民法院起诉。所谓行政复议，就是上级行政机关或法律、法规规定的行政机关对下级行政机关的具体行政行为是否合法和是否适当作出裁决。根据《行政诉讼法》第37条第1款规定，当事人对具体行政行为不服的，既可以先经过行政复议，不服的再向人民法院起诉，也可以直接向人民法院提起行政诉讼。但《行政诉讼法》第37条第1款同时又规定："法律、法规规定应当先向行政机关申请复议，对复议不服再向人民法院提起诉讼的，依照法律、法规的规定。"这叫"复议前置"。所以，对公安机关的行政拘留不服的，不能直接向法院提起行政诉讼，必须先向上级公安机关提起行政复议。

十四、对公安交警部门作出的交通事故责任认定不服的可以起诉吗？

国务院《道路交通事故处理办法》第22条规定："当事人对交通事故责任认定不服的，可以在接到交通事故责任认定书后15日内，向上一级公安机关申请重新认定；上一级公安机关在接到重新认定申请书后30日内，应当作出维持、变更或者撤销的决定。"由此可见，当事人对公安交警部门作出的交通事故责任认定不服的，可以在规定的时间内向上一级公安机关申请重新认定。公安部《道路交通事故处理程序规定》第35条规定，交通事故责任的重新认定决定为最终决定。也就是说，当事人对上一级公安机关的交通事故责任重新认定仍然不服的，不能再提起诉讼。

十五、对行政机关的处罚不服怎么办？

行政处罚是行政机关依照法律、法规的规定对违反法律、法规、规章尚未构成犯罪的行为给予的法律制裁。行政处罚一般具有以下特征：

（1）必须以被处罚人违反法律、法规、规章规定的义务为前提。公民、法人或其他组织无违法行为，行政机关就不能给予行政处罚。

（2）行政处罚必须由行政机关依法作出，行政机关不得超越自己的职权范围进行处罚。即某一特定的行政处罚，只能由某一特定的行政机关作出。例如，拘留这种行政处罚，只能由公安机关依职权作出，其他任何行政机关无权作出拘留处罚决定。

（3）行政处罚的对象是违法的公民、法人或其他组织。

（4）行政处罚具有惩罚性，但这种惩罚不能免除被处罚人在行政法上应当履行的义务。

行政处罚的种类很多，涉及治安、工商、税务、环保、食品卫生、审计、财政、金融、外汇管理、土地、水流、矿产、森林等管理的各个领域。如果进行归类，可以把行政处罚大体分为以下四类：①限制人身自由的处罚，主要是拘留；②限制行为能力的处罚，例如吊销营业执照、卫生许可证、药品生产许可证、进出口贸易许可证、驾驶证等；③交付财产的处罚，例如罚款、征收超生费；④其他行政处罚，例如没收财产、没收非法所得、责令停产停业、责令关闭、征收滞纳金、销毁、拆除、停止贷款、警告等。

公民、法人或其他组织对行政机关作出的行政处罚不服的，除法律特别规定的以外，可以依照《行政诉讼法》第11条第1款第1项的规定，在法律规定的期限内向有管辖权的人民法院提起行政诉讼。

十六、对行政机关采取的强制措施不服怎么办？

行政强制措施，是行政机关强制公民、法人或其他组织履行某种义务，或行政机关为防止、制止危害社会的行为而采取的带有强制性的措施。

行政强制措施的种类可分为两类：①限制人身自由的行政强制措施，包括劳动教养、海关扣留、强制戒毒、强制治疗、强制隔离等；②限制财产权利行使的强制措施，包括查封财产、扣押财产、冻结财产、变卖财产、强行划拨银行存款、强行扣缴、强制退还、强制检验、强制许可、强制销毁、强制扣除等。

公民、法人或其他组织不服行政机关作出的行政强制措施的，除法律有特别规定以外，依照《行政诉讼法》第11条第1款第2项的规定，可以向人民法院提起行政诉讼。

十七、当事人认为行政机关侵犯法律规定的经营自主权的怎么办？

经营自主权，是企业或其他经济组织和个人，在遵守国家政策、法律规定的前提下，应当享有对自己的人力、物力、财力自行调配和自行组织生产经营活动的权利。法律规定的经营自主权受法律的保护，集体组织或个人，包括行政机关不得加以限制或剥夺。否则，就是侵犯法定的经营自主权。

经营自主权的内容非常广泛。享有经营自主权的经济主体不同，经营自主权的内容和范围也不同。目前，在我国依照政策或法律规定，享有经营自主权的组织或个人有全民所有制企业、集体所有制企业（包括城市和乡、村、镇的集体所有制企业）、中外合资经营企业、中外合作经营企业、外商独资企业、承包经营企业、租赁经营企业、私营企业、个体工商户、农村承包经营户等。它们依法都享有一定的经营自主权。

然而，只有当行政机关侵犯法律有规定的经营自主权时，公民、法人或其他组织不服的，才能向人民法院起诉。例如，《全民所有制工业企业法》规定，企业对国家授予其经营管理的财产享有占有、使用或依法处分的权利，企业根据政府主管部门的决定，可以采取承包、租赁等经营责任制形式。这是法律规定的全民所有制企业的经营自主权，如果行政机关加以限制和剥夺，就是侵犯了合法的经营自主权。又如，《城乡个体工商户管理暂行条例》规定，个体工商户可以在国家法律或政策许可的范围内经营工商业、手工业、建筑业、交通业、运输业、商业、饮食业、服务业、修理业及其他行业。

个体工商户可以是个人经营，也可以是家庭经营。个体工商户可以根据经营情况请1~2个帮手，有技术的可以带3~5个学徒。这是法律规定的个体工商户的经营自主权，如果受到行政机关的侵犯，就可以提起诉讼。行政机关对公民、法人或其他组织违法经营的行为给予处罚，不属于侵犯经营权的行为，不能以该项理由向人民法院提起诉讼，只能以不服行政处罚为由向人民法院起诉。

另外，只有当侵犯法律规定的经营自主权的主体是行政机关时，公民、法人或其他组织不服的，才能向人民法院起诉。如果是行政机关以外的其他组织，如党的某级组织、村民委员会、居民委员会、专业银行等侵犯合法经营自主权的，个人或企业即使不服也不能向人民法院提起行政诉讼。

十八、对违反卫生管理法规的行为怎么处罚？公民对处罚不服怎么办？

目前，卫生管理方面主要的法规有《中华人民共和国食品卫生法（试行）》、《中华人民共和国药品管理法》、《中华人民共和国国境卫生检疫法》、《公共场所卫生管理条例》等。对违反卫生管理法规的行为，卫生行政部门可以依法作出相应的行政处罚决定。

（1）对违反食品卫生法规情节较严重者，食品卫生监督机构可以给违法者给予警告并限期改进、责令追回已售出的禁止生产经营的产品、没收或销毁禁止生产经营的食品及食品添加剂、处以20元以上3万元以下的罚款、责令停业改进、吊销卫生许可证等行政处罚。吊销卫生许可证或罚款5000元以上的，必须经县以上人民政府批准。

（2）违反国境卫生检疫法，逃避检疫，向国境卫生检疫机构隐瞒真实情况的人员以及未经国境卫生检疫机构许可，装卸行李、货物、邮包等物品，不听劝阻的人员，国境卫生检疫机关可以根据情节轻重，给予警告或罚款的处罚。

（3）对单位或个人违反公共卫生管理法规，卫生质量不符合国家标准和要求而继续营业，未获得"健康合格证"而从事直接为顾客服务的工作，拒绝卫生监督，未获得卫生许可证而擅自营业的，卫生防疫机构可以根据情节轻重给予警告、罚款、停业整顿、吊销卫生许可证的行政处罚。

（4）对违反药品管理法规，生产销售假药，未取得许可证而生产经营药品或配制剂的，卫生行政管理部门可以给予没收假药、劣药和违法所得、罚款、责令停业整顿、吊销药品生产许可证、药品经营许可证、制剂许可证的行政处罚。

被处罚人对主管行政部门作出的行政处罚不服的，可以在接到处罚决定通知之日起 15 日内向有管辖权的人民法院提起行政诉讼，有的则必须首先经过上级卫生行政机关的复议程序。

（5）违反《放射性同位素与射线装置放射防护条例》的行为，包括：未经许可新建、改建放射工作场所的放射防护设施并擅自启用；未经许可登记从事生产、使用、销售放射线装置；放射性同位素的生产、使用储存场所或射线装置的生产使用场所不设置防护设施；未经许可或在登记范围之外从事放射性同位素的订购、销售、转让、调拨或借用等。对这类违法行为，卫生行政部门可以视其情节，给予警告并限期改进，停工或停业整顿、罚款、没收违法所得等行政处罚。当事人对行政处罚不服的，在接到处罚决定通知之日起 15 日内，可以向决定处罚的上一级卫生行政部门申请复议。对复议结果不服的，在收到复议书之日起 15 日内，可以向人民法院起诉。

十九、对同一违法行为应作何处罚？

《行政处罚法》第 24 条规定对当事人的同一违法行为，不得给予两次以上罚款的行政处罚。简称一事不再罚原则。同一行为是指同一行为主体基于同一个事实和理由实施的一次性行为。对同一违法行为，根据法律规定和处罚管辖权的规定，有时可以给予两次以上除罚款以外的其他行政处罚。

以下情形不适用"一事不再罚"规则：

（1）多个不同的行为违反了同一种行政法规范的，可以由行政机关分别裁决，合并执行。每一种违法行为均应给予一次处罚。

（2）一个行为同时违反了行政法规范和其他法律规范的，由有权机关依据相关法律各自实施多种处罚。

（3）某些法律规定行政机关对行为人处以一种处罚后，处罚难以执行的，行政机关可以改施另一种形式的行政处罚。如《外国人出入境管理法实施细则》规定，公安机关对违反本规定的外国人给予罚款处罚后，外国人无力缴纳罚款的，公安机关可改处拘留。

（4）行政违法中的屡犯。行为人在因某一违法行为被处罚后不久，又重新实施同一性质的违法行为，行政机关可以对重新实施的违法行为再次给予处罚。

（5）行政处罚与执行罚对同一违法者一并适用。当行为人被施以行政处罚后，又拒不履行行政处罚决定设定的义务，行政机关可依法处以罚款以促使其履行义务。

二十、未成年人、精神病人实施了违法行为应如何处罚？

（1）不满14岁的人有违法行为的，不予行政处罚，但责令监护人加以管教；已满14岁未满18岁的人有违法行为的，从轻或减轻处罚，并将处罚措施与教育措施一并适用。从轻处罚指在法定的处罚幅度内适用较轻的处罚，减轻处罚指适用低于法定处罚的幅度或轻于法定处罚种类的处罚；对已满14周岁的未成年人犯罪的，不予刑事处罚或免予刑事处罚的，可适用行政处罚措施与教育措施，包括训诫、责令悔过或由主管部门给予行政处罚。

（2）精神病人在不能辨认或者不能控制自己行为时有违法行为的，不予行政处罚，但应当责令监护人严加看管和治疗。间歇性精神病人在精神正常时实施违法行为，应当给予行政处罚。

（3）又聋又哑的人或盲人因其生理缺陷实施违法行为的，不给予行政处罚。除此之外，应当给予处罚。

二十一、对违法行为在两年内未被发现的行政处罚是如何规定的？

《行政处罚法》第29条规定："违法行为在二年内未被发现的，不再给予行政处罚，法律另有规定的除外。前款规定的期限，从违法行为发生之日起计算；违法行为有连续或者继续状态的，从行为终止之日起计算。"适用此条款须注意以下几点：

（1）在违法行为发生后的两年内，对该违法行为有管辖权的行政机关未发现这一违法行为，在两年后，无论何时发现了这一违法行为，对行为人不能再给予行政处罚。

（2）两年的期限从行为发生之日起计算。行为发生日指违法行为完成日或停止日。

（3）违法行为有连续或继续状态的，自行为终了之日起计算。

所谓连续行为，指行为人在一定时间内连续数次实施了同一性质完全相同的违法行为。如某人在1个月内3次偷盗少量公私财物。所谓继续行为，指一个违法行为发生后，该行为以及由此造成的不法状态一直处于持续状态。如非法存放枪支弹药。有连续或继续状态的违法行为，自最后一个违法行为实施完毕或期限，可长于两年，或短于两年。

二十二、对哪些情况行政机关可作出罚款决定并直接收缴罚款？

根据《行政处罚法》第47条、第48条的规定和实践情况，以下三种情况行政机关可收缴罚款：

（1）依法当场作出行政处罚决定，给予20元以下的罚款，或者不当场收缴事后难以执行的，执法人员可当场收缴罚款。

（2）在边远、水上、交通不便地区，行政机关及其执法人员依法经简易程序或一般程序作出罚款决定，当事人向指定的银行缴纳罚款确有困难的，经当事人提出，行政机关及其执法人员可以当场收缴罚款；但行政机关及其执法人员当场收缴罚款的，必须向当事人出具省、自治区、直辖市财政部门统一制发的罚款收据；并且应当自收缴罚款之日起2日内，交至行政机关，在水上当场收缴的罚款，应当自抵岸之日起2日内交至行政机关；行政机关应当在2日内将罚款缴付指定的银行。

（3）依法采取执行和措施收缴的罚款，如《行政处罚法》第51条规定的，当事人逾期不履行行政处罚决定，行政机关可根据法律规定，将查封、扣押的财物拍卖或者将冻结的存款划拨抵缴罚款，这意味着行政机关可以直接收受罚款。除法定情况外，作出行政处罚决定的行政机关及其执法人员不得自行收缴罚款，而应由当事人自收到行政处罚决定书之日起15日内，到指定的银行缴纳罚款，银行收受罚款后，将罚款直接上缴国库。行政机关违反《行政处罚法》的有关规定自行收缴罚款的，由上级行政机关或者有关部门责令改正，对直接负责的主管人员和其他直接责任人员依法给予行政处分。

二十三、控告、检举他人犯罪应找哪些机关？应该注意哪些问题？

犯罪行为对被害人的合法权益造成侵害时，被害者向有关的国家机关告发，要求追究犯罪人的法律责任，一般称为控告。认为某人有犯罪事实，尽管这种犯罪没有直接侵害自己的合法权益，但为了不使犯罪者逍遥法外，因而向有关的国家机关举报揭露，这种举报揭露一般称为检举。控告、检举犯罪，是机关、团体、企业、事业单位和公民的权利，也是应当履行的一项重要义务。为了使罪犯受到及时的揭露和惩罚，以维护国家利益、集体利益和公民合法权益不受侵犯，维护社会秩序的稳定，控告人、检举人提出控告或进行检举时，最好明确向有义务受理控告、检举的机关提出，否则容易耽误时间，甚至达不到控告、检举的目的。首先，如果控告、检举的是他人的犯罪行为，而不是其他违法行为或错误行为，就应当向公安机关、人民检察院或者向人民法院提出控告和检举。其次，按照《刑事诉讼法》第13条规定的管辖范围向公安机关、检察机关或者人民法院提出控告和检举。《刑事诉讼法》第13条规定：告诉才处理和其他不需要进行侦查的轻微刑事案件，由人民法院直接受理，并可以进行调解。

贪污罪、侵犯公民民主权利罪、渎职罪以及人民检察院认为需要自己直接受理的其他案件，由人民检察院立案侦查和决定是否提起公诉。

依据法律规定，侮辱罪、诽谤罪、暴力干涉他人婚姻自由罪、虐待罪、轻伤害罪、抗拒执行判决、裁定罪、重婚罪、破坏现役军人婚姻罪、遗弃罪，应直接向人民法院控告。下列犯罪应直接向检察机关控告、检举：重大责任事故罪、刑讯逼供罪、诬告陷害罪、破坏选举罪、非法拘禁罪、非法管制、非法搜查、非法侵入他人住宅罪、报复陷害罪、非法剥夺公民宗教信仰自由和侵犯少数民族风俗习惯罪、伪证、陷害、隐匿罪证罪、侵犯公民通讯自由罪、重婚罪、泄露国家重要机密罪、玩忽职守罪、枉法追诉、裁判罪、私放罪犯罪、体罚虐待被监管人员罪、妨害邮电通讯罪、贪污罪、贿赂罪、偷税、抗税罪、假冒商标罪、挪用救灾、抢险防汛、优抚、救济款物罪。除上述以外的其他犯罪，都应该向公安机关控告、检举，其中间谍、特务案应向国家安全机关检举，安全机关都应当接受，对于不属于自己管辖的案件先接受，再移送主管机关处理。

首先，控告、检举都要有事实根据，有可能的话还要提供能够查明犯罪事实的证据、线索。切忌见风便是雨，凭他人不负责任的传说或自己的怀疑就向司法机关告发，更不得为泄私愤或其他不良目的；捏造事实诬告，诬告他人犯罪是要负法律责任的。其次，控告、检举的事实应当是一种违法犯罪的事实，不要把违章违纪的一般错误或违反道德范围的一般错误也向司法机关告发。最后，凡向司法机关控告、检举犯罪事实或犯罪嫌疑人，既可以采取书面形式，也可以口头提出。但无论采取哪种形式，都必须向接受控告、检举的机关讲明自己的真实姓名和地址，并在控告、检举信上或控告、检举笔记上签名或盖章。写匿名信或口头提出控告、检举时不讲真实姓名，不利于司法机关及时查明犯罪事实。如果控告人、检举人出于某种顾虑，不愿公开自己的姓名，依照法律，在侦查期间，司法机关将为控告人、检举人保守秘密。

二十四、有权扣留居民身份证和临时身份证的机关有哪些？

有权扣留居民身份证和临时身份证的唯一机关是公安机关。当然，公安机关也只能在依法对犯罪嫌疑人或者被告人采取强制措施时,才能扣留居民身份证或临时身份证。除此之外,任何单位和个人,都不能以任何理由扣留公民的居民身份证和临时身份证,也不能作为抵押。

二十五、有权作出治安管理处罚决定的机关有哪些?

根据《治安管理处罚条例》第33条的规定,对违反治安管理行为的处罚,由县、市公安局、公安分局或者相当于县一级的公安机关裁决。警告、50元以下罚款,可以由公安派出所裁决;在农村,没有公安派出所的地方,可以委托乡(镇)人民政府裁决。《公安部关于铁道、交通、民航、林业公安机关执行〈治安管理处罚条例〉几个问题的通知》也规定了铁路、交通等部门的公安机关也享有一定的裁决权。可见,违反治安管理行为的处罚裁决权属于公安机关。具体有三类:

(1) 县、市公安局、公安分局,或者相当于县一级的公安机关。这里的市,指县级市而不是直辖市、地级市。在火车、轮船、林区、飞机上发生的违反治安管理的行为,铁路公安局(处)、公安分局(分处)、公安段、铁路工程局和勘测设计院公安处、公安段,交通、港航公安局(处)、公安分局,航务工程局公安处,民航公安处、公安分处,县一级的林业公安局、公安处等,相当于县级公安机关裁决。以上公安机关裁决超过50元以上的罚款或行政拘留。

(2) 公安派出所可裁决警告、50元以下罚款等处罚轻微的案件。此外,铁路、交通、民航、林业公安派出所、公安科可以行使警告、50元以下罚款的处罚裁决权。

(3) 在农村,没有公安派出所的地方,警告、50元以下的罚款,可以由公安机关(指县级以上公安机关,公安派出所没有委托的权力)委托乡(镇)人民政府裁决治安管理处罚案件。

根据《公安部关于执行〈治安管理处罚条例〉若干问题的解释》第10条的规定,委托的公安机关应当制作委托书。受委托的乡(镇)政府裁决治安管理处罚的程序应按《治安管理处罚条例》第34条执行,但不得采用当场处罚。

二十六、未成年人违反治安管理的应如何处罚?

根据《治安管理处罚条例》的规定,未成年人违反治安管理的,按以下办法处理:

(1) 对已满14周岁不满18周岁的人违反治安管理的,从轻处罚。所谓"从轻处罚",指在《治安管理处罚条例》规定的警告、罚款和拘留这三种处罚方法中,适用较轻的方法或在同一种处罚幅度内选择一个较低的处罚档次。

村官常用法律知识必读

(2) 对不满 14 周岁的人违反治安管理的,免予处罚,但是可以给予训诫,并责令其监护人严加管教。

二十七、有生理缺陷的人违反治安管理的是否处罚?

对精神病人违反治安管理的,区别不同情况对待:精神病人在不能辨认或者不能控制自己行为的时候违反治安管理的,不予处罚,但是应当责令其监护人严加看管和治疗。间歇性精神病人在精神正常时违反治安管理的,应予处罚。根据公安部《关于执行〈治安管理处罚条例〉若干问题的解释》第 5 条规定,精神病人违反治安管理后,应当由精神病鉴定机构进行司法鉴定,或者由公安机关指定的精神病院进行鉴定,以确定其有无责任能力。无条件作鉴定的,可以根据病史和调查、走访认定。双方当事人或监护人对公安机关的认定有异议要求进行司法鉴定的,鉴定费用应由提出鉴定者负担。

对于因生理缺陷违反治安管理能否处罚,根据《治安管理处罚条例》第 11 条规定,又聋又哑的人或者盲人,由于生理缺陷的原因而违反治安管理的,不予处罚。不予处罚的主体是又聋又哑的人和盲人这两种情况,而不包括只聋不哑、只哑不聋或其除聋、哑、盲以外的身体器官或者组织的缺陷;不予处罚的违反治安管理的行为须由又聋又哑或盲引起,即又聋又哑或者盲是导致违反治安管理的行为发生的直接原因。如果又聋又哑的人或盲人由于其他原因违反治安管理,则应视具体情节,给予处罚。

案例 县公安局的处罚决定正确吗?

【案情】

某县村民甲某,一日发现自家食杂店柜台内的现金少了 30 元,便怀疑是刚刚来买过香烟的本村村民乙某偷走了,随即赶到乙某家索要,并当众威胁乙某说:"如果你不把钱拿来还给我,就把你的皮剥掉。"当乙某矢口否认时,甲某突然朝乙某的脸上打了一巴掌,并拿出早已准备好的绳子欲将乙某捆绑,后被他人劝阻。乙某因甲某催逼还款,遂向其兄借钱,被其兄拒绝,一个人回家后感到十分委屈,便服农药自杀,后经抢救脱险。县公安局据此情况,依据《治安管理处罚条例》第 22 条的规定,认定甲某殴打他人并用其他方法威胁他人安全,处以甲某治安拘留 15 日,罚款 500 元。甲某不服,向市公安局提出申诉,市公安局维持了县公安局的处罚决定。甲某仍不服,向县人民法院提起行政诉讼。

【评析】

本案例中只能认定甲某公然侮辱他人这一种行为，并给予一种行政处罚。县公安局的处罚决定不正确。应适用《治安管理处罚条例》第 22 条第 3 项的规定给予甲某行政处罚，而不能以两种违反治安管理的行为进行行政处罚。

行政处罚以惩戒违法行为人，使其以后不再犯为目的，而不是以某种义务的履行为目的。所以，"一事不再罚"原则被公认为是现代法治社会的一个重要原则。我国《行政处罚法》第 24 条规定："对当事人的同一个违法行为，不得给予两次以上罚款的行政处罚。"根据这一规定我们可以认定，"一事不再罚"原则的含义是：①对当事人的同一个违法行为，一个行政机关已经给予罚款处罚的，其他行政机关不得再次给予罚款处罚。②如果一个行政机关已经给予罚款以外的其他种类处罚，如暂扣许可证或者拘留等，其他行政机关不应再次给予相同的处罚。这一点在《行政处罚法》中并没有明确规定，但是根据"责罚相当"的原则，对同一违法行为已经给予了处罚，就不应再次给予相同的处罚。③至于是否可以给予当事人其他种类的行政处罚，就需要根据实际情况区别对待。一般来说，一个行政机关给予当事人的行政处罚如果已经足以纠正其违法行为的，其他行政机关就不应再次给予当事人其他行政处罚。如果一个行政机关给予当事人的行政处罚还不足以纠正其违法行为的，则其他行政机关可以再给予当事人其他种类的行政处罚。在本案中，甲某虽然实施了两种行为，一是打了乙某一巴掌，二是欲用绳子捆绑乙某，并讲了一些威胁的话，但是这些外在活动实际上只能构成一种违反治安管理的行为，县公安局应根据《治安管理处罚条例》第 22 条第 3 项的规定给予甲某行政处罚，而不能以两种违反治安管理的行为对甲某进行行政处罚。

第十一章　农村刑事法律常识

一、什么是自首？对自首犯怎么处理？

自首，指犯罪分子在犯罪以后，自动投案，如实供述自己的罪行，接受国家审查和裁判的行为。被采取强制措施的犯罪嫌疑人、被告人和正在服刑的罪犯，如实供述司法机关还未掌握的本人其他罪行的，以自首论。

一般来说，自首必须具备以下三个条件：

（1）犯罪人自动投案。指犯罪事实或犯罪人尚未被发现，或者已经发现犯罪人但未采取讯问或强制措施的情况下，犯罪人主动向司法机关承认自己实施了犯罪并听候处理的行为。对于司法机关尚未掌握的本人的其他罪行，被采取了强制措施的犯罪嫌疑人、被告人和正在服刑的罪犯如实供述的行为也视为自首。

（2）犯罪人自动交代自己的罪行。自动投案的目的是向司法机关坦白自己的罪行，因此，投案后必须自动地交代自己的主要犯罪事实，才能算自首。自动投案后拒绝交代自己的罪行，或者作虚假的交代以掩盖其真正的罪行，或者在投案后先不交代罪行，直至司法机关对其进行多次讯问或采取强制措施后才被迫交代自己的罪行，都不能算作自首。而无论是否自动投案，在侦查、起诉审判中或判决执行中，犯罪人主动交代了司法机关尚未掌握的另外一种犯罪事实，对后一种犯罪的交代，也视为自首。

（3）犯罪人必须接受国家的审判。自动投案甚至向司法机关交代罪行后，犯罪分子还必须真正接受国家的审判。自动投案后又畏罪潜逃的，不算自首。一方面向司法机关告知自己的罪行，另一方面又逃匿的，也不算自首。

自首后不一定从轻处罚。《刑法》第67条规定，对于自首的犯罪分子，可以从轻或者减轻处罚。其中，犯罪较轻的可以免除处罚。犯罪以后自首的，"可以"从宽处罚，表明我国刑法对于自首采取的是相对从宽处罚原则。在刑法中，"可以"和"应当"的适用是相当严格的。"可以"表明具有自由选择的一定余地，而"应当"则表明只能无条件地遵照执行，无任何灵活性可言。因此，犯罪以后自首"可以"从宽处罚。也就是说，并非对每个自首的犯罪人都一律从宽处罚，而是既可以从宽处罚，也可以不予从宽处罚。究竟对自首的犯罪人是否从宽处罚，则由审判机关根据全案的具体情况决定。有些犯罪后果特别严重，情节特别恶劣，社会危害性很大，依法应当从重处罚，这样，即使有自首情节，也不一定对其从轻处罚。

二、什么是有期徒刑、无期徒刑、死刑？哪些人不适用死刑？

（1）有期徒刑是剥夺犯罪分子一定期限的人身自由，并实行强制劳动和教育改造的刑罚方法。有期徒刑是我国刑罚方法中适用最为广泛的一种刑罚。有期徒刑的期限为6个月以上15年以下，数罪并罚时最高不能超过20年。有期徒刑的刑期，从判决执行之日起计算；判决执行以前先行羁押的，羁押1日折抵刑期1日。有期徒刑在监狱或者其他执行场所执行。

（2）无期徒刑是剥夺犯罪分子终身自由，并实行强制劳动和教育改造的刑罚方法。无期徒刑是介于有期徒刑和死刑之间的一种严厉的刑罚。对于那些罪行严重，需要与社会永久隔离，但又不必判处死刑，而判处有期徒刑又不足以打击的犯罪分子，保留无期徒刑的适用是十分必要的。一方面，无期徒刑能够有效地遏止某些重大刑事犯罪；另一方面，又可以填补死刑与有期徒刑最高期限之间的空隙，从而减少死刑的适用。无期徒刑在监狱或者其他执行场所执行。

（3）死刑是剥夺犯罪分子生命的刑罚方法。它是我国刑罚中最严厉的一种，只适用于罪行极其严重的犯罪分子。死刑有死刑立即执行和死刑缓期2年执行两种执行方式。为了严格限制死刑的适用，我国刑法作出了以下规定：①死刑只适用于罪行极其严重的犯罪分子，即犯罪的性质、程度特别严重、情节特别恶劣的犯罪分子。②对于应当判处死刑的犯罪分子，如果不是必须立即执行的，可判处死刑同时宣告缓期2年执行，实行劳动改造，以观后效。③死刑有严格的核准程序。死刑除依法由最高人民法院判决的以外，都应当报请最高人民法院核准。死刑缓期执行的，可以由高级人民法院判决或者核准。1983年9月7日，最高人民法院授权各高级人民法院、解放军军事法院核准杀人、强奸、抢劫、爆炸及其他严重危害公共安全和社会治安案件的死刑。④死刑适用对象有所限制。《刑法》第49条规定："犯罪的时候不满18周岁的人和审判的时候怀孕的妇女，不适用死刑。"这里的不适用死刑，指不能判处死刑，也不能判处死刑缓期2年执行。对于犯罪时已满14周岁未满18周岁的人不能判处死刑，也就是说其犯罪情节无论多严重、手段多残忍都不能判处死刑。这是基于他们的个性生理发育特点，对社会认识程度，以及智力和意志功能的发展程度而作出的体现人道主义精神的硬性规定。"审判的时候怀孕的妇女"是指在人民法院审判的时候被告人是怀孕的妇女，也包括审判前在羁押受审时已经怀孕的妇女。对于这种人，在羁押或受审期间，不应当为了判处死刑而给她进行人工流产。已经人工流产、自然流产以及分娩的，仍然视为审判时怀孕，也不适用死刑。对审判时怀孕的妇女不适用死刑是为了保护胎儿的权利。因为怀孕妇女犯罪，而胎儿是无辜的，不能因为母亲有罪而株连胎儿。同时，这样规定也有利于保护幼小儿童，是一种人道主义精神在刑罚制度上的体现。

三、什么是假释？适用假释应符合哪些条件？

假释是一种附条件将罪犯提前释放的刑罚制度。我国《刑法》中规定的假释制度是：对被判处有期徒刑或者无期徒刑的犯罪分子，在执行一定刑期之后，如果确有悔改表现，不致再危害社会的，规定一定的考验期限，予以提前释放。

依据我国《刑法》的规定，适用假释必须具备以下条件：

①适用假释的对象是被判处有期徒刑和无期徒刑的犯罪分子。

②适用假释的犯罪分子，必须已执行一定期限的刑期。这是适用假释的限制性条件。《刑法》第81条第1款规定，被判处有期徒刑的犯罪分子，执行原判刑期1/2以上，被判处无期徒刑的犯罪分子，实际执行刑期10年以上可以适用假释。

对死缓犯经过一次或几次减刑后或减刑后假释的，其实际执行的刑期不得少于12年。死缓犯实际执行的刑期自死缓2年期满第二日起计算。

如果有特殊的情况，经最高人民法院核准，可以不受上述执行刑期的限制。"特殊情况"是指有国家政治、国防、外交等方面的特殊需要的情况。

③适用假释的犯罪分子，必须确有悔改表现，假释后不致再危害社会。这是适用假释的实质性条件。

④假释必须遵守严格的程序，必须由执行机关向中级以上人民法院提出假释建议书，人民法院组成合议庭进行审理，对确有悔改或者立功表现的，裁定予以假释。非经法定程序不得假释。

适用假释应当有适当的考验期限，以便对假释犯进行监督改造。依据法律规定，有期徒刑的假释考验期限是没有执行完毕的刑期，无期徒刑的假释考验期限是10年。假释的考验期限，从假释之日起计算。假释由公安机关予以监督。被宣告假释的犯罪分子，应当遵守下列规定：①遵守法律、行政法规，服从监督；②按照监督机关的规定报告自己的活动情况；③遵守监督机关关于会客的规定；④离开所居住的市、县或者迁居，应当报经监督机关批准。

四、什么是重伤与轻伤？

根据最高人民法院、最高人民检察院、公安部、司法部共同下发的《人体重伤鉴定标准》，结合《刑法》第91条的规定，重伤是指具有下列情形之一的

第十一章　农村刑事法律常识

伤害：

（1）使人肢体残废或者毁人容貌的。所谓使人肢体残废，是指由各种致伤因素致使肢体缺失或者肢体完整但肢体功能丧失，如缺失任何一个手拇指或者缺失一足全部足趾；肢体完整，但肢体功能丧失，如肢体重要神经完全断裂或者缺损等。所谓毁人容貌，是指毁损他人面容，致使容貌变形、丑陋及功能障碍。如用硫酸、硝酸、刀片等烧、刺人面部等。

（2）使人丧失听觉、视觉或者其他器官功能的。所谓丧失听觉，是指造成损伤后，一耳语音听力减退在91分贝以上，两耳语音听力减退在60分贝以上。所谓丧失视觉，是指造成损伤致使一眼盲或者两眼低视力，其中，一眼低视为2级；眼部损伤或者颅脑损伤致使视野缺损（直径10度以下）；眼部损伤后致成不易恢复的复视，严重影响工作和生活。所谓丧失其他器官功能，是指造成其他器官损伤和正常活动功能的丧失。如开放性颅脑损伤、颅骨粉碎性骨折；颈部器官损伤，出现出血性休克或者呼吸困难；肋骨骨折刺破肺脏引起出血、气胸；幼女外阴严重损伤、阴道损伤；等等。

（3）其他对于人体健康有重大伤害的。如烧伤总面积在30%以上或者三度在10%以上，儿童总面积在10%以上或者三度在5%以上；冻伤达三度，致使耳、鼻、手、足等部位坏死及功能严重障碍；物理性损伤（如放射性、激光等）、化学性损伤（如强酸、强碱等）、生物性损伤（如蛇毒、病菌等）致使人体内脏器官功能严重障碍或者严重后遗症等。

轻伤，是介于重伤与轻微伤之间的伤害，是指物理、化学、生物等各种外界因素作用于人体，造成组织、器官结构的一定程度的损害或者部分功能障碍，尚未构成重伤又不属于轻微伤的。轻微伤对人体健康无多大影响，经过治疗或不经过治疗可以很快恢复健康，属于情节显著轻微、危害不大、不认为是犯罪的情况。

五、故意杀人罪的含义和应负的刑事责任是什么？

故意杀人罪，是指非法故意剥夺他人生命的行为。故意杀人罪是侵犯了他人生命权利的犯罪，自杀不构成本罪。任何公民的生命价值，在法律上都是平等的，被害人的生理、心理、身份等状态，均不影响本罪的成立。人的生命始于出生，终于死亡，因此溺婴是故意杀人行为；但对胎儿与死尸进行残害、毁损等行为，不构成本罪。实施安乐死，在我国一般以故意杀人罪论处。

故意杀人罪必须具有非法剥夺他人生命的行为，即杀人行为。其特点是直接或间接地作用于他人的身体，使他人的生命终结。剥夺他人生命的方式，既可以是积极的行为，如刀砍、斧劈、拳击、枪杀等，也可以是消极的行为，如母亲故意不给婴儿哺乳致其死亡等。针对他人生命，采用投毒、放火、爆炸、欺诈自杀等，亦可认为是故意杀人罪。剥夺他人生命的行为必须是非法的，如果合法地剥夺他人的生命，如依法执行枪决处置罪犯或正当防卫等，不构成故意杀人罪。杀人行为不要求发生他人死亡的结果。发生死亡结果成立故意杀人既遂；没有发生死亡结果的，成立故意杀人未遂、中止或者预备。

故意杀人罪必须是故意，即明知行为会致人死亡，而希望或放任其结果发生。

教唆或帮助他人自杀、逼迫他人自杀及所谓的大义灭亲等，均构成故意杀人罪。

刑法规定，故意杀人的，处死刑、无期徒刑或者10年以上有期徒刑；情节较轻的，处3年以上10年以下有期徒刑。

六、重婚罪的含义是什么？它与非法姘居有何区别？

重婚罪，是指有配偶而又与他人结婚，或者明知他人有配偶而与之结婚的行为。

重婚有两种：一种是男子有妻或女子有夫的人仍与其他女子或者男子结婚，即两个婚姻关系在一个人身上同时存在，违反了我国婚姻法中关于一夫一妻制的规定，构成名副其实的重婚。另一种俗称相婚者，指其本身并无配偶，与有配偶的人结婚亦属首次，但因其明知他人已有配偶仍与之结婚，从而在客观上妨害了他人的婚姻家庭关系，故属于重婚。重婚犯罪一般是必要的共犯，一个人不可能实施重婚行为，而相婚者恰恰是重婚的另一方，如没有他的行为，重婚行为也不可能发生，因此，明知他人有配偶而故意与其结婚的人，虽然是首次结婚，也可构成重婚罪。

构成重婚罪还必须是出于故意。已婚者明知自己有配偶仍然决意与他人结婚；未婚者明知对方已有配偶仍然决意与对方结婚，方构成重婚罪。如果因受对方欺骗不知其有配偶而结婚者，不属明知故犯，不构成重犯罪。

所谓"与他人结婚"，既包括到婚姻登记机关进行合法登记的结婚，也包括没有到婚姻登记机关登记但以夫妻关系共同生活的事实婚。

重婚与非法姘居、通奸是不同的。男女双方通奸是暗地里发生自愿的性行为，时间可长可短，通常没有共同的经济生活，也不以夫妻名义同居和共同生活。非法姘居多为临时的同居或隐蔽的奸合，不以夫妻名义共同生活，也不可能有合法的婚姻关系，所以一般不认为构成重婚罪。但明知是现役军人的配偶仍与之同居，则可能构成破坏军婚罪。

犯重婚罪，处2年以下有期徒刑或者拘役。

七、虐待罪的含义及所负的法律责任是什么？

对共同生活的家庭成员，经常采取打骂、冻饿、捆绑、禁闭、凌辱人格、限制自由、强迫过度劳动、有病不予治疗等手段，从肉体上和精神上进行摧残、折磨、迫害，情节恶劣的行为，就可构成犯罪，罪名是虐待罪，在我国刑法中有明文规定。

构成虐待罪的，只可能是与被虐待者共同生活的同一家庭的成员，相互之间存在着一定的亲属关系或扶养关系，如丈夫虐待妻子，父母虐待子女，兄弟虐待姐妹，媳妇虐待公婆等。非家庭成员不能构成本罪。

在行为上，要有对被害人肉体和精神进行摧残、折磨、迫害的行为，如殴打、捆绑、禁闭、讽刺、谩骂、侮辱、限制自由、强迫超负荷劳动等。且行为具有经常性和一贯性。偶尔的打骂、冻饿、赶出家门，不能认定为虐待行为，不以犯罪论处。

虐待家庭成员还必须属于情节恶劣才能以虐待罪论处。所谓情节恶劣，主要是指长期虐待被害人，严重摧残其身心健康的；虐待手段凶暴残忍的；由于重男轻女观念，进行虐待逼迫妻子离婚的；虐待年老、年幼、患病、残疾、怀有身孕的妇女的；虐待多次，屡教不改的；因虐待行为造成严重后果或者引起公愤的；等等。只有符合上述情节之一的，才能认定为构成了虐待罪。

如果不是在家庭成员之间发生上述虐待行为，即使相互之间存在着一种特殊的身份关系，如监管人员对犯人、军官对部属等，也不构成虐待罪，情节恶劣造成严重后果的，构成其他犯罪，可以处罚，如故意伤害罪、虐待被监管人员罪、虐待部属罪等。

我国刑法规定，虐待家庭成员尚未致使被害人重伤、死亡的，处 2 年以下有期徒刑、拘役或者管制。告诉的才处理，就是说只有被害人或者近亲属向人民法院提起诉讼，法院才受理并加以处理，否则不予处理。但是，如果虐待他人致其重伤或死亡，则不属于告诉才处理的犯罪，应当由人民检察院提起公诉。被害人或者近亲属可以向公安机关告发。

八、什么是强奸妇女罪？其构成要具备什么条件？

强奸妇女罪即强奸罪，是指违背妇女意志，以暴力、胁迫或其他手段，强行与之性交的行为。构成强奸罪必须具备下列四项条件：

（1）本罪所侵犯的是妇女性的不可侵犯的权利。犯罪对象是年满 14 周岁的妇女。

（2）犯本罪的人是年满 14 周岁以上具有刑事责任能力的男性。妇女不会单独构成强奸罪，但在共同犯罪中教唆或帮助他人强奸的，以强奸罪共犯论处。

（3）犯本罪必须出于故意，即明知而故犯，并且具有强行奸淫妇女的犯罪目的。具体说就是，明知妇女不愿意，仍然采取强行手段决意实施奸淫。

（4）本罪最典型的特征是，违背妇女意志，以暴力、胁迫或者其他手段强行与其性交。所谓违背妇女意志，就是违背妇女自愿性交的意志，如果妇女愿意或同意或通奸，均不构成强奸罪。

四个条件必须同时具备才能构成强奸罪，缺一不可。我国刑法规定，婚内无强奸，通奸一般不定罪，未婚男女恋爱中的性行为一般不是强奸罪。

犯强奸罪的，处3年以上10年以下有期徒刑；有下列情形之一的，处10年以上有期徒刑、无期徒刑或者死刑：强奸情节恶劣的；强奸多人的；在公共场所当众强奸的；二人以上轮奸的；致使被害人重伤、死亡或者造成其他严重后果的。

九、什么是抢劫罪？对抢劫行为如何处罚？

抢劫罪，是指以非法占有为目的，使用暴力、胁迫或者其他方法，当场强行劫取公私财物的行为。抢劫罪既侵犯公私财产的所有权，同时又威胁到被抢者的人身安全。

抢劫罪的最显著特征，是采取了暴力、胁迫或者其他手段。所谓暴力，是指对被害人的身体实行打击或者强制，如殴打、捆绑、伤害、禁闭甚至杀害等，从而使被害人处于不能或者不敢反抗状态；所谓胁迫，是指以对被害人立即实施暴力相威胁，实行精神上的恐吓或强制，使被害人恐惧不敢反抗，这种胁迫一般是针对被害人的，有时也针对在场的被害人的亲属；所谓其他方法，是指使用除暴力、胁迫以外的足以使被害人处于不知反抗或者不能反抗状态的方法，如用酒灌醉、用药物麻醉等。我国刑法对抢劫财物的数额未作要求，一般情况下，只要实施了抢劫行为，不论其是否抢到或抢多抢少，均构成抢劫罪。同时，我国刑法还规定，犯盗窃、诈骗、抢夺罪，为窝藏赃物、抗拒抓捕或者毁灭罪证而当场使用暴力或者以暴力相威胁的，按抢劫罪论处。

根据刑法规定，犯抢劫罪的，处3年以上10年以下有期徒刑，并处罚金；有下列情形之一的，处10年以上有期徒刑、无期徒刑或者死刑，并处罚金或者没收财产：①入户抢劫的；②在公共交通工具上抢劫的；③抢劫银行或者其他金融机构的；④多次抢劫或者抢劫数额巨大的；⑤抢劫致人重伤、死亡的；⑥冒充军警人员抢劫的；⑦持枪抢劫的；⑧抢劫军用物资或者抢险、救灾、救济物资的。

十、什么是诈骗罪？怎样处罚？

诈骗罪，是指以非法占有为目的，采用虚构事实或者隐瞒真相的方法，骗取数额较大的公私财物的行为。

构成诈骗罪，一般应具备下列条件：

（1）犯罪人必须出于故意，并且具有非法占有公私财物的犯罪目的。如果是将虚构的事实误认为是真实的事实而告诉他人并使被害人错误地处置了财物，则不构成本罪。

（2）犯罪人必须采用虚构的事实或隐瞒真相的方法，骗取公私财物，数额较大。一般情况下，诈骗但未取得财物，不认为是犯罪。根据有关司法解释，个人诈骗公私财物数额在2000～4000元的，以单位名义实施诈骗行为归单位所有的，数额在5万～10万元的，可以认定为诈骗罪。该数额不包括案发前被追回的被骗款。

（3）诈骗罪的犯罪对象是普通的公私财物。如果是利用诈骗手段或方法进行金融诈骗的，分别按具体行为定罪，例如集资诈骗罪、贷款诈骗罪、票据诈骗罪、保险诈骗罪，等等。

诈骗罪与招摇撞骗罪不同，后者是冒充国家机关工作人员进行招摇撞骗，其对象并不绝对为财物，其主要目的是运用国家机关威信捞取个人好处和便利；如果骗取公私财物，则同时触犯两罪，一般定招摇撞骗罪，但骗取财物数额特别巨大或具有特别严重情节的，定诈骗罪，以防重罪轻判，因为诈骗罪最高法定刑可达无期徒刑。

十一、累犯的含义及所承担的处罚是怎样的？

刑法所称累犯，是指被判处一定刑罚的犯罪人，在该刑罚执行完毕或者赦免以后的一定期限内，再犯应当判处一定刑罚之罪的犯罪人。这是世界各国都承认的一种法律制度。

我国刑法规定的一般累犯，是指因犯罪被判处有期徒刑以上刑罚，在该刑罚执行完毕或者赦免以后5年内再犯应当判处有期徒刑以上刑罚之罪的犯罪人。并且前罪与后罪都应当是故意犯罪。

由此可知，构成累犯必然涉及两次犯两罪，前罪是已经被判处有期徒刑以上，刑满释放或者被赦免以后，后罪应当实际上被判处有期徒刑以上的刑罚，并且都是故意犯罪，如果其中有一罪是过失罪，则不构成累犯。另一方面，前罪与后罪的间隔时间是5年以内，如果超过5年则不构成累犯。5年时间是指前罪刑罚执行完毕或赦免之日起到后罪犯罪之日的时间间隔。

对累犯的量刑，刑法规定应当从重处罚，即以后罪实际法定刑的较重刑种和较长刑期决定量刑。

另外，我国刑法还规定了危害国家安全的特别累犯制度，要求只要前罪后罪均是危害国家安全的犯罪，前罪受刑罚处罚后不论多长时间都构成特别累犯。但只要前、后两罪中有一罪不属于危害国家安全罪，就不构成特别累犯。刑法规定的量刑原则与一般累犯相同，应当从重处罚。

十二、过失犯罪、交通肇事罪的含义是什么？

在过失心理支配下实施的犯罪，称为过失犯罪。我国刑法中明确规定，应当预见到自己的行为可能发生危害社会的结果，因为疏忽大意而没有预见，或者已经预见而轻信能够避免，以致发生危害结果的，是过失犯罪。根据刑法规定，过失分为疏忽大意的过失和过于自信的过失两种类型。疏忽大意的过失是指行为人本应当预见到自己的某项行为可能发生危害社会的结果，因为疏忽大意而没有预见，以致发生这种结果的心理态度。如果行为人能够认真负责，小心谨慎，就能够预见。那么，怎样判断一个人在特定情况下"应当预见"呢？在刑法上，通常情况下，社会上一般人都能预见的危险，如果行为人没有预见，那么行为人就违背了应当预见的义务，就属于疏忽大意。在特殊业务中，只有针对该行业中的业务常识才能确定应当预见的义务，对一般人不作要求。例如，汽车司机出车前应当仔细检查制动闸。过于自信的过失是指已经预见自己的行为可能发生危害社会的结果，但轻信能够避免，以致发生这种危害结果的心态。这种过失表现为，行为人已经预见到自己的行为可能发生危害社会的结果，但同时又轻信危害结果可以避免，最终由于自身能力不足或者客观环境不利等因素而导致结果的产生，行为人就应对该危害结果负责。刑法规定，过失犯罪都要求有危害结果的发生，不造成危害结果的过失不构成犯罪。过失犯罪，法律有明文规定的才负刑事责任。

交通肇事罪，是指违反交通运输管理法规，因而发生重大事故，致人重伤、死亡或者致使公私财产遭受重大损失的行为。交通运输司机肇事后逃逸或者有其他特别恶劣情节的和因逃逸致人死亡的，都属于本罪加重处罚的情节。本罪的客体是铁路运输和民用航空运输以外的交通运输的正常秩序和安全。本罪从主观方面来说，尽管行为人违反交通规则往往是明知故犯，但对造成严重后果的心理状态而言却是过失。本罪的客观方面包括：①前提是违反交通运输管理法规。交通运输管理法规，是指一切为了保证交通运输正常进行和交通运输安全的法律、法规。②在公共交通领域发生了重大事故，致人重伤、死亡或者使公私财产遭受重大损失的行为。"重大事故"，是指造成1人以上的死亡或者3人以上的重伤，或者情节恶劣、后果严重的，或者造成公私财产直接损失数额在3万~6万元的。事故发生的时空是"公共交通运输领域和运输过程中"。③违反交通运输管理法规的行为与重大事故之间具有刑法上的因果关系。

十三、犯罪未遂的含义及所负的刑事责任是什么？

犯罪未遂，是指已经着手实行犯罪，由于犯罪分子意志以外的原因而未能全部完成犯罪行为的一种行为状态。构成犯罪未遂必须具备三个条件：

（1）行为人已经着手实行犯罪，这是犯罪未遂区别于犯罪预备的主要标志。所谓"已经着手"，是指犯罪人已经开始实施刑法分则规定的某一具体犯罪构成的行为要件（客观要件），它标志着故意犯罪已开始由预备阶段进入实行阶段，此时的行为不再是为实行犯罪做准备，而是直接实现其犯罪意图的行为。

（2）犯罪还未得逞，还未完成某一犯罪所必须具备的全部构成要件。犯罪行为是否与刑法分则规定某一种犯罪的罪状相符合，是区别犯罪既遂与未遂的标志，如果刑法分则规定某一种犯罪要求出现法定的危害结果，那么没有这种结果就是未遂。刑法中大部分犯罪要求以结果为既遂标准，那么，无结果即未得逞，即是未遂。但刑法中有些犯罪不要求出现结果，如破坏交通工具的危险犯，偷越国境的行为犯等，只要实施行为完毕就构成既遂。

（3）犯罪未得逞是由于犯罪人意志以外的原因所导致。从犯罪人本意来讲，他还想继续完成犯罪，之所以未能完成，是因为出现了意志之外的原因阻止了犯罪行为的进一步发展，从而被迫停止。如果出于行为人本身意志在犯罪未完成前而自动停止下来，则不是犯罪未遂，构成犯罪的，以犯罪中止论处。

犯罪未遂的行为人是未遂犯。对于未遂犯，可以比照既遂犯从轻或减轻处罚。刑法规定的刑事责任是可以从轻或者减轻，而不是应当从轻或者减轻处罚，因而并不是所有的未遂犯都能从轻或减轻。对于下列情节的未遂犯，司法机关一般不予从轻或减轻：犯罪性质特别严重；犯罪情节特别恶劣；造成特别严重后果；累犯或者惯犯。

十四、主犯与从犯的含义及所负的刑事责任是怎样的？

主犯，是指组织、领导犯罪集团进行犯罪活动或者在共同犯罪中起主要作用的共犯。我国刑法规定的主犯有三种情况：①组织、领导犯罪集团进行犯罪活动的共同犯罪人。②在聚众犯罪中起组织、策划、指挥作用的首要分子。③在共同犯罪中起主要作用的犯罪人。

对于主犯的处罚分为两种情况分别对待：①对组织、领导犯罪集团的首要分子，按照集团所犯的全部罪行处罚。②犯罪集团首要分子以外的其他主犯，应当按照其所参与的或者组织、指挥的全部犯罪处罚。

从犯，是指在共同犯罪中起次要或者辅助作用的共同犯罪人。从犯有两种情况：①在共同犯罪中起次要作用的从犯，他们虽参加了犯罪的实行活动，但在整个犯罪活动中仅起次要作用，处于从属地位。②在共同犯罪中起辅助作用的从犯，即通常所说的帮助犯。

我国刑法明确规定了从犯的刑事责任。对于从犯，应当从轻、减轻处罚或者免除处罚。所谓应当，就是必须从轻、减轻或免除处罚。

十五、什么情况下可以减刑？

被判处管制、拘役、有期徒刑、无期徒刑的犯罪分子，在执行期间，如果认真遵守监规，接受教育改造，确有悔改表现的，或者有立功表现的。可以减刑；有下列重大立功表现之一的，应当减刑：

（1）阻止他人重大犯罪活动的；
（2）检举监狱内外重大犯罪活动，经查证属实的；
（3）有发明创造或者重大技术革新的；
（4）在日常生产、生活中舍己救人的；
（5）在抗御自然灾害或者排除重大事故中，有突出表现的；
（6）对国家和社会有其他重大贡献的。

减刑以后实际执行的刑期，判处管制、拘役、有期徒刑的，不能少于原判刑期的 1/2；判处无期徒刑的，不能少于 10 年。

十六、教唆犯的含义及应承受的处罚是什么？

教唆犯是指故意唆使他人实施犯罪的人。教唆犯具有以下特征：

（1）从主观上讲，行为人必须具有教唆他人犯罪的故意。即明知自己的教唆行为会使他人产生犯罪意图，进而实施犯罪危害社会，并且希望或者放任这种结果的发生。需要指出的是，无论被教唆人是否实施了行为人所教唆的犯罪，行为人均构成教唆犯。

（2）从客观上讲，行为人必须具有教唆他人犯罪的行为。教唆他人犯罪是指教唆他人实施某种具体的犯罪行为，而不是教唆他人实施一般的违法行为或者违反道德的行为。至于教唆的手段和方式，包括以金钱、物质、美色或者其他利益引诱他人犯罪，以威胁、暴力、揭发隐私等胁迫他人犯罪，以嘲弄、侮辱、蔑视等方式刺激他人犯罪。教唆的方式也可以是多种多样的，如口头、书面、手势、眼神等。值得注意的是，如果行为人不仅教唆他人犯罪而且向他人传授犯罪方法，则行为人触犯了另一个罪，即传授犯罪方法罪，应按此处罚。如行为人向不同的对象分别实施了这两种行为,则应当对其数罪并罚。

(3) 从对象上看,教唆犯教唆的对象必须是达到刑事责任年龄具有刑事责任能力的人,并且该对象是特定的。如果教唆对象是没有刑事责任能力的人,则行为人只是自己犯罪,被教唆的人只是作为工具被利用,其结果应由教唆人承担。如果被教唆对象已经具有犯罪意图,也不构成教唆犯。

关于教唆犯应负的刑事责任,《刑法》第29条规定了三种不同的情况:

(1) 教唆他人犯罪的,应按照他在共同犯罪中所起的作用处罚,这是指被教唆人已经实施了所教唆犯罪的情况,包括被教唆人实施了所教唆罪的预备行为或者已经着手犯罪而未遂,或者已经完成了被教唆的犯罪。

(2) 教唆不满18周岁的人犯罪的,应当从重处罚。这是从教唆犯的主观恶性和其行为的社会危害性两个方面出发确立的对这类教唆犯的处罚原则。

(3) 如果被教唆人没有犯所教唆之罪的,对于教唆犯可以从轻或者减轻处罚。具体包括:①被教唆人拒绝了教唆犯的教唆;②被教唆人当时接受了教唆,但实际上并没有进行任何犯罪;③被教唆人接受了教唆,但却实行了被教唆之罪以外的犯罪;④教唆犯进行教唆时,被教唆人已经具有了实施被教唆之罪的决意,即教唆行为与被教唆人实施的犯罪之间没有因果联系。

十七、当事人的含义是什么?

当事人是指与案件事实和诉讼结局有直接利害关系,为保护自身利益而参加诉讼的人。包括被害人、自诉人、犯罪嫌疑人、被告人、附带民事诉讼原告人和附带民事诉讼被告人。

(1) 被害人。被害人是其合法权益遭受犯罪行为直接侵害的人。在刑事诉讼中,被害人可能以不同的身份参加诉讼:在法定的自诉案件中,被害人以自诉人身份提起刑事诉讼,称为自诉人;在刑事诉讼中,由于被告人的犯罪行为而遭受物质损失的被害人,有权提起附带民事诉讼,称为附带民事诉讼原告人;在人民检察院代表国家提起公诉的刑事案件中,以个人身份参与诉讼,并与人民检察院共同行使控诉职能的称为被害人。一般来说,刑事诉讼法中所称的被害人仅指公诉案件的被害人,不包括其他。

(2) 自诉人。在刑事自诉案件中,依法直接向人民法院提起诉讼的人是自诉人。自诉人是法律规定的自诉案件中特有的当事人,相当于自诉案件的原告。刑事自诉程序由于自诉人的告诉而启动,如果没有自诉人的告诉,就没有刑事自诉案件的审判。

(3) 犯罪嫌疑人、被告人。犯罪嫌疑人和被告人是对因涉嫌犯罪而受到刑事追诉的人在不同的刑事诉讼程序中的两种不同称谓。在公诉案件中,因涉嫌犯罪而受到刑事追诉的人在人民检察院向人民法院提起公诉以前,是犯罪嫌疑人。在人民检察院向人民法院提起公诉以后,是被告人。两种不同的称谓反映出被追究刑事责任之人法律地位的变化,在刑事案件的侦查阶段和审查起诉阶段,被追究刑事责任的人只是具有犯罪嫌疑,受到有关机关的侦查和审查,但尚未被正式起诉,称其为"犯罪嫌疑人"是恰当的。经过审查起诉,认为具备法定的提起公诉条件的,人民检察院以正式的起诉书将其诉至人民法院,要求法院给予定罪和量刑的,是名副其实的"被告人"。

(4)附带民事诉讼当事人。附带民事诉讼当事人包括附带民事诉讼原告人和被告人。在刑事附带民事诉讼中,因被告人的犯罪行为遭受物质损失而提起赔偿请求的人是附带民事诉讼原告人。附带民事诉讼原告人既可以是遭受犯罪行为直接侵害的被害人本人,也可以是已经死亡的被害人的近亲属。无行为能力或者限制行为能力被害人的法定代理人,也有权提起附带民事诉讼。

十八、什么是逮捕与错误逮捕?什么是刑讯逼供?

逮捕是刑事诉讼强制措施中最严厉的一种,是在一定时期内剥夺犯罪嫌疑人、被告人的人身自由并予以羁押的强制方法。《刑事诉讼法》第60条规定了逮捕必须同时具备以下三个条件:

(1)有证据证明有犯罪事实。根据有关规定,"有证据证明有犯罪事实"是指同时具备下列情形:①有证据证明发生了犯罪事实。②有证据证明犯罪事实是犯罪嫌疑人实施的。③证明犯罪嫌疑人实施犯罪行为的证据已有查证属实的。犯罪事实可以是犯罪嫌疑人实施的数个犯罪行为中的一个。

(2)可能判处徒刑以上刑罚。这是关于犯罪严重程度的规定。基于已有证据证明的犯罪事实,根据我国刑法的有关规定,初步判定犯罪嫌疑人、被告人可能被判处有期徒刑以上的刑罚,而不是可能被判处管制、拘役等轻刑或者可能被免除刑罚的,才符合逮捕条件。

(3)采取取保候审、监视居住等方法,尚不足以防止发生社会危险性,而有逮捕必要的。由于逮捕是最严厉的强制措施,暂时剥夺人身自由,只有在确实必要时方可以适用。即使犯罪嫌疑人、被告人符合上述两个条件,但采取取保候审或者监视居住足以防止其继续危害社会的,即无逮捕必要,不应逮捕。依据法律规定,对应当逮捕的犯罪嫌疑人、被告人,如果患有严重疾病,或者是正在怀孕、哺乳自己婴儿的妇女,可以采用取保候审或者监视居住的方法。所谓严重疾病一般指不治之症、濒临死亡、严重传染病等。所谓婴儿指未满1周岁的儿童。这样规定体现了人道主义。

我国《国家赔偿法》中的错误逮捕仅指对没有犯罪事实的人错误逮捕的情

第十一章 农村刑事法律常识

况。包括以下几种情形：

（1）根本不存在犯罪事实却予以逮捕的。

（2）捕错对象的。

（3）逮捕后经讯问发现捕错了人或者不应当逮捕，但却拒绝释放或延期释放的。

（4）逮捕前认为存在犯罪事实，但逮捕后经侦查根本没有违法犯罪行为的。

（5）公安局错拘，拘报后检察院没有核实就予以批准的。

（6）人民法院判决无罪，但检察院仍坚持不肯释放被羁押的人的。公安机关未经检察院批准逮捕了有犯罪事实的人，虽然属于违法逮捕，但由于被逮捕人有犯罪事实存在，国家不承担赔偿责任。对符合逮捕条件，但正患严重疾病，或者是正在怀孕、哺乳自己婴儿的妇女实行逮捕的，无论是否根据《刑事诉讼法》的人道主义规定使用取保候审或监视居住，因其犯罪事实的存在，也不发生国家赔偿。对并没有查清是否有犯罪事实的公民实施逮捕，是违法的，但只要在逮捕后查明其确有犯罪事实的，也不属于《国家赔偿法》中的错捕。只有在逮捕前后均未查清其有犯罪事实，才属于错捕，国家才承担赔偿责任。对于重大嫌疑人，从情理上分析可以推测其犯罪，但苦于无证据不能定案，能不能视为错捕？应当视为错捕。因为没有证据证明他有犯罪事实，只能认为他没有犯罪事实，国家应当承担赔偿责任。明知公民存在轻微违法行为尚不构成犯罪，仍然对其实施逮捕的，是不是《国家赔偿法》中的错捕？应当属于错捕。因为，这种羁押是司法机关及其工作人员故意造成的，对这种羁押国家承担赔偿责任，与《国家赔偿法》第17条第3项和《刑事诉讼法》第11条第1项并不矛盾。至于明知公民的犯罪事实尚不足以判处徒刑却仍然对其实施逮捕的，是否认定为错捕？因涉及"可能判处徒刑以上刑罚"较难界定，宜按照《国家赔偿法》第15条第2项的规定确定为国家不承担赔偿责任。

刑讯逼供是指司法工作人员在办案过程中对公民使用酷刑（肉刑或变相肉刑）逼取口供的行为。其基本特征是：

（1）实施刑讯逼供的是司法工作人员，包括公安机关、安全机关、检察机关、审判机关的工作人员。

（2）刑讯逼供的时间是发生在办案过程中。

（3）刑讯逼供的手段是酷刑，即肉刑或变相肉刑，而不是如诱供、指名问供的手段，包括各种形式的殴打、捆绑、冻饿、"车轮战"等。

（4）刑讯逼供的目的是逼取口供。

十九、什么是拘留、拘役、违法拘禁？

刑事诉讼中的拘留是公安机关、人民检察院在侦查过程中，遇到紧急情况时，对于现行犯或者重大嫌疑分子所采取的临时限制其人身自由的强制方法。《刑事诉讼法》第61条采用列举的方式，规定对有下列情形之一的现行犯或者重大嫌疑分子公安机关可以先行拘留：

(1) 正在预备犯罪、实行犯罪或者在犯罪后即时被发觉的；
(2) 被害人或者在场亲眼看见的人指认他犯罪的；
(3) 在身边或者住处发现有犯罪证据；
(4) 犯罪后企图自杀、逃跑或者在逃的；
(5) 有毁灭、伪造证据或者串供可能的；
(6) 不讲真实姓名、住址，身份不明的；
(7) 有流窜作案、多次作案、结伙作案重大嫌疑的。

拘役是短期剥夺犯罪分子的人身自由，就近实行教育改造的刑罚方法。拘役是介于管制与有期徒刑之间的一种较轻的刑罚，主要适用于罪行较轻，但仍需短期关押改造的犯罪分子。拘役的期限为1个月以上6个月以下，数罪并罚时最高刑不能超过1年。拘役的刑期，从判决执行之日起计算；判决执行以前先行羁押的，羁押1日折抵刑期1日。被判处拘役的犯罪分子，在执行期间，每月可以回家一天至两天并且回家的天数计算在刑期之内；参加劳动的，可以酌量发给报酬。拘役，由公安机关就近执行。

违法拘禁是指行政机关及其工作人员在行政管理活动中，采取非法手段剥夺特定公民的人身自由权利的行为。构成违法拘禁行为一般应具备以下几个条件：

(1) 采取拘禁的主体必须是行政机关及其工作人员。非行政机关及其工作人员所采取的拘禁行为，不是《国家赔偿法》所讲的违法拘禁行为。
(2) 在行政管理活动中，行使行政职权的行为。行政机关工作人员在行政管理活动之外，所采取的拘禁行为，也不属于国家赔偿法中所说的违法拘禁行为。
(3) 被拘禁的对象是自然人，具体讲包括：成年人和未成年人，健康人或残疾人，等等。
(4) 在没有法律、法规依据的情况下，实施了禁闭、强行关押、隔离审查、绑架等方法，使特定的公民在一定的时间内失去行动自由的行为。
(5) 在主观上是故意。即行为人明知自己实施的拘禁行为非法，而希望或放任这种结果的发生。违法拘禁行为使公民人身自由受到损害，行政机关应承担行政赔偿责任。

二十、什么是错误的刑事拘留？

刑事拘留，是指公安（安全）机关在紧急情况下，对罪该逮捕的现行犯或重大嫌疑分子所采取的临时限制其人身自由的一种强制措施。根据我国《刑事诉讼法》第41条的规定，刑事拘留的适用必须符合两个条件：

（1）罪该逮捕。罪该逮捕的认定应当是以现实存在的犯罪事实或者能够证明犯罪嫌疑人实施犯罪的事实为客观依据，而不能凭空臆想，或者以一种轻微违法行为当作拘留的客观事实根据。

（2）情况紧急，包括以下几种情况：

①正在预备犯罪、实施犯罪或者在犯罪后即时被发觉的。

②被害人或在场亲眼看见的人指认他犯罪的。

③在身边或住处发现有犯罪证据的。

④犯罪后企图自杀、逃跑或者在逃的。

⑤有毁灭、伪造证据或者串供可能的。

⑥身份不明有流窜作案嫌疑的。

⑦正在进行"打砸抢"和严重破坏工作、生产、社会秩序的。

《刑事诉讼法》还对拘留的期限和程序作了规定。拘留权是国家机关向犯罪分子进行斗争的重要权力，国家必须依法保障这一权力，包括一定程序的自由裁量权限。为此，我国《国家赔偿法》规定，可以请求国家赔偿的错误的刑事拘留仅指不符合罪该逮捕这一条件的拘留，即对没有犯罪事实或没有事实证明有重大嫌疑的人实行的拘留。反之，如果有犯罪事实，或者有犯罪的重大嫌疑，那么，即使最终解除了嫌疑，拘留也是合法的，也就不存在赔偿问题。

引起国家赔偿的错误拘留主要有以下情形：

（1）公安（安全）机关明知被拘留人没有犯罪和缺少证明其犯罪的证据，出于不当目的，将其拘留。

（2）公安（安全）机关拘留被拘留人后经讯问发现其不应拘留但却不予释放或延期释放的。

（3）公安（安全）机关实施拘留后，在法定期限内没有发现足以证明其犯罪的证据，且检察机关又不批准逮捕，在这种情况下非法超期拘留的。

（4）公安（安全）机关因疏于审查，拘留错对象的。

（5）公安（安全）机关在公民无重大嫌疑的情况下对其实施拘留，经审查无违法行为的。

拘留符合"罪当逮捕"条件，但却违反"紧急情况"条件或法定程序的情况，能否引起国家赔偿？对此，尽管这种拘留是违法的，但对这种违法行为的纠正并不能根本改变被拘留人必须予以羁押的事实，因此国家不应承担赔偿责任。公安（安全）机关作出拘留行为时，并未掌握足以证明被拘留人有犯罪行为或者重大嫌疑的证明，而是在拘留后才有有关证据的，是否属于《国家赔偿法》

中的错误拘留？一般认为，有犯罪事实或者重大嫌疑并不是仅对作出拘留行为时公安（安全）机关掌握的证据而言，而是指被拘留人实质上有无犯罪事实或重大嫌疑的，所以上述情况不发生国家赔偿责任。如公民甲被受害人指认有抢劫行为，虽然受害人事后承认是看走了眼，但是这个指认，拘留行为即为合法，不发生国家赔偿问题。公安（安全）机关明知某一公民仅有不构成犯罪的轻微违法行为且无其他重大嫌疑仍将其拘留的，则引起国家赔偿问题。

二十一、我国法律对拘留有何程序和期限上的规定？

公安机关拘留人的时候，必须出示拘留证。拘留证由县级以上公安机关的负责人签发。执行拘留时，应当向被拘留人出示拘留证，并向其宣布对其实行拘留。被拘留人应当在拘留证上签名并且按指印。拒绝签名或者按指印的，执行拘留的人员应当予以注明。被拘留人如果抗拒拘留，公安机关的执行人员有权使用强制方法，包括使用戒具。

拘留后，除有碍侦查或者无法通知的情形以外，应当把拘留的原因和羁押的处所，在24小时以内，通知被拘留人的家属或者他的所在单位。所谓有碍侦查的情况指：其同伙闻讯后有可能逃跑、隐匿或者毁灭证据；有可能互相串供、订立攻守同盟的；其他同案犯有待查证的。所谓无法通知情况指：被拘留人不讲真实姓名、住址的；被拘留人无家属或者工作单位的。

公安机关对于被拘留的人，应当在拘留后的24小时以内进行讯问。在发现不应当拘留的时候，必须立即释放，发给释放证明。对需要逮捕而证据还不充足的，可以取保候审或者监视居住。公安机关对被拘留的人，认为需要逮捕的，应当在拘留后的3日以内提请人民检察院审查批准。在特殊情况下，提请审查批准的时间可以延长1~4日。所谓特殊情况指案件比较复杂，或者在交通不便的边远地区，3日以内难以报请批捕的。

对于流窜作案，多次作案，结伙作案的重大嫌疑分子，提请审查批准的时间可以延长至30日。此类案件的犯罪嫌疑显然在3日或者7日之内难以查明，因此法律规定可以延长至30日，以适应打击刑事犯罪的需要。

人民检察院应当自接到公安机关提请批准逮捕书后的7日以内，作出批准逮捕或者不批准逮捕的决定。人民检察院不批准逮捕的，公安机关应当在接到通知后将在押人立即释放，并且将执行情况及时通知人民检察院。对于需要继续侦查，并且符合取保候审、监视居住条件的，依法取保候审或者监视居住。人民检察院对其直接受理的刑事案件中被拘留的人，认为需要逮捕的，应当在10日内作出决定。在特殊情况下决定逮捕的时间可以延长1~4日。对于不需要逮捕的，应当立即释放。对于需要继续侦查，并且符合取保候审、监视居住条件的，依法取保候审或者监视居住。

综上所述，一般情况下，刑事诉讼拘留的期限最长为14日。流窜作案、多次作案、结伙作案的重大嫌疑分子，拘留期限最长为37日。

对于人民检察院直接受理的案件，人民检察院作出的拘留决定，应当送达公安机关执行，公安机关应当立即执行，人民检察院可以协助公安机关执行。

二十二、刑事案件怎样上诉，上诉时要注意哪些问题？

根据《刑事诉讼法》第180条第1款和第2款的规定，对一审刑事案件的判决和裁定，以下人员可以上诉：①被告人或者他们的法定代理人；②被告人的辩护人和近亲属，但他们提出上诉必须经被告人同意；③对刑事附带民事案件中的民事部分，被告人、原告人及他们的法定代理人，都可上诉。上诉时，既可用口头上诉，也可用书面上诉；既可向一审法院提出，也可直接向上一级人民法院提出。

刑事案件上诉时，需要注意以下几方面的问题：①上诉要在法定期限内提出。对判决不服，上诉期限为10日；不服裁定的上诉期限为5日。在法定期限内上诉，一审的判决或裁定暂不生效，二审的判决或判定是终审的，才发生法律效力。过了上诉期限再上诉，上诉则无效，应按一审的判决或裁定执行。②除特殊情况外，上诉应该用书面形式，即提交上诉状。上诉要针对判决或裁定认定的事实和适用法律提出。

二十三、什么是辩护人？哪些人不得委托为辩护人？

辩护人是在刑事诉讼中接受犯罪嫌疑人、被告人及其法定代理人的委托，或者接受人民法院的指定，为犯罪嫌疑人、被告人依法进行辩护、帮助其行使辩护权，以维护其合法权益的人。在我国刑事诉讼中，可以依法接受委托担任犯罪嫌疑人、被告人的辩护人的人包括：律师；人民团体或者犯罪嫌疑人、被告人所在单位推荐的人；犯罪嫌疑人、被告人的监护人、亲友。在刑事案件的审判阶段，可以依法接受人民法院指定担任被告人的辩护人的只能是承担法律援助义务的律师。辩护人是重要的诉讼参与人之一，其诉讼地位是独立的，在刑事诉讼中执行辩护职能。辩护人的职责是依据事实和法律，提出证明犯罪嫌疑人、被告人无罪、罪轻或者减轻、免除其刑事责任的材料和意见，维护犯罪嫌疑人、被告人的合法权益。

人民法院审判案件的过程中，应当充分保证被告人行使《刑事诉讼法》第32条规定的辩护权利。但下列人员不得被委托担任辩护人：

（1）被宣告缓刑和刑罚尚未执行完毕的人；

(2) 依法被剥夺、限制人身自由的人；
(3) 无行为能力或者限制行为能力的人；
(4) 人民法院、人民检察院、公安机关、国家安全机关、监狱的现职人员；
(5) 本院的人民陪审员；
(6) 与本案审理结果有利害关系的人；
(7) 外国人或者无国籍人。

第（4）、（5）、（6）、（7）项规定的人员，如果是被告人的近亲属或者监护人，由被告人委托担任辩护人的，人民法院可以准许。

二十四、犯罪嫌疑人、被告人可以委托哪些人作为辩护人？

犯罪嫌疑人、被告人除自己行使辩护权以外，还可以委托1~2人作为辩护人。下列的人员可以被委托为辩护人：①律师；②人民团体或者犯罪嫌疑人、被告人所在单位推荐的人；③犯罪嫌疑人、被告人的监护人、亲友。正在被执行刑罚或者依法被剥夺、限制人身自由的人，不得担任辩护人。公诉案件自案件移送审查起诉之日起，犯罪嫌疑人有权委托辩护人。自诉案件的被告人有权随时委托辩护人。

人民检察院自收到移送审查起诉的案件材料之日起3日以内，应当告知犯罪嫌疑人有权委托辩护人。人民法院自受理自诉案件之日起3日以内，应当告知被告人有权委托辩护人。

公诉人出庭公诉的案件，被告人因经济困难或者其他原因没有委托辩护人的，人民法院可以指定承担法律援助义务的律师为其提供辩护。被告人是盲、聋、哑或者未成年人而没有委托辩护人的，人民法院应当指定承担法律援助义务的律师为其提供辩护。被告人可能被判处死刑而没有委托辩护人的，人民法院应当指定承担法律援助义务的律师为其提供辩护。

辩护人的责任是根据事实和法律，提出证明犯罪嫌疑人、被告人无罪、罪轻或者减轻、免除其刑事责任的材料和意见，维护犯罪嫌疑人、被告人的合法权益。

辩护律师自人民检察院对案件审查起诉之日或人民法院受理案件之日起，可以查阅、摘抄、复制本案的诉讼文书、技术性鉴定材料，可以同在押的犯罪嫌疑人会见和通信。其他辩护人经人民检察院许可，也可以查阅、摘抄、复制上述材料，同在押的犯罪嫌疑人会见和通信。

二十五、取保候审、监视居住的期限不超过几个月？出现何种情形时可暂予监外执行？

人民法院、人民检察院和公安机关对犯罪嫌疑人、被告人取保候审最长不得超过12个月,监视居住最长不得超过6个月。在取保候审、监视居住期间,不得中断对案件的侦查、起诉和审理。对于发现不应当追究刑事责任或者取保候审、监视居住期限届满的,应当及时解除取保候审、监视居住。解除取保候审、监视居住,应当及时通知被取保候审、监视居住人和有关单位。

对于被判处有期徒刑或者拘役的罪犯,有下列情形之一的,可以暂予监外执行:①有严重疾病需要保外就医的;②怀孕或者正在哺乳自己婴儿的妇女。对于适用保外就医可能有社会危险性的罪犯,或者自伤自残的罪犯,不得保外就医。对于罪犯确有严重疾病,必须保外就医的,由省级人民政府指定的医院开具证明文件,依照法律规定的程序审批。发现被保外就医的罪犯不符合保外就医条件的,或者严重违反有关保外就医的规定的,应当及时收监。对于被判处有期徒刑、拘役,生活不能自理,适用暂予监外执行不致危害社会的罪犯,可以暂予监外执行。对于暂予监外执行的罪犯,由居住地公安机关执行,执行机关应当对其严格管理监督,基层组织或者罪犯的原所在单位协助进行监督。

二十六、犯罪嫌疑人、被告人享有哪些诉讼权利?应履行哪些诉讼义务?

(1)辩护权。辩护权是犯罪嫌疑人、被告人最重要的诉讼权利。其具体内容包括:犯罪嫌疑人、被告人有权在刑事诉讼中自行辩护,公安司法机关应当保障犯罪嫌疑人、被告人的辩护权;公诉案件自审查起诉之日起,犯罪嫌疑人有权委托辩护人;自诉案件被告人有权随时委托辩护人;在审判阶段,遇有法律规定的情形时,被告人有权获得由承担法律援助义务的律师提供的刑事法律援助。

(2)在被侦查机关第一次讯问以后或者被采取强制措施之日起,犯罪嫌疑人有权聘请律师提供法律咨询、代理申诉和控告。犯罪嫌疑人被逮捕的,其聘请的律师还可以代为申请取保候审。

(3)有权拒绝辩护人继续为其辩护,有权另行委托辩护人。

(4)被告人有权参加法庭调查和法庭辩论,就起诉书所指控的犯罪事实作出陈述和辩解。有权辨认或者鉴别证据,可以对证据发表意见。经审判长许可,被告人有权向证人、鉴定人等发问。有权申请新的证人到庭,调取新的物证,申请重新鉴定或者勘验。

(5)被告人有最后陈述权。即在审判长宣布法庭辩论结束后,被告人有权发表最后的意见。

(6)对于公安司法机关采取强制措施超过法定期限的,犯罪嫌疑人、被告人有权要求解除。

(7)在侦查中,对于侦查人员提出的与本案无关的问题,有权拒绝回答。

(8) 对于地方各级人民法院所作的没有发生法律效力的第一审裁定或者判决,被告人有权提出上诉。

(9) 对于各级人民法院所作的已经发生法律效力的判决或者裁定,有权提出申诉。

(10) 有权对于公安司法人员侵犯其诉讼权利或者人身侮辱的行为提出控告。

(11) 在依法告诉才处理和被害人有证据证明的轻微刑事案件中,作为自诉案件的被告人有权对自诉人提起反诉。

在刑事诉讼中,犯罪嫌疑人、被告人应当全面履行其诉讼义务,如有违反,会产生一定的后果。其主要诉讼义务是:

(1) 对于侦查人员的讯问,犯罪嫌疑人应当如实回答。

(2) 接受公安司法机关及其工作人员依法进行的侦查、审查起诉和审判活动,不得逃避。

(3) 不得进行毁灭、伪造证据或者串供,干扰证人作证等妨碍刑事诉讼的行为。

(4) 按时出席法庭审判。

(5) 执行人民法院已经发生法律效力的判决和裁定。

二十七、审理盗窃案件,应怎样根据案件的具体情形认定盗窃罪的情节?

审理盗窃案件,应当根据案件的具体情形认定盗窃罪的情节:

(1) 盗窃公私财物接近"数额较大"的起点,具有下列情形之一的,可以追究刑事责任:①以破坏性手段盗窃造成公私财产损失的;②盗窃残疾人、孤寡老人或者丧失劳动能力的人的财物的;③造成严重后果或者具有其他恶劣情节的。

(2) 盗窃公私财物虽已达到"数额较大"的起点,但情节轻微,并具有下列情形之一的,可不作为犯罪处理:①已满十六周岁不满十八周岁的未成年人作案的;②全部退赃、退赔的;③主动投案的;④被胁迫参加盗窃活动,没有分赃或者获赃较少的;⑤其他情节轻微、危害不大的。

(3) 盗窃数额达到"数额较大"或者"数额巨大"的起点,并具有下列情形之一的,可以分别认定为"其他严重情节"或者"其他特别严重情节":①犯罪集团的首要分子或者共同犯罪中情节严重的主犯;②盗窃金融机构的;③流窜作案危害严重的;④累犯;⑤导致被害人死亡、精神失常或者其他严重后果的;⑥盗窃救灾、抢险、防汛、优抚、扶贫、移民、救济、医疗款物,造成严重后果的;⑦盗窃生产资料,严重影响生产的;⑧造成其他重大损失的。

第十一章 农村刑事法律常识

案例 村治保主任能否任意关押村民？

【案情】

肖某是肖家庄村的仓库保管员，每周一他都会到村集体仓库清点粮食。一天，他发现村里的几百斤粮食被人偷走了，于是立刻报告了该村的治保主任刘某。刘某接到情况后不是到派出所报案，而是自己进行侦察。经过摸排，刘某发现本村村民赵某的嫌疑很大，于是便派人去将赵某叫到村民委员会。经过反复询问，赵某矢口否认自己偷了粮食，刘某恼羞成怒，对赵某拳打脚踢，并用恶毒的语言进行辱骂，还将赵某锁在村委会，派人日夜看守，不让其回家。第二天，刘某继续对赵某进行"审讯"，在没有结果的情况下，继续对赵某进行拳打脚踢。赵某被逼无奈，只好承认是自己偷了仓库的粮食，但由于所供述情况与现场的情况不符，刘某仍然不放赵某回家。赵某的家人无奈之下，只好到派出所报案，直到派出所来人问明情况后，赵某才被释放。赵某对刘某的行为很是气愤，一纸诉状将刘某告到法院，要求其承担自己的医疗费、误工费等各项损失。法院在查明事实后发现，刘某的行为已经构成了非法拘禁罪，应当对其进行刑事处罚。

【评析】

《刑法》第238条第1款规定："非法拘禁他人或者以其他方法非法剥夺他人人身自由的，处三年以下有期徒刑、拘役、管制或者剥夺政治权利。具有殴打、侮辱情节的，从重处罚。"所谓非法拘禁罪，是指以拘留、禁闭或者其他强制方法，非法剥夺他人人身自由的行为。其犯罪构成主要包括：①犯罪主体是自然人一般主体；②客体是他人的人身自由。所谓人身自由是指人的身体的活动自由，即在法律允许的范围内按照自己的意志决定自己身体活动的自由；③主观方面是故意；④客观方面表现为行为人采用拘留、禁闭或者其他强制方法，非法剥夺他人的人身自由的行为。在我国除了公检法机关以外的任何机关、团体或者个人剥夺或变相剥夺他人人身自由权利的行为，都可以构成非法拘禁罪。在本案中，村治保主任刘某在发现集体经济组织的财产丢失后，不是及时到公安机关报案，而是采取对自己怀疑的对象私设公堂、刑讯逼供的方法进行"破案"，这种行为违反了法律规定，侵犯了村民赵某的人身自由权，实际已经构成了非法拘禁罪。尤其是在拘禁期间刘某又对赵某进行拳打脚踢，更应该受到法律的从重处罚。

附录：农村常用法律法规

一、中华人民共和国农业法

（1993年7月2日第八届全国人民代表大会常务委员会第二次会议通过，2002年12月28日第九届全国人民代表大会常务委员会第三十一次会议修订，2002年12月28日中华人民共和国主席令第八十一号公布，自2003年3月1日起施行）

第一章 总 则

第一条 为了巩固和加强农业在国民经济中的基础地位，深化农村改革，发展农业生产力，推进农业现代化，维护农民和农业生产经营组织的合法权益，增加农民收入，提高农民科学文化素质，促进农业和农村经济的持续、稳定、健康发展，实现全面建设小康社会的目标，制定本法。

第二条 本法所称农业，是指种植业、林业、畜牧业和渔业等产业，包括与其直接相关的产前、产中、产后服务。

本法所称农业生产经营组织，是指农村集体经济组织、农民专业合作经济组织、农业企业和其他从事农业生产经营的组织。

第三条 国家把农业放在发展国民经济的首位。

农业和农村经济发展的基本目标是：建立适应发展社会主义市场经济要求的农村经济体制，不断解放和发展农村生产力，提高农业的整体素质和效益，确保农产品供应和质量，满足国民经济发展和人口增长、生活改善的需求，提高农民的收入和生活水平，促进农村富余劳动力向非农产业和城镇转移，缩小城乡差别和区域差别，建设富裕、民主、文明的社会主义新农村，逐步实现农业和农村现代化。

第四条 国家采取措施，保障农业更好地发挥在提供食物、工业原料和其他农产品，维护和改善生态环境，促进农村经济社会发展等多方面的作用。

第五条 国家坚持和完善公有制为主体、多种所有制经济共同发展的基本经济制度，振兴农村经济。

国家长期稳定农村以家庭承包经营为基础、统分结合的双层经营体制，发展社会化服务体系，壮大集体经济实力，引导农民走共同富裕的道路。

国家在农村坚持和完善以按劳分配为主体、多种分配方式并存的分配制度。

第六条 国家坚持科教兴农和农业可持续发展的方针。

国家采取措施加强农业和农村基础设施建设，调整、优化农业和农村经济结构，推进农业产业化经营，发展农业科技、教育事业，保护农业生态环境，促进农业机械化和信息化，提高农业综合生产能力。

第七条 国家保护农民和农业生产经营组织的财产及其他合法权益不受侵犯。

各级人民政府及其有关部门应当采取措施增加农民收入，切实减轻农民负担。

第八条 全社会应当高度重视农业，支持农业发展。

国家对发展农业和农村经济有显著成绩的单位和个人，给予奖励。

第九条 各级人民政府对农业和农村经济发展工作统一负责，组织各有关部门和全社会做好发展农业和为发展农业服务的各项工作。

国务院农业行政主管部门主管全国农业和农村经济发展工作，国务院林业行政主管部门和其他有关部门在各自的职责范围内，负责有关的农业和农村经济发展工作。

县级以上地方人民政府各农业行政主管部门负责本行政区域内的种植业、畜牧业、渔业等农业和农村经济发展工作，林业行政主管部门负责本行政区域内的林业工作。县级以上地方人民政府其他有关部门在各自的职责范围内，负责本行政区域内有关的为农业生产经营服务的工作。

第二章 农业生产经营体制

第十条 国家实行农村土地承包经营制度，依法保障农村土地承包关系的长期稳定，保护农民对承包土地的使用权。

农村土地承包经营的方式、期限、发包方和承包方的权利义务、土地承包经营权的保护和流转等，适用《中华人民共和国土地管理法》和《中华人民共和国农村土地承包法》。

农村集体经济组织应当在家庭承包经营的基础上，依法管理集体资产，为其成员提供生产、技术、信息等服务，组织合理开发、利用集体资源，壮大经济实力。

第十一条 国家鼓励农民在家庭承包经营的基础上自愿组成各类专业合作经济组织。

村官常用法律知识必读

农民专业合作经济组织应当坚持为成员服务的宗旨，按照加入自愿、退出自由、民主管理、盈余返还的原则，依法在其章程规定的范围内开展农业生产经营和服务活动。

农民专业合作经济组织可以有多种形式，依法成立、依法登记。任何组织和个人不得侵犯农民专业合作经济组织的财产和经营自主权。

第十二条　农民和农业生产经营组织可以自愿按照民主管理、按劳分配和按股分红相结合的原则，以资金、技术、实物等入股，依法兴办各类企业。

第十三条　国家采取措施发展多种形式的农业产业化经营，鼓励和支持农民和农业生产经营组织发展生产、加工、销售一体化经营。

国家引导和支持从事农产品生产、加工、流通服务的企业、科研单位和其他组织，通过与农民或者农民专业合作经济组织订立合同或者建立各类企业等形式，形成收益共享、风险共担的利益共同体，推进农业产业化经营，带动农业发展。

第十四条　农民和农业生产经营组织可以按照法律、行政法规成立各种农产品行业协会，为成员提供生产、营销、信息、技术、培训等服务，发挥协调和自律作用，提出农产品贸易救济措施的申请，维护成员和行业的利益。

第三章　农业生产

第十五条　县级以上人民政府根据国民经济和社会发展的中长期规划、农业和农村经济发展的基本目标和农业资源区划，制定农业发展规划。

省级以上人民政府农业行政主管部门根据农业发展规划，采取措施发挥区域优势，促进形成合理的农业生产区域布局，指导和协调农业和农村经济结构调整。

第十六条　国家引导和支持农民和农业生产经营组织结合本地实际按照市场需求，调整和优化农业生产结构，协调发展种植业、林业、畜牧业和渔业，发展优质、高产、高效益的农业，提高农产品国际竞争力。

种植业以优化品种、提高质量、增加效益为中心，调整作物结构、品种结构和品质结构。

加强林业生态建设，实施天然林保护、退耕还林和防沙治沙工程，加强防护林体系建设，加速营造速生丰产林、工业原料林和薪炭林。

加强草原保护和建设，加快发展畜牧业，推广圈养和舍饲，改良畜禽品种，积极发展饲料工业和畜禽产品加工业。

渔业生产应当保护和合理利用渔业资源，调整捕捞结构，积极发展水产养殖业、远洋渔业和水产品加工业。

县级以上人民政府应当制定政策，安排资金，引导和支持农业结构调整。

第十七条　各级人民政府应当采取措施，加强农业综合开发和农田水利、农业生态环境保护、乡村道路、农村能源和电网、农产品仓储和流通、渔港、草原围栏、动植物原种良种基地等农业和农村基础设施建设，改善农业生产条件，保护和提高农业综合生产能力。

第十八条　国家扶持动植物品种的选育、生产、更新和良种的推广使用，鼓励品种选育和生产、经营相结合，实施种子工程和畜禽良种工程。国务院和省、自治区、直辖市人民政府设立专项资金，用于扶持动植物良种的选育和推广工作。

第十九条　各级人民政府和农业生产经营组织应当加强农田水利设施建设，建立健全农田水利设施的管理制度，节约用水，发展节水型农业，严格依法控制非农业建设占用灌溉水源，禁止任何组织和个人非法占用或者毁损农田水利设施。

国家对缺水地区发展节水型农业给予重点扶持。

第二十条　国家鼓励和支持农民和农业生产经营组织使用先进、适用的农业机械，加强农业机械安全管理，提高农业机械化水平。

国家对农民和农业生产经营组织购买先进农业机械给予扶持。

第二十一条　各级人民政府应当支持为农业服务的气象事业的发展，提高对气象灾害的监测和预报水平。

第二十二条　国家采取措施提高农产品的质量，建立健全农产品质量标准体系和质量检验检测监督体系，按照有关技术规范、操作规程和质量卫生安全标准，组织农产品的生产经营，保障农产品质量安全。

第二十三条　国家支持依法建立健全优质农产品认证和标志制度。

国家鼓励和扶持发展优质农产品生产。县级以上地方人民政府应当结合本地情况，按照国家有关规定采取措施，发展优质农产品生产。

符合国家规定标准的优质农产品可以依照法律或者行政法规的规定申请使用有关的标志。符合规定产地及生产规范要求的农产品可以依照有关法律或者行政法规的规定申请使用农产品地理标志。

第二十四条　国家实行动植物防疫、检疫制度，健全动植物防疫、检疫体系，加强对动物疫病和植物病、虫、杂草、鼠害的监测、预警、防治，建立重大动物疫情和植物病虫害的快速扑灭机制，建设动物无规定疫病区，实施植物保护工程。

第二十五条　农药、兽药、饲料和饲料添加剂、肥料、种子、农业机械等可能危害人畜安全的农业生产资料的生产经营，依照相关法律、行政法规的规定实行登记或者许可制度。

各级人民政府应当建立健全农业生产资料的安全使用制度，农民和农业生产经营组织不得使用国家明令淘汰和禁止使用的农药、兽药、饲料添加剂等农业生产资料和其他禁止使用的产品。

农业生产资料的生产者、销售者应当对其生产、销售的产品的质量负责，禁止以次充好、以假充真、以不合格的产品冒充合格的产品；禁止生产和销售国家明令淘汰的农药、兽药、饲料添加剂、农业机械等农业生产资料。

第四章　农产品流通与加工

第二十六条　农产品的购销实行市场调节。国家对关系国计民生的重要农产品的购销活动实行必要的宏观调控，建立中央和地方分级储备调节制度，完善仓储运输体系，做到保证供应，稳定市场。

第二十七条　国家逐步建立统一、开放、竞争、有序的农产品市场体系，制定农产品批发市场发展规划。对农村集体经济组织和农民专业合作经济组织建立农产品批发市场和农产品集贸市场，国家给予扶持。

县级以上人民政府工商行政管理部门和其他有关部门按照各自的职责，依法管理农产品批发市场，规范交易秩序，防止地方保护与不正当竞争。

第二十八条　国家鼓励和支持发展多种形式的农产品流通活动。支持农民和农民专业合作经济组织按照国家有关规定从事农产品收购、批发、贮藏、运输、零售和中介活动。鼓励供销合作社和其他从事农产品购销的农业生产经营组织提供市场信息，开拓农产品流通渠道，为农产品销售服务。

县级以上人民政府应当采取措施，督促有关部门保障农产品运输畅通，降低农产品流通成本。有关行政管理部门应当简化手续，方便鲜活农产品的运输，除法律、行政法规另有规定外，不得扣押鲜活农产品的运输工具。

第二十九条　国家支持发展农产品加工业和食品工业，增加农产品的附加值。县级以上人民政府应当制定农产品加工业和食品工业发展规划，引导农产品加工企业形成合理的区域布局和规模结构，扶持农民专业合作经济组织和乡镇企业从事农产品加工和综合开发利用。

国家建立健全农产品加工制品质量标准，完善检测手段，加强农产品加工过程中的质量安全管理和监督，保障食品安全。

第三十条　国家鼓励发展农产品进出口贸易。

国家采取加强国际市场研究、提供信息和营销服务等措施，促进农产品出口。

为维护农产品产销秩序和公平贸易，建立农产品进口预警制度，当某些进口农产品已经或者可能对国内相关农产品的生产造成重大的不利影响时，国家可以采取必要的措施。

第五章 粮食安全

第三十一条 国家采取措施保护和提高粮食综合生产能力，稳步提高粮食生产水平，保障粮食安全。

国家建立耕地保护制度，对基本农田依法实行特殊保护。

第三十二条 国家在政策、资金、技术等方面对粮食主产区给予重点扶持，建设稳定的商品粮生产基地，改善粮食收贮及加工设施，提高粮食主产区的粮食生产、加工水平和经济效益。

国家支持粮食主产区与主销区建立稳定的购销合作关系。

第三十三条 在粮食的市场价格过低时，国务院可以决定对部分粮食品种实行保护价制度。保护价应当根据有利于保护农民利益、稳定粮食生产的原则确定。

农民按保护价制度出售粮食，国家委托的收购单位不得拒收。

县级以上人民政府应当组织财政、金融等部门以及国家委托的收购单位及时筹足粮食收购资金，任何部门、单位或者个人不得截留或者挪用。

第三十四条 国家建立粮食安全预警制度，采取措施保障粮食供给。国务院应当制定粮食安全保障目标与粮食储备数量指标，并根据需要组织有关主管部门进行耕地、粮食库存情况的核查。

国家对粮食实行中央和地方分级储备调节制度，建设仓储运输体系。承担国家粮食储备任务的企业应当按照国家规定保证储备粮的数量和质量。

第三十五条 国家建立粮食风险基金，用于支持粮食储备、稳定粮食市场和保护农民利益。

第三十六条 国家提倡珍惜和节约粮食，并采取措施改善人民的食物营养结构。

第六章 农业投入与支持保护

第三十七条 国家建立和完善农业支持保护体系，采取财政投入、税收优惠、金融支持等措施，从资金投入、科研与技术推广、教育培训、农业生产资料供应、市场信息、质量标准、检验检疫、社会化服务以及灾害救助等方面扶持农民和农业生产经营组织发展农业生产，提高农民的收入水平。

在不与我国缔结或加入的有关国际条约相抵触的情况下，国家对农民实施收入支持政策，具体办法由国务院制定。

第三十八条 国家逐步提高农业投入的总体水平。中央和县级以上地方财政每年对农业总投入的增长幅度应当高于其财政经常性收入的增长幅度。

各级人民政府在财政预算内安排的各项用于农业的资金应当主要用于：加强农业基础设施建设；支持农业结构调整，促进农业产业化经营；保护粮食综合生产能力,保障国家粮食安全;健全动植物检疫、防疫体系,加强动物疫病和植物病、虫、杂草、鼠害防治;建立健全农产品质量标准和检验检测监督体系、农产品市场及信息服务体系;支持农业科研教育、农业技术推广和农民培训;加强农业生态环境保护建设;扶持贫困地区发展;保障农民收入水平等。

县级以上各级财政用于种植业、林业、畜牧业、渔业、农田水利的农业基本建设投入应当统筹安排,协调增长。

国家为加快西部开发,增加对西部地区农业发展和生态环境保护的投入。

第三十九条 县级以上人民政府每年财政预算内安排的各项用于农业的资金应当及时足额拨付。各级人民政府应当加强对国家各项农业资金分配、使用过程的监督管理,保证资金安全,提高资金的使用效率。

任何单位和个人不得截留、挪用用于农业的财政资金和信贷资金。审计机关应当依法加强对用于农业的财政和信贷等资金的审计监督。

第四十条 国家运用税收、价格、信贷等手段,鼓励和引导农民和农业生产经营组织增加农业生产经营性投入和小型农田水利等基本建设投入。

国家鼓励和支持农民和农业生产经营组织在自愿的基础上依法采取多种形式,筹集农业资金。

第四十一条 国家鼓励社会资金投向农业,鼓励企业事业单位、社会团体和个人捐资设立各种农业建设和农业科技、教育基金。

国家采取措施,促进农业扩大利用外资。

第四十二条 各级人民政府应当鼓励和支持企业事业单位及其他各类经济组织开展农业信息服务。

县级以上人民政府农业行政主管部门及其他有关部门应当建立农业信息搜集、整理和发布制度,及时向农民和农业生产经营组织提供市场信息等服务。

第四十三条 国家鼓励和扶持农用工业的发展。

国家采取税收、信贷等手段鼓励和扶持农业生产资料的生产和贸易,为农业生产稳定增长提供物质保障。

国家采取宏观调控措施,使化肥、农药、农用薄膜、农业机械和农用柴油等主要农业生产资料和农产品之间保持合理的比价。

第四十四条 国家鼓励供销合作社、农村集体经济组织、农民专业合作经济组织、其他组织和个人发展多种形式的农业生产产前、产中、产后的社会化服务事业。县级以上人民政府及其各有关部门应当采取措施对农业社会化服务事业给予支持。

对跨地区从事农业社会化服务的,农业、工商管理、交通运输、公安等有关部门应当采取措施给予支持。

第四十五条 国家建立健全农村金融体系,加强农村信用制度建设,加强农村金融监管。

有关金融机构应当采取措施增加信贷投入,改善农村金融服务,对农民和农业生产经营组织的农业生产经营活动提供信贷支持。

农村信用合作社应当坚持为农业、农民和农村经济发展服务的宗旨,优先为当地农民的生产经营活动提供信贷服务。

国家通过贴息等措施,鼓励金融机构向农民和农业生产经营组织的农业生产经营活动提供贷款。

第四十六条 国家建立和完善农业保险制度。

国家逐步建立和完善政策性农业保险制度。鼓励和扶持农民和农业生产经营组织建立为农业生产经营活动服务的互助合作保险组织,鼓励商业性保险公司开展农业保险业务。

农业保险实行自愿原则。任何组织和个人不得强制农民和农业生产经营组织参加农业保险。

第四十七条 各级人民政府应当采取措施,提高农业防御自然灾害的能力,做好防灾、抗灾和救灾工作,帮助灾民恢复生产,组织生产自救,开展社会互助互济;对没有基本生活保障的灾民给予救济和扶持。

第七章 农业科技与农业教育

第四十八条 国务院和省级人民政府应当制定农业科技、农业教育发展规划,发展农业科技、教育事业。

县级以上人民政府应当按照国家有关规定逐步增加农业科技经费和农业教育经费。

国家鼓励、吸引企业等社会力量增加农业科技投入,鼓励农民、农业生产经营组织、企业事业单位等依法举办农业科技、教育事业。

第四十九条 国家保护植物新品种、农产品地理标志等知识产权,鼓励和引导农业科研、教育单位加强农业科学技术的基础研究和应用研究,传播和普及农业科学技术知识,加速科技成果转化与产业化,促进农业科学技术进步。

国务院有关部门应当组织农业重大关键技术的科技攻关。国家采取措施促进国际农业科技、教育合作与交流,鼓励引进国外先进技术。

第五十条 国家扶持农业技术推广事业,建立政府扶持和市场引导相结合,有偿与无偿服务相结合,国家农业技术推广机构和社会力量相结合的农业技术推广体系,促使先进的农业技术尽快应用于农业生产。

第五十一条 国家设立的农业技术推广机构应当以农业技术试验示范基地为依托,承担公共所需的关键性技术的推广和示范工作,为农民和农业生产经营组

村官常用法律知识必读

织提供公益性农业技术服务。

县级以上人民政府应当根据农业生产发展需要，稳定和加强农业技术推广队伍，保障农业技术推广机构的工作经费。

各级人民政府应当采取措施，按照国家规定保障和改善从事农业技术推广工作的专业科技人员的工作条件、工资待遇和生活条件，鼓励他们为农业服务。

第五十二条　农业科研单位、有关学校、农业技术推广机构以及科技人员，根据农民和农业生产经营组织的需要，可以提供无偿服务，也可以通过技术转让、技术服务、技术承包、技术入股等形式，提供有偿服务，取得合法收益。农业科研单位、有关学校、农业技术推广机构以及科技人员应当提高服务水平，保证服务质量。

对农业科研单位、有关学校、农业技术推广机构举办的为农业服务的企业，国家在税收、信贷等方面给予优惠。

国家鼓励农民、农民专业合作经济组织、供销合作社、企业事业单位等参与农业技术推广工作。

第五十三条　国家建立农业专业技术人员继续教育制度。县级以上人民政府农业行政主管部门会同教育、人事等有关部门制定农业专业技术人员继续教育计划，并组织实施。

第五十四条　国家在农村依法实施义务教育，并保障义务教育经费。国家在农村举办的普通中小学校教职工工资由县级人民政府按照国家规定统一发放，校舍等教学设施的建设和维护经费由县级人民政府按照国家规定统一安排。

第五十五条　国家发展农业职业教育。国务院有关部门按照国家职业资格证书制度的统一规定，开展农业行业的职业分类、职业技能鉴定工作，管理农业行业的职业资格证书。

第五十六条　国家采取措施鼓励农民采用先进的农业技术，支持农民举办各种科技组织，开展农业实用技术培训、农民绿色证书培训和其他就业培训，提高农民的文化技术素质。

第八章　农业资源与农业环境保护

第五十七条　发展农业和农村经济必须合理利用和保护土地、水、森林、草原、野生动植物等自然资源，合理开发和利用水能、沼气、太阳能、风能等可再生能源和清洁能源，发展生态农业，保护和改善生态环境。

县级以上人民政府应当制定农业资源区划或者农业资源合理利用和保护的区划，建立农业资源监测制度。

第五十八条　农民和农业生产经营组织应当保养耕地，合理使用化肥、农药、农用薄膜，增加使用有机肥料，采用先进技术，保护和提高地力，防止农用

附录：农村常用法律法规

地的污染、破坏和地力衰退。

县级以上人民政府农业行政主管部门应当采取措施，支持农民和农业生产经营组织加强耕地质量建设，并对耕地质量进行定期监测。

第五十九条 各级人民政府应当采取措施，加强小流域综合治理，预防和治理水土流失。从事可能引起水土流失的生产建设活动的单位和个人，必须采取预防措施，并负责治理因生产建设活动造成的水土流失。

各级人民政府应当采取措施，预防土地沙化，治理沙化土地。国务院和沙化土地所在地区的县级以上地方人民政府应当按照法律规定制定防沙治沙规划，并组织实施。

第六十条 国家实行全民义务植树制度。各级人民政府应当采取措施，组织群众植树造林，保护林地和林木，预防森林火灾，防治森林病虫害，制止滥伐、盗伐林木，提高森林覆盖率。

国家在天然林保护区域实行禁伐或者限伐制度，加强造林护林。

第六十一条 有关地方人民政府，应当加强草原的保护、建设和管理，指导、组织农（牧）民和农（牧）业生产经营组织建设人工草场、饲草饲料基地和改良天然草原，实行以草定畜，控制载畜量，推行划区轮牧、休牧和禁牧制度，保护草原植被，防止草原退化沙化和盐渍化。

第六十二条 禁止毁林毁草开垦、烧山开垦以及开垦国家禁止开垦的陡坡地，已经开垦的应当逐步退耕还林、还草。

禁止围湖造田以及围垦国家禁止围垦的湿地。已经围垦的，应当逐步退耕还湖、还湿地。

对在国务院批准规划范围内实施退耕的农民，应当按照国家规定予以补助。

第六十三条 各级人民政府应当采取措施，依法执行捕捞限额和禁渔、休渔制度，增殖渔业资源，保护渔业水域生态环境。

国家引导、支持从事捕捞业的农（渔）民和农（渔）业生产经营组织从事水产养殖业或者其他职业，对根据当地人民政府统一规划转产转业的农（渔）民，应当按照国家规定予以补助。

第六十四条 国家建立与农业生产有关的生物物种资源保护制度，保护生物多样性，对稀有、濒危、珍贵生物资源及其原生地实行重点保护。从境外引进生物物种资源应当依法进行登记或者审批，并采取相应安全控制措施。

农业转基因生物的研究、试验、生产、加工、经营及其他应用，必须依照国家规定严格实行各项安全控制措施。

第六十五条 各级农业行政主管部门应当引导农民和农业生产经营组织采取生物措施或者使用高效低毒低残留农药、兽药，防治动植物病、虫、杂草、

· 211 ·

鼠害。

农产品采收后的秸秆及其他剩余物质应当综合利用，妥善处理，防止造成环境污染和生态破坏。

从事畜禽等动物规模养殖的单位和个人应当对粪便、废水及其他废弃物进行无害化处理或者综合利用，从事水产养殖的单位和个人应当合理投饵、施肥、使用药物，防止造成环境污染和生态破坏。

第六十六条 县级以上人民政府应当采取措施，督促有关单位进行治理，防治废水、废气和固体废弃物对农业生态环境的污染。排放废水、废气和固体废弃物造成农业生态环境污染事故的，由环境保护行政主管部门或者农业行政主管部门依法调查处理；给农民和农业生产经营组织造成损失的，有关责任者应当依法赔偿。

第九章 农民权益保护

第六十七条 任何机关或者单位向农民或者农业生产经营组织收取行政、事业性费用必须依据法律、法规的规定。收费的项目、范围和标准应当公布。没有法律、法规依据的收费，农民和农业生产经营组织有权拒绝。

任何机关或者单位对农民或者农业生产经营组织进行罚款处罚必须依据法律、法规、规章的规定。没有法律、法规、规章依据的罚款，农民和农业生产经营组织有权拒绝。

任何机关或者单位不得以任何方式向农民或者农业生产经营组织进行摊派。除法律、法规另有规定外，任何机关或者单位以任何方式要求农民或者农业生产经营组织提供人力、财力、物力的，属于摊派。农民和农业生产经营组织有权拒绝任何方式的摊派。

第六十八条 各级人民政府及其有关部门和所属单位不得以任何方式向农民或者农业生产经营组织集资。

没有法律、法规依据或者未经国务院批准，任何机关或者单位不得在农村进行任何形式的达标、升级、验收活动。

第六十九条 农民和农业生产经营组织依照法律、行政法规的规定承担纳税义务。税务机关及代扣、代收税款的单位应当依法征税，不得违法摊派税款及以其他违法方法征税。

第七十条 农村义务教育除按国务院规定收取的费用外，不得向农民和学生收取其他费用。禁止任何机关或者单位通过农村中小学校向农民收费。

第七十一条 国家依法征用农民集体所有的土地，应当保护农民和农村集体经济组织的合法权益，依法给予农民和农村集体经济组织征地补偿，任何单位和个人不得截留、挪用征地补偿费用。

第七十二条　各级人民政府、农村集体经济组织或者村民委员会在农业和农村经济结构调整、农业产业化经营和土地承包经营权流转等过程中，不得侵犯农民的土地承包经营权，不得干涉农民自主安排的生产经营项目，不得强迫农民购买指定的生产资料或者按指定的渠道销售农产品。

第七十三条　农村集体经济组织或者村民委员会为发展生产或者兴办公益事业，需要向其成员（村民）筹资筹劳的，应当经成员（村民）会议或者成员（村民）代表会议过半数通过后，方可进行。

农村集体经济组织或者村民委员会依照前款规定筹资筹劳的，不得超过省级以上人民政府规定的上限控制标准，禁止强行以资代劳。

农村集体经济组织和村民委员会对涉及农民利益的重要事项，应当向农民公开，并定期公布财务账目，接受农民的监督。

第七十四条　任何单位和个人向农民或者农业生产经营组织提供生产、技术、信息、文化、保险等有偿服务，必须坚持自愿原则，不得强迫农民和农业生产经营组织接受服务。

第七十五条　农产品收购单位在收购农产品时，不得压级压价，不得在支付的价款中扣缴任何费用。法律、行政法规规定代扣、代收税款的，依照法律、行政法规的规定办理。

农产品收购单位与农产品销售者因农产品的质量等级发生争议的，可以委托具有法定资质的农产品质量检验机构检验。

第七十六条　农业生产资料使用者因生产资料质量问题遭受损失的，出售该生产资料的经营者应当予以赔偿，赔偿额包括购货价款、有关费用和可得利益损失。

第七十七条　农民或者农业生产经营组织为维护自身的合法权益，有向各级人民政府及其有关部门反映情况和提出合法要求的权利，人民政府及其有关部门对农民或者农业生产经营组织提出的合理要求，应当按照国家规定及时给予答复。

第七十八条　违反法律规定，侵犯农民权益的，农民或者农业生产经营组织可以依法申请行政复议或者向人民法院提起诉讼，有关人民政府及其有关部门或者人民法院应当依法受理。

人民法院和司法行政主管机关应当依照有关规定为农民提供法律援助。

第十章　农村经济发展

第七十九条　国家坚持城乡协调发展的方针，扶持农村第二、第三产业发展，调整和优化农村经济结构，增加农民收入，促进农村经济全面发展，逐步缩小城乡差别。

第八十条　各级人民政府应当采取措施，发展乡镇企业，支持农业的发展，转移富余的农业劳动力。

国家完善乡镇企业发展的支持措施，引导乡镇企业优化结构，更新技术，提高素质。

第八十一条　县级以上地方人民政府应当根据当地的经济发展水平、区位优势和资源条件，按照合理布局、科学规划、节约用地的原则，有重点地推进农村小城镇建设。

地方各级人民政府应当注重运用市场机制，完善相应政策，吸引农民和社会资金投资小城镇开发建设，发展第二、第三产业，引导乡镇企业相对集中发展。

第八十二条　国家采取措施引导农村富余劳动力在城乡、地区间合理有序流动。地方各级人民政府依法保护进入城镇就业的农村劳动力的合法权益，不得设置不合理限制，已经设置的应当取消。

第八十三条　国家逐步完善农村社会救济制度，保障农村五保户、贫困残疾农民、贫困老年农民和其他丧失劳动能力的农民的基本生活。

第八十四条　国家鼓励、支持农民巩固和发展农村合作医疗和其他医疗保障形式，提高农民健康水平。

第八十五条　国家扶持贫困地区改善经济发展条件，帮助进行经济开发。省级人民政府根据国家关于扶持贫困地区的总体目标和要求，制定扶贫开发规划，并组织实施。

各级人民政府应当坚持开发式扶贫方针，组织贫困地区的农民和农业生产经营组织合理使用扶贫资金，依靠自身力量改变贫穷落后面貌，引导贫困地区的农民调整经济结构、开发当地资源。扶贫开发应当坚持与资源保护、生态建设相结合，促进贫困地区经济、社会的协调发展和全面进步。

第八十六条　中央和省级财政应当把扶贫开发投入列入年度财政预算，并逐年增加，加大对贫困地区的财政转移支付和建设资金投入。

国家鼓励和扶持金融机构、其他企业事业单位和个人投入资金支持贫困地区开发建设。

禁止任何单位和个人截留、挪用扶贫资金。审计机关应当加强扶贫资金的审计监督。

第十一章　执法监督

第八十七条　县级以上人民政府应当采取措施逐步完善适应社会主义市场经济发展要求的农业行政管理体制。

县级以上人民政府农业行政主管部门和有关行政主管部门应当加强规划、指导、管理、协调、监督、服务职责，依法行政，公正执法。

县级以上地方人民政府农业行政主管部门应当在其职责范围内健全行政执法队伍，实行综合执法，提高执法效率和水平。

第八十八条　县级以上人民政府农业行政主管部门及其执法人员履行执法监督检查职责时，有权采取下列措施：

（一）要求被检查单位或者个人说明情况，提供有关文件、证照、资料；

（二）责令被检查单位或者个人停止违反本法的行为，履行法定义务。

农业行政执法人员在履行监督检查职责时，应当向被检查单位或者个人出示行政执法证件，遵守执法程序。有关单位或者个人应当配合农业行政执法人员依法执行职务，不得拒绝和阻碍。

第八十九条　农业行政主管部门与农业生产、经营单位必须在机构、人员、财务上彻底分离。农业行政主管部门及其工作人员不得参与和从事农业生产经营活动。

第十二章　法律责任

第九十条　违反本法规定，侵害农民和农业生产经营组织的土地承包经营权等财产权或者其他合法权益的，应当停止侵害，恢复原状；造成损失、损害的，依法承担赔偿责任。

国家工作人员利用职务便利或者以其他名义侵害农民和农业生产经营组织的合法权益的，应当赔偿损失，并由其所在单位或者上级主管机关给予行政处分。

第九十一条　违反本法第十九条、第二十五条、第六十二条、第七十一条规定的，依照相关法律或者行政法规的规定予以处罚。

第九十二条　有下列行为之一的，由上级主管机关责令限期归还被截留、挪用的资金，没收非法所得，并由上级主管机关或者所在单位给予直接负责的主管人员和其他直接责任人员行政处分；构成犯罪的，依法追究刑事责任：

（一）违反本法第三十三条第三款规定，截留、挪用粮食收购资金的；

（二）违反本法第三十九条第二款规定，截留、挪用用于农业的财政资金和信贷资金的；

（三）违反本法第八十六条第三款规定，截留、挪用扶贫资金的。

第九十三条　违反本法第六十七条规定，向农民或者农业生产经营组织违法收费、罚款、摊派的，上级主管机关应当予以制止，并予公告；已经收取钱款或者已经使用人力、物力的，由上级主管机关责令限期归还已经收取的钱款或者折价偿还已经使用的人力、物力，并由上级主管机关或者所在单位给予直接负责的主管人员和其他直接责任人员行政处分；情节严重，构成犯罪的，依法追究刑事责任。

第九十四条　有下列行为之一的，由上级主管机关责令停止违法行为，并给予直接负责的主管人员和其他直接责任人员行政处分，责令退还违法收取的集资款、税款或者费用：

（一）违反本法第六十八条规定，非法在农村进行集资、达标、升级、验收活动的；

（二）违反本法第六十九条规定，以违法方法向农民征税的；

（三）违反本法第七十条规定，通过农村中小学校向农民超额、超项目收费的。

第九十五条　违反本法第七十三条第二款规定，强迫农民以资代劳的，由乡（镇）人民政府责令改正，并退还违法收取的资金。

第九十六条　违反本法第七十四条规定，强迫农民和农业生产经营组织接受有偿服务的，由有关人民政府责令改正，并返还其违法收取的费用；情节严重的，给予直接负责的主管人员和其他直接责任人员行政处分；造成农民和农业生产经营组织损失的，依法承担赔偿责任。

第九十七条　县级以上人民政府农业行政主管部门的工作人员违反本法规定参与和从事农业生产经营活动的，依法给予行政处分；构成犯罪的，依法追究刑事责任。

第十三章　附　则

第九十八条　本法有关农民的规定，适用于国有农场、牧场、林场、渔场等企业事业单位实行承包经营的职工。

第九十九条　本法自2003年3月1日起施行。

二、中华人民共和国土地管理法

（1986年6月25日第六届全国人民代表大会常务委员会第十六次会议通过，根据1988年12月29日第七届全国人民代表大会常务委员会第五次会议《关于修改〈中华人民共和国土地管理法〉的决定》修正，1998年8月29日第九届全国人民代表大会常务委员会第四次会议修订）

第一章　总　则

第一条　为了加强土地管理，维护土地的社会主义公有制，保护、开发土地资源，合理利用土地，切实保护耕地，促进社会经济的可持续发展，根据宪法，制定本法。

第二条　中华人民共和国实行土地的社会主义公有制，即全民所有制和劳动群众集体所有制。

全民所有，即国家所有土地的所有权由国务院代表国家行使。

任何单位和个人不得侵占、买卖或者以其他形式非法转让土地。土地使用权可以依法转让。

国家为了公共利益的需要，可以依法对土地实行征收或者征用并给予补偿。

国家依法实行国有土地有偿使用制度。但是，国家在法律规定的范围内划拨国有土地使用权的除外。

第三条 十分珍惜、合理利用土地和切实保护耕地是我国的基本国策。各级人民政府应当采取措施，全面规划，严格管理，保护、开发土地资源，制止非法占用土地的行为。

第四条 国家实行土地用途管制制度。

国家编制土地利用总体规划，规定土地用途，将土地分为农用地、建设用地和未利用地。严格限制农用地转为建设用地，控制建设用地总量，对耕地实行特殊保护。

前款所称农用地是指直接用于农业生产的土地，包括耕地、林地、草地、农田水利用地、养殖水面等；建设用地是指建造建筑物、构筑物的土地，包括城乡住宅和公共设施用地、工矿用地、交通水利设施用地、旅游用地、军事设施用地等；未利用地是指农用地和建设用地以外的土地。

使用土地的单位和个人必须严格按照土地利用总体规划确定的用途使用土地。

第五条 国务院土地行政主管部门统一负责全国土地的管理和监督工作。

县级以上地方人民政府土地行政主管部门的设置及其职责，由省、自治区、直辖市人民政府根据国务院有关规定确定。

第六条 任何单位和个人都有遵守土地管理法律、法规的义务，并有权对违反土地管理法律、法规的行为提出检举和控告。

第七条 在保护和开发土地资源、合理利用土地以及进行有关的科学研究等方面成绩显著的单位和个人，由人民政府给予奖励。

第二章 土地的所有权和使用权

第八条 城市市区的土地属于国家所有。

农村和城市郊区的土地，除由法律规定属于国家所有的以外，属于农民集体所有；宅基地和自留地、自留山，属于农民集体所有。

第九条 国有土地和农民集体所有的土地，可以依法确定给单位或者个人使用。使用土地的单位和个人，有保护、管理和合理利用土地的义务。

第十条 农民集体所有的土地依法属于村农民集体所有的，由村集体经济组织或者村民委员会经营、管理；已经分别属于村内两个以上农村集体经济组织的

村官常用法律知识必读

农民集体所有的,由村内各该农村集体经济组织或者村民小组经营、管理;已经属于乡(镇)农民集体所有的,由乡(镇)农村集体经济组织经营、管理。

第十一条 农民集体所有的土地,由县级人民政府登记造册,核发证书,确认所有权。

农民集体所有的土地依法用于非农业建设的,由县级人民政府登记造册,核发证书,确认建设用地使用权。

单位和个人依法使用的国有土地,由县级以上人民政府登记造册,核发证书,确认使用权;其中,中央国家机关使用的国有土地的具体登记发证机关,由国务院确定。

确认林地、草原的所有权或者使用权,确认水面、滩涂的养殖使用权,分别依照《中华人民共和国森林法》、《中华人民共和国草原法》和《中华人民共和国渔业法》的有关规定办理。

第十二条 依法改变土地权属和用途的,应当办理土地变更登记手续。

第十三条 依法登记的土地的所有权和使用权受法律保护,任何单位和个人不得侵犯。

第十四条 农民集体所有的土地由本集体经济组织的成员承包经营,从事种植业、林业、畜牧业、渔业生产。土地承包经营期限为三十年。发包方和承包方应当订立承包合同,约定双方的权利和义务。承包经营土地的农民有保护和按照承包合同约定的用途合理利用土地的义务。农民的土地承包经营权受法律保护。

在土地承包经营期限内,对个别承包经营者之间承包的土地进行适当调整的,必须经村民会议三分之二以上成员或者三分之二以上村民代表的同意,并报乡(镇)人民政府和县级人民政府农业行政主管部门批准。

第十五条 国有土地可以由单位或者个人承包经营,从事种植业、林业、畜牧业、渔业生产。农民集体所有的土地,可以由本集体经济组织以外的单位或者个人承包经营,从事种植业、林业、畜牧业、渔业生产。发包方和承包方应当订立承包合同,约定双方的权利和义务。土地承包经营的期限由承包合同约定。承包经营土地的单位和个人,有保护和按照承包合同约定的用途合理利用土地的义务。

农民集体所有的土地由本集体经济组织以外的单位或者个人承包经营的,必须经村民会议三分之二以上成员或者三分之二以上村民代表的同意,并报乡(镇)人民政府批准。

第十六条 土地所有权和使用权争议,由当事人协商解决;协商不成的,由人民政府处理。

单位之间的争议,由县级以上人民政府处理;个人之间、个人与单位之间的争议，由乡级人民政府或者县级以上人民政府处理。

当事人对有关人民政府的处理决定不服的，可以自接到处理决定通知之日起三十日内，向人民法院起诉。

在土地所有权和使用权争议解决前，任何一方不得改变土地利用现状。

第三章 土地利用总体规划

第十七条 各级人民政府应当依据国民经济和社会发展规划、国土整治和资源环境保护的要求、土地供给能力以及各项建设对土地的需求，组织编制土地利用总体规划。

土地利用总体规划的规划期限由国务院规定。

第十八条 下级土地利用总体规划应当依据上一级土地利用总体规划编制。

地方各级人民政府编制的土地利用总体规划中的建设用地总量不得超过上一级土地利用总体规划确定的控制指标，耕地保有量不得低于上一级土地利用总体规划确定的控制指标。

省、自治区、直辖市人民政府编制的土地利用总体规划，应当确保本行政区域内耕地总量不减少。

第十九条 土地利用总体规划按照下列原则编制：

（一）严格保护基本农田，控制非农业建设占用农用地；

（二）提高土地利用率；

（三）统筹安排各类、各区域用地；

（四）保护和改善生态环境，保障土地的可持续利用；

（五）占用耕地与开发复垦耕地相平衡。

第二十条 县级土地利用总体规划应当划分土地利用区，明确土地用途。

乡（镇）土地利用总体规划应当划分土地利用区，根据土地使用条件，确定每一块土地的用途，并予以公告。

第二十一条 土地利用总体规划实行分级审批。

省、自治区、直辖市的土地利用总体规划，报国务院批准。

省、自治区人民政府所在地的市、人口在一百万以上的城市以及国务院指定的城市的土地利用总体规划，经省、自治区人民政府审查同意后，报国务院批准。

本条第二款、第三款规定以外的土地利用总体规划，逐级上报省、自治区、直辖市人民政府批准；其中，乡（镇）土地利用总体规划可以由省级人民政府授权的设区的市、自治州人民政府批准。

土地利用总体规划一经批准，必须严格执行。

第二十二条 城市建设用地规模应当符合国家规定的标准，充分利用现有建设用地,不占或者尽量少占农用地。

城市总体规划、村庄和集镇规划,应当与土地利用总体规划相衔接,城市总体规划、村庄和集镇规划中建设用地规模不得超过土地利用总体规划确定的城市和村庄、集镇建设用地规模。

在城市规划区内、村庄和集镇规划区内,城市和村庄、集镇建设用地应当符合城市规划、村庄和集镇规划。

第二十三条 江河、湖泊综合治理和开发利用规划,应当与土地利用总体规划相衔接。在江河、湖泊、水库的管理和保护范围以及蓄洪滞洪区内,土地利用应当符合江河、湖泊综合治理和开发利用规划,符合河道、湖泊行洪、蓄洪和输水的要求。

第二十四条 各级人民政府应当加强土地利用计划管理,实行建设用地总量控制。

土地利用年度计划,根据国民经济和社会发展计划、国家产业政策、土地利用总体规划以及建设用地和土地利用的实际状况编制。土地利用年度计划的编制审批程序与土地利用总体规划的编制审批程序相同,一经审批下达,必须严格执行。

第二十五条 省、自治区、直辖市人民政府应当将土地利用年度计划的执行情况列为国民经济和社会发展计划执行情况的内容,向同级人民代表大会报告。

第二十六条 经批准的土地利用总体规划的修改,须经原批准机关批准;未经批准,不得改变土地利用总体规划确定的土地用途。

经国务院批准的大型能源、交通、水利等基础设施建设用地,需要改变土地利用总体规划的,根据国务院的批准文件修改土地利用总体规划。

经省、自治区、直辖市人民政府批准的能源、交通、水利等基础设施建设用地,需要改变土地利用总体规划的,属于省级人民政府土地利用总体规划批准权限内的,根据省级人民政府的批准文件修改土地利用总体规划。

第二十七条 国家建立土地调查制度。

县级以上人民政府土地行政主管部门会同同级有关部门进行土地调查。土地所有者或者使用者应当配合调查,并提供有关资料。

第二十八条 县级以上人民政府土地行政主管部门会同同级有关部门根据土地调查成果、规划土地用途和国家制定的统一标准,评定土地等级。

第二十九条 国家建立土地统计制度。

县级以上人民政府土地行政主管部门和同级统计部门共同制定统计调查方案,依法进行土地统计,定期发布土地统计资料。土地所有者或者使用者应当提供有关资料,不得虚报、瞒报、拒报、迟报。

土地行政主管部门和统计部门共同发布的土地面积统计资料是各级人民政府编制土地利用总体规划的依据。

第三十条 国家建立全国土地管理信息系统,对土地利用状况进行动态监测。

第四章 耕地保护

第三十一条 国家保护耕地,严格控制耕地转为非耕地。

国家实行占用耕地补偿制度。非农业建设经批准占用耕地的,按照"占多少,垦多少"的原则,由占用耕地的单位负责开垦与所占用耕地的数量和质量相当的耕地;没有条件开垦或者开垦的耕地不符合要求的,应当按照省、自治区、直辖市的规定缴纳耕地开垦费,专款用于开垦新的耕地。

省、自治区、直辖市人民政府应当制定开垦耕地计划,监督占用耕地的单位按照计划开垦耕地或者按照计划组织开垦耕地,并进行验收。

第三十二条 县级以上地方人民政府可以要求占用耕地的单位将所占用耕地耕作层的土壤用于新开垦耕地、劣质地或者其他耕地的土壤改良。

第三十三条 省、自治区、直辖市人民政府应当严格执行土地利用总体规划和土地利用年度计划,采取措施,确保本行政区域内耕地总量不减少;耕地总量减少的,由国务院责令在规定期限内组织开垦与所减少耕地的数量与质量相当的耕地,并由国务院土地行政主管部门会同农业行政主管部门验收。个别省、直辖市确因土地后备资源匮乏,新增建设用地后,新开垦耕地的数量不足以补偿所占用耕地的数量的,必须报经国务院批准减免本行政区域内开垦耕地的数量,进行易地开垦。

第三十四条 国家实行基本农田保护制度。下列耕地应当根据土地利用总体规划划入基本农田保护区,严格管理:

(一)经国务院有关主管部门或者县级以上地方人民政府批准确定的粮、棉、油生产基地内的耕地;

(二)有良好的水利与水土保持设施的耕地,正在实施改造计划以及可以改造的中、低产田;

(三)蔬菜生产基地;

(四)农业科研、教学试验田;

(五)国务院规定应当划入基本农田保护区的其他耕地。

各省、自治区、直辖市划定的基本农田应当占本行政区域内耕地的百分之八十以上。

基本农田保护区以乡(镇)为单位进行划区定界,由县级人民政府土地行政主管部门会同同级农业行政主管部门组织实施。

第三十五条　各级人民政府应当采取措施，维护排灌工程设施，改良土壤，提高地力，防止土地荒漠化、盐渍化、水土流失和污染土地。

第三十六条　非农业建设必须节约使用土地，可以利用荒地的，不得占用耕地；可以利用劣地的，不得占用好地。

禁止占用耕地建窑、建坟或者擅自在耕地上建房、挖砂、采石、采矿、取土等。

禁止占用基本农田发展林果业和挖塘养鱼。

第三十七条　禁止任何单位和个人闲置、荒芜耕地。已经办理审批手续的非农业建设占用耕地，一年内不用而又可以耕种并收获的，应当由原耕种该幅耕地的集体或者个人恢复耕种，也可以由用地单位组织耕种；一年以上未动工建设的，应当按照省、自治区、直辖市的规定缴纳闲置费；连续二年未使用的，经原批准机关批准，由县级以上人民政府无偿收回用地单位的土地使用权；该幅土地原为农民集体所有的，应当交由原农村集体经济组织恢复耕种。

在城市规划区范围内，以出让方式取得土地使用权进行房地产开发的闲置土地，依照《中华人民共和国城市房地产管理法》的有关规定办理。

承包经营耕地的单位或者个人连续二年弃耕抛荒的，原发包单位应当终止承包合同，收回发包的耕地。

第三十八条　国家鼓励单位和个人按照土地利用总体规划，在保护和改善生态环境、防止水土流失和土地荒漠化的前提下，开发未利用的土地；适宜开发为农用地的，应当优先开发成农用地。

国家依法保护开发者的合法权益。

第三十九条　开垦未利用的土地，必须经过科学论证和评估，在土地利用总体规划划定的可开垦的区域内，经依法批准后进行。禁止毁坏森林、草原开垦耕地，禁止围湖造田和侵占江河滩地。

根据土地利用总体规划，对破坏生态环境开垦、围垦的土地，有计划有步骤地退耕还林、还牧、还湖。

第四十条　开发未确定使用权的国有荒山、荒地、荒滩从事种植业、林业、畜牧业、渔业生产的，经县级以上人民政府依法批准，可以确定给开发单位或者个人长期使用。

第四十一条　国家鼓励土地整理。县、乡（镇）人民政府应当组织农村集体经济组织，按照土地利用总体规划，对田、水、路、林、村综合整治，提高耕地质量，增加有效耕地面积，改善农业生产条件和生态环境。

地方各级人民政府应当采取措施，改造中、低产田，整治闲散地和废弃地。

第四十二条　因挖损、塌陷、压占等造成土地破坏，用地单位和个人应当按照国家有关规定负责复垦；没有条件复垦或者复垦不符合要求的，应当缴纳土地复垦费，专项用于土地复垦。复垦的土地应当优先用于农业。

第五章 建设用地

第四十三条 任何单位和个人进行建设，需要使用土地的，必须依法申请使用国有土地；但是，兴办乡镇企业和村民建设住宅经依法批准使用本集体经济组织农民集体所有的土地的，或者乡（镇）村公共设施和公益事业建设经依法批准使用农民集体所有的土地的除外。

前款所称依法申请使用的国有土地包括国家所有的土地和国家征收的原属于农民集体所有的土地。

第四十四条 建设占用土地，涉及农用地转为建设用地的，应当办理农用地转用审批手续。

省、自治区、直辖市人民政府批准的道路、管线工程和大型基础设施建设项目、国务院批准的建设项目占用土地，涉及农用地转为建设用地的，由国务院批准。

在土地利用总体规划确定的城市和村庄、集镇建设用地规模范围内，为实施该规划而将农用地转为建设用地的，按土地利用年度计划分批次由原批准土地利用总体规划的机关批准。在已批准的农用地转用范围内，具体建设项目用地可以由市、县人民政府批准。

本条第二款、第三款规定以外的建设项目占用土地，涉及农用地转为建设用地的，由省、自治区、直辖市人民政府批准。

第四十五条 征收下列土地的，由国务院批准：

（一）基本农田；

（二）基本农田以外的耕地超过三十五公顷的；

（三）其他土地超过七十公顷的。

征收前款规定以外的土地的，由省、自治区、直辖市人民政府批准，并报国务院备案。

征收农用地的，应当依照本法第四十四条的规定先行办理农用地转用审批。其中，经国务院批准农用地转用的，同时办理征地审批手续，不再另行办理征地审批；经省、自治区、直辖市人民政府在征地批准权限内批准农用地转用的，同时办理征地审批手续，不再另行办理征地审批，超过征地批准权限的，应当依照本条第一款的规定另行办理征地审批。

第四十六条 国家征收土地的，依照法定程序批准后，由县级以上地方人民政府予以公告并组织实施。

被征收土地的所有权人、使用权人应当在公告规定期限内，持土地权属证书到当地人民政府土地行政主管部门办理征地补偿登记。

第四十七条 征收土地的,按照被征收土地的原用途给予补偿。

征收耕地的补偿费用包括土地补偿费、安置补助费以及地上附着物和青苗的补偿费。征收耕地的土地补偿费,为该耕地被征收前三年平均年产值的六至十倍。征收耕地的安置补助费,按照需要安置的农业人口数计算。需要安置的农业人口数,按照被征收的耕地数量除以征地前被征收单位平均每人占有耕地的数量计算。每一个需要安置的农业人口的安置补助费标准,为该耕地被征收前三年平均年产值的四至六倍。但是,每公顷被征收耕地的安置补助费,最高不得超过被征收前三年平均年产值的十五倍。

征收其他土地的土地补偿费和安置补助费标准,由省、自治区、直辖市参照征收耕地的土地补偿费和安置补助费的标准规定。

被征收土地上的附着物和青苗的补偿标准,由省、自治区、直辖市规定。

征收城市郊区的菜地,用地单位应当按照国家有关规定缴纳新菜地开发建设基金。

依照本条第二款的规定支付土地补偿费和安置补助费,尚不能使需要安置的农民保持原有生活水平的,经省、自治区、直辖市人民政府批准,可以增加安置补助费。但是,土地补偿费和安置补助费的总和不得超过土地被征收前三年平均年产值的三十倍。

国务院根据社会、经济发展水平,在特殊情况下,可以提高征收耕地的土地补偿费和安置补助费的标准。

第四十八条 征地补偿安置方案确定后,有关地方人民政府应当公告,并听取被征地的农村集体经济组织和农民的意见。

第四十九条 被征地的农村集体经济组织应当将征收土地的补偿费用的收支状况向本集体经济组织的成员公布,接受监督。

禁止侵占、挪用被征收土地单位的征地补偿费用和其他有关费用。

第五十条 地方各级人民政府应当支持被征地的农村集体经济组织和农民从事开发经营,兴办企业。

第五十一条 大中型水利、水电工程建设征收土地的补偿费标准和移民安置办法,由国务院另行规定。

第五十二条 建设项目可行性研究论证时,土地行政主管部门可以根据土地利用总体规划、土地利用年度计划和建设用地标准,对建设用地有关事项进行审查,并提出意见。

第五十三条 经批准的建设项目需要使用国有建设用地的,建设单位应当持法律、行政法规规定的有关文件,向有批准权的县级以上人民政府土地行政主管部门提出建设用地申请,经土地行政主管部门审查,报本级人民政府批准。

第五十四条 建设单位使用国有土地,应当以出让等有偿使用方式取得;但是,下列建设用地,经县级以上人民政府依法批准,可以以划拨方式取得:

(一)国家机关用地和军事用地;
(二)城市基础设施用地和公益事业用地;
(三)国家重点扶持的能源、交通、水利等基础设施用地;
(四)法律、行政法规规定的其他用地。

第五十五条 以出让等有偿使用方式取得国有土地使用权的建设单位,按照国务院规定的标准和办法,缴纳土地使用权出让金等土地有偿使用费和其他费用后,方可使用土地。

自本法施行之日起,新增建设用地的土地有偿使用费,百分之三十上缴中央财政,百分之七十留给有关地方人民政府,都专项用于耕地开发。

第五十六条 建设单位使用国有土地的,应当按照土地使用权出让等有偿使用合同的约定或者土地使用权划拨批准文件的规定使用土地;确需改变该幅土地建设用途的,应当经有关人民政府土地行政主管部门同意,报原批准用地的人民政府批准。其中,在城市规划区内改变土地用途的,在报批前,应当先经有关城市规划行政主管部门同意。

第五十七条 建设项目施工和地质勘查需要临时使用国有土地或者农民集体所有的土地的,由县级以上人民政府土地行政主管部门批准。其中,在城市规划区内的临时用地,在报批前,应当先经有关城市规划行政主管部门同意。土地使用者应当根据土地权属,与有关土地行政主管部门或者农村集体经济组织、村民委员会签订临时使用土地合同,并按照合同的约定支付临时使用土地补偿费。

临时使用土地的使用者应当按照临时使用土地合同约定的用途使用土地,并不得修建永久性建筑物。

临时使用土地期限一般不超过二年。

第五十八条 有下列情形之一的,由有关人民政府土地行政主管部门报经原批准用地的人民政府或者有批准权的人民政府批准,可以收回国有土地使用权:

(一)为公共利益需要使用土地的;
(二)为实施城市规划进行旧城区改建,需要调整使用土地的;
(三)土地出让等有偿使用合同约定的使用期限届满,土地使用者未申请续期或者申请续期未获批准的;
(四)因单位撤销、迁移等原因,停止使用原划拨的国有土地的;
(五)公路、铁路、机场、矿场等经核准报废的。

依照前款第(一)项、第(二)项的规定收回国有土地使用权的,对土地使用权人应当给予适当补偿。

　　第五十九条　乡镇企业、乡（镇）村公共设施、公益事业、农村村民住宅等乡（镇）村建设，应当按照村庄和集镇规划，合理布局，综合开发，配套建设；建设用地，应当符合乡（镇）土地利用总体规划和土地利用年度计划，并依照本法第四十四条、第六十条、第六十一条、第六十二条的规定办理审批手续。

　　第六十条　农村集体经济组织使用乡（镇）土地利用总体规划确定的建设用地兴办企业或者与其他单位、个人以土地使用权入股、联营等形式共同举办企业的，应当持有关批准文件，向县级以上地方人民政府土地行政主管部门提出申请，按照省、自治区、直辖市规定的批准权限，由县级以上地方人民政府批准；其中，涉及占用农用地的，依照本法第四十四条的规定办理审批手续。

　　按照前款规定兴办企业的建设用地，必须严格控制。省、自治区、直辖市可以按照乡镇企业的不同行业和经营规模，分别规定用地标准。

　　第六十一条　乡（镇）村公共设施、公益事业建设，需要使用土地的，经乡（镇）人民政府审核，向县级以上地方人民政府土地行政主管部门提出申请，按照省、自治区、直辖市规定的批准权限，由县级以上地方人民政府批准；其中，涉及占用农用地的，依照本法第四十四条的规定办理审批手续。

　　第六十二条　农村村民一户只能拥有一处宅基地，其宅基地的面积不得超过省、自治区、直辖市规定的标准。

　　农村村民建住宅，应当符合乡（镇）土地利用总体规划，并尽量使用原有的宅基地和村内空闲地。

　　农村村民住宅用地，经乡（镇）人民政府审核，由县级人民政府批准；其中，涉及占用农用地的，依照本法第四十四条的规定办理审批手续。

　　农村村民出卖、出租住房后，再申请宅基地的，不予批准。

　　第六十三条　农民集体所有的土地的使用权不得出让、转让或者出租用于非农业建设；但是，符合土地利用总体规划并依法取得建设用地的企业，因破产、兼并等情形致使土地使用权依法发生转移的除外。

　　第六十四条　在土地利用总体规划制定前已建的不符合土地利用总体规划确定的用途的建筑物、构筑物，不得重建、扩建。

　　第六十五条　有下列情形之一的，农村集体经济组织报经原批准用地的人民政府批准，可以收回土地使用权：

　　（一）为乡（镇）村公共设施和公益事业建设，需要使用土地的；

　　（二）不按照批准的用途使用土地的；

　　（三）因撤销、迁移等原因而停止使用土地的。

依照前款第（一）项规定收回农民集体所有的土地的，对土地使用权人应当给予适当补偿。

第六章　监督检查

第六十六条　县级以上人民政府土地行政主管部门对违反土地管理法律、法规的行为进行监督检查。

土地管理监督检查人员应当熟悉土地管理法律、法规，忠于职守、秉公执法。

第六十七条　县级以上人民政府土地行政主管部门履行监督检查职责时，有权采取下列措施：

（一）要求被检查的单位或者个人提供有关土地权利的文件和资料，进行查阅或者予以复制；

（二）要求被检查的单位或者个人就有关土地权利的问题作出说明；

（三）进入被检查单位或者个人非法占用的土地现场进行勘测；

（四）责令非法占用土地的单位或者个人停止违反土地管理法律、法规的行为。

第六十八条　土地管理监督检查人员履行职责，需要进入现场进行勘测、要求有关单位或者个人提供文件、资料和作出说明的，应当出示土地管理监督检查证件。

第六十九条　有关单位和个人对县级以上人民政府土地行政主管部门就土地违法行为进行的监督检查应当支持与配合，并提供工作方便，不得拒绝与阻碍土地管理监督检查人员依法执行职务。

第七十条　县级以上人民政府土地行政主管部门在监督检查工作中发现国家工作人员的违法行为，依法应当给予行政处分的，应当依法予以处理；自己无权处理的，应当向同级或者上级人民政府的行政监察机关提出行政处分建议书，有关行政监察机关应当依法予以处理。

第七十一条　县级以上人民政府土地行政主管部门在监督检查工作中发现土地违法行为构成犯罪的，应当将案件移送有关机关，依法追究刑事责任；尚不构成犯罪的，应当依法给予行政处罚。

第七十二条　依照本法规定应当给予行政处罚，而有关土地行政主管部门不给予行政处罚的，上级人民政府土地行政主管部门有权责令有关土地行政主管部门作出行政处罚决定或者直接给予行政处罚，并给予有关土地行政主管部门的负责人行政处分。

第七章　法律责任

第七十三条　买卖或者以其他形式非法转让土地的，由县级以上人民政府土地行政主管部门没收违法所得；对违反土地利用总体规划擅自将农用地改为建设用地的，限期拆除在非法转让的土地上新建的建筑物和其他设施，恢复土地原状，对符合土地利用总体规划的，没收在非法转让的土地上新建的建筑物和其他设施；可以并处罚款；对直接负责的主管人员和其他直接责任人员，依法给予行政处分；构成犯罪的，依法追究刑事责任。

第七十四条　违反本法规定，占用耕地建窑、建坟或者擅自在耕地上建房、挖砂、采石、采矿、取土等，破坏种植条件的，或者因开发土地造成土地荒漠化、盐渍化的，由县级以上人民政府土地行政主管部门责令限期改正或者治理，可以并处罚款；构成犯罪的，依法追究刑事责任。

第七十五条　违反本法规定，拒不履行土地复垦义务的，由县级以上人民政府土地行政主管部门责令限期改正；逾期不改正的，责令缴纳复垦费，专项用于土地复垦，可以处以罚款。

第七十六条　未经批准或者采取欺骗手段骗取批准，非法占用土地的，由县级以上人民政府土地行政主管部门责令退还非法占用的土地，对违反土地利用总体规划擅自将农用地改为建设用地的，限期拆除在非法占用的土地上新建的建筑物和其他设施，恢复土地原状，对符合土地利用总体规划的，没收在非法占用的土地上新建的建筑物和其他设施，可以并处罚款；对非法占用土地单位的直接负责的主管人员和其他直接责任人员，依法给予行政处分；构成犯罪的，依法追究刑事责任。

超过批准的数量占用土地，多占的土地以非法占用土地论处。

第七十七条　农村村民未经批准或者采取欺骗手段骗取批准，非法占用土地建住宅的，由县级以上人民政府土地行政主管部门责令退还非法占用的土地，限期拆除在非法占用的土地上新建的房屋。

超过省、自治区、直辖市规定的标准，多占的土地以非法占用土地论处。

第七十八条　无权批准征收、使用土地的单位或者个人非法批准占用土地的，超越批准权限非法批准占用土地的，不按照土地利用总体规划确定的用途批准用地的，或者违反法律规定的程序批准占用、征收土地的，其批准文件无效，对非法批准征收、使用土地的直接负责的主管人员和其他直接责任人员，依法给予行政处分；构成犯罪的，依法追究刑事责任。非法批准、使用的土地应当收回，有关当事人拒不归还的，以非法占用土地论处。

非法批准征收、使用土地，对当事人造成损失的，依法应当承担赔偿责任。

第七十九条　侵占、挪用被征收土地单位的征地补偿费用和其他有关费用，构成犯罪的，依法追究刑事责任；尚不构成犯罪的，依法给予行政处分。

第八十条　依法收回国有土地使用权当事人拒不交出土地的，临时使用土期满拒不归还的，或者不按照批准的用途使用国有土地的，由县级以上人民政府土地行政主管部门责令交还土地，处以罚款。

第八十一条　擅自将农民集体所有的土地的使用权出让、转让或者出租用于非农业建设的，由县级以上人民政府土地行政主管部门责令限期改正，没收违法所得，并处罚款。

第八十二条　不依照本法规定办理土地变更登记的，由县级以上人民政府土地行政主管部门责令其限期办理。

第八十三条　依照本法规定，责令限期拆除在非法占用的土地上新建的建筑物和其他设施的，建设单位或者个人必须立即停止施工，自行拆除；对继续施工的，作出处罚决定的机关有权制止。建设单位或者个人对责令限期拆除的行政处罚决定不服的，可以在接到责令限期拆除决定之日起十五日内，向人民法院起诉；期满不起诉又不自行拆除的，由作出处罚决定的机关依法申请人民法院强制执行，费用由违法者承担。

第八十四条　土地行政主管部门的工作人员玩忽职守、滥用职权、徇私舞弊，构成犯罪的，依法追究刑事责任；尚不构成犯罪的，依法给予行政处分。

第八章　附　则

第八十五条　中外合资经营企业、中外合作经营企业、外资企业使用土地的，适用本法；法律另有规定的，从其规定。

第八十六条　本法自 1999 年 1 月 1 日起施行。

三、基本农田保护条例

（《基本农田保护条例》已经 1998 年 12 月 24 日国务院第 12 次常务会议通过，自 1999 年 1 月 1 日起施行）

第一章　总　则

第一条　为了对基本农田实行特殊保护，促进农业生产和社会经济的可持续发展，根据《中华人民共和国农业法》和《中华人民共和国土地管理法》，制定本条例。

第二条　国家实行基本农田保护制度。

本条例所称基本农田，是指按照一定时期人口和社会经济发展对农产品的需求，依据土地利用总体规划确定的不得占用的耕地。

本条例所称基本农田保护区，是指为对基本农田实行特殊保护而依据土地利用总体规划和依照法定程序确定的特定保护区域。

第三条　基本农田保护实行全面规划、合理利用，用养结合、严格保护的

村官常用法律知识必读

方针。

第四条 县级以上地方各级人民政府应当将基本农田保护工作纳入国民经济和社会发展计划，作为政府领导任期目标责任制的一项内容，并由上一级人民政府监督实施。

第五条 任何单位和个人都有保护基本农田的义务，并有权检举、控告侵占、破坏基本农田和其他违反本条例的行为。

第六条 国务院土地行政主管部门和农业行政主管部门按照国务院规定的职责分工，依照本条例负责全国的基本农田保护管理工作。

县级以上地方各级人民政府土地行政主管部门和农业行政主管部门按照本级人民政府规定的职责分工，依照本条例负责本行政区域内的基本农田保护管理工作。

乡（镇）人民政府负责本行政区域内的基本农田保护管理工作。

第七条 国家对在基本农田保护工作中取得显著成绩的单位和个人，给予奖励。

第二章 划 定

第八条 各级人民政府在编制土地利用总体规划时，应当将基本农田保护作为规划的一项内容，明确基本农田保护的布局安排、数量指标和质量要求。

县级和乡（镇）土地利用总体规划应当确定基本农田保护区。

第九条 省、自治区、直辖市划定的基本农田应当占本行政区域内耕地总面积的80%以上，具体数量指标根据全国土地利用总体规划逐级分解下达。

第十条 下列耕地应当划入基本农田保护区，严格管理：

（一）经国务院有关主管部门或者县级以上地方人民政府批准确定的粮、棉、油生产基地内的耕地；

（二）有良好的水利与水土保护设施的耕地，正在实施改造计划以及可以改造的中、低产田；

（三）蔬菜生产基地；

（四）农业科研、教学试验田。

根据土地利用总体规划，铁路、公路等交通沿线，城市和村庄、集镇建设用地区周边的耕地，应当优先划入基本农田保护区；需要退耕还林、还牧、还湖的耕地，不应当划入基本农田保护区。

第十一条 基本农田保护区以乡（镇）为单位划区定界，由县级人民政府土地行政主管部门会同同级农业行政主管部门组织实施。

划定的基本农田保护区，由县级人民政府设立保护标志，予以公告，由县级人民政府土地行政主管部门建立档案，并抄送同级农业行政主管部门。任何单位和个人不得破坏或者擅自改变基本农田保护区的保护标志。

基本农田划区定界后，由省、自治区、直辖市人民政府组织土地行政主管部门和农业行政主管部门验收确认，或者由省、自治区人民政府授权设区的市、自治州人民政府组织土地行政主管部门和农业行政主管部门验收确认。

第十二条　划定基本农田保护区时，不得改变土地承包者的承包经营权。

第十三条　划定基本农田保护区的技术规程，由国务院土地行政主管部门会同国务院农业行政主管部门制定。

第三章　保　护

第十四条　地方各级人民政府应当采取措施，确保土地利用总体规划确定的本行政区域内基本农田的数量不减少。

第十五条　基本农田保护区经依法划定后，任何单位和个人不得改变或者占用。国家能源、交通、水利、军事设施等重点建设项目选址确实无法避开基本农田保护区，需要占用基本农田，涉及农用地转用或者征用土地的，必须经国务院批准。

第十六条　经国务院批准占用基本农田的，当地人民政府应当按照国务院的批准文件修改土地利用总体规划，并补充划入数量和质量相当的基本农田。占用单位应当按照占多少，垦多少的原则，负责开垦与所占基本农田的数量与质量相当的耕地；没有条件开垦或者开垦的耕地不符合要求的，应当按照省、自治区、直辖市的规定缴纳耕地开垦费，专款用于开垦新的耕地。

占用基本农田的单位应当按照县级以上地方人民政府的要求，将所占用基本农田耕作层的土壤用于新开垦耕地、劣质地或者其他耕地的土壤改良。

第十七条　禁止任何单位和个人在基本农田保护区内建窑、建房、建坟、挖砂、采石、采矿、取土、堆放固体废弃物或者进行其他破坏基本农田活动。

禁止任何单位和个人占用基本农田发展林果业和挖塘养鱼。

第十八条　禁止任何单位和个人闲置，荒芜基本农田。经国务院批准的重点建设项目占用基本农田的，满一年不使用而又可以耕种并收获的，应当由原耕种该幅基本农田的集体或者个人恢复耕种，也可以由用地单位组织耕种；一年以上未动工建设的，应当按照省、自治区、直辖市的规定缴纳闲置费；连续两年未使用的，经国务院批准，由县级以上人民政府无偿收回用地单位的土地使用权；该幅土地原为农民集体所有的，应当交由原农村集体经济组织恢复耕种，重新划入基本农田保护区。

承包经营基本农田的单位或者个人连续两年弃耕抛荒的，原发包单位应当终止承包合同，收回发包的基本农田。

第十九条　国家提倡和鼓励农业生产者对其经营的基本农田施用有机肥料，合理施用化肥和农药。利用基本农田从事农业生产的单位和个人应当保持和培肥地力。

第二十条　县级人民政府应当根据当地实际情况制定基本农田地力分等定级办法，由农业行政主管部门会同土地行政主管部门组织实施，对基本农田地力分等定级，并建立档案。

第二十一条　农村集体经济组织或者村民委员会应当定期评定基本农田地力等级。

第二十二条　县级以上地方各级人民政府农业行政主管部门应当逐步建立基本农田地力与施肥效益长期定位监测网点，定期向本级人民政府提出基本农田地力变化状况报告以及相应的地力保护措施，并为农业生产者提供施肥指导服务。

第二十三条　县级以上人民政府农业行政主管部门应当会同同级环境保护行政主管部门对基本农田环境污染进行监测和评价，并定期向本级人民政府提出环境质量与发展趋势的报告。

第二十四条　经国务院批准占用基本农田兴建国家重点建设项目的，必须遵守国家有关建设项目环境保护管理的规定。在建设项目环境影响报告书中，应当有基本农田环境保护方案。

第二十五条　向基本农田保护区提供肥料和作为肥料的城市垃圾、污泥的，应当符合国家有关标准。

第二十六条　因发生事故或者其他突然性事件，造成或者可能造成基本农田环境污染事故的，当事人必须立即采取措施处理，并向当地环境保护行政主管部门和农业行政主管部门报告，接受调查处理。

第四章　监督管理

第二十七条　在建立基本农田保护区的地方，县级以上地方政府应当与下一级人民政府签订基本农田保护责任书；乡（镇）人民政府应当根据与县级人民政府签订的基本农田保护责任书的要求，与农村集体经济组织或者村民委员会签订基本农田保护责任书。

基本农田保护责任书应当包括下列内容：

（一）基本农田的范围、面积、地块；

（二）基本农田的地力等级；

（三）保护措施；

（四）当事人的权利与义务；

（五）奖励与处罚。

第二十八条 县级以上地方人民政府应当建立基本农田保护监督检查制度,定期组织土地行政主管部门,农业行政主管部门以及其他有关部门对基本农田保护情况进行检查,将检查情况书面报告上一级人民政府。被检查的单位和个人应当如实提供有关情况和资料,不得拒绝。

第二十九条 县级以上地方人民政府土地行政主管部门、农业行政主管部门对本行政区域内发生的破坏基本农田的行为,有权责令纠正。

第五章 法律责任

第三十条 违反本条例规定,有下列行为之一的,依照《中华人民共和国土地管理法》和《中华人民共和国土地管理法实施条例》的有关规定,从重给予处罚:

(一) 未经批准或者采取欺骗手段骗取批准,非法占用基本农田的;
(二) 超过批准数量,非法占用基本农田的;
(三) 非法批准占用基本农田的;
(四) 买卖或者以其他形式非法转让基本农田的。

第三十一条 违反本条例规定,应当将耕地划入基本农田保护区而不划入的,由上一级人民政府责令限期改正;拒不改正的,对直接负责的主管人员和其他直接责任人员依法给予行政处分或者纪律处分。

第三十二条 违反本条例规定,破坏或者擅自改变基本农田保护区标志的,由县级以上地方人民政府土地行政主管部门或者农业行政主管部门责令恢复原状,可以处1000元以下罚款。

第三十三条 违反本条例规定,占用基本农田建窑、建房、建坟、挖砂、采石、采矿、取土、堆放固体废弃物或者从事其他活动破坏基本农田,毁坏种植条件的,由县级以上人民政府土地行政主管部门责令改正或者治理,恢复原种植条件,处占用基本农田的耕地开垦费一倍以上两倍以下的罚款;构成犯罪的,依法追究刑事责任。

第三十四条 侵占、挪用基本农田的耕地开垦费,构成犯罪的,依法追究刑事责任;尚不构成犯罪的,依法给予行政处分或者纪律处分。

第六章 附 则

第三十五条 省、自治区、直辖市人民政府可以根据当地实际情况,将其他农业生产用地划为保护区。保护区内的其他农业生产用地的保护和管理,可以参照本条例执行。

第三十六条 本条例自1999年1月1日起施行。1994年8月18日国务院发布的《基本农田保护条例》同时废止。

四、中华人民共和国矿产资源法

（1986年3月19日第六届全国人民代表大会常务委员会第十五次会议通过，根据1996年8月29日第八届全国人民代表大会常务委员会第二十一次会议《关于修改〈中华人民共和国矿产资源法〉的决定》修正）

第一章 总 则

第一条 为了发展矿业，加强矿产资源的勘查、开发利用和保护工作，保障社会主义现代化建设的当前和长远的需要，根据中华人民共和国宪法，特制定本法。

第二条 在中华人民共和国领域及管辖海域勘查、开采矿产资源，必须遵守本法。

第三条 矿产资源属于国家所有，由国务院行使国家对矿产资源的所有权。地表或者地下的矿产资源的国家所有权，不因其所依附的土地的所有权或者使用权的不同而改变。

国家保障矿产资源的合理开发利用。禁止任何组织或者个人用任何手段侵占或者破坏矿产资源。各级人民政府必须加强矿产资源的保护工作。

勘查、开采矿产资源，必须依法分别申请、经批准取得探矿权、采矿权，并办理登记；但是，已经依法申请取得采矿权的矿山企业在划定的矿区范围内为本企业的生产而进行的勘查除外。国家保护探矿权和采矿权不受侵犯，保障矿区和勘查作业区的生产秩序、工作秩序不受影响和破坏。

从事矿产资源勘查和开采的，必须符合规定的资质条件。

第四条 国家保障依法设立的矿山企业开采矿产资源的合法权益。国有矿山企业是开采矿产资源的主体。国家保障国有矿业经济的巩固和发展。

第五条 国家实行探矿权、采矿权有偿取得的制度；但是，国家对探矿权、采矿权有偿取得的费用，可以根据不同情况规定予以减缴、免缴。具体办法和实施步骤由国务院规定。

开采矿产资源，必须按照国家有关规定缴纳资源税和资源补偿费。

第六条 除按下列规定可以转让外，探矿权、采矿权不得转让：

（一）探矿权人有权在划定的勘查作业区内进行规定的勘查作业，有权优先取得勘查作业区内矿产资源的采矿权。探矿权人在完成规定的最低勘查投入后，经依法批准，可以将探矿权转让他人。

（二）已取得采矿权的矿山企业，因企业合并、分立，与他人合资、合作经营，或者因企业资产出售以及有其他变更企业资产产权的情形而需要变更采矿权主体的，经依法批准可以将采矿权转让他人采矿。

前款规定的具体办法和实施步骤由国务院规定。禁止将探矿权、采矿权倒卖牟利。

第七条　国家对矿产资源的勘查、开发实行统一规划、合理布局、综合勘查、合理开采和综合利用的方针。

第八条　国家鼓励矿产资源勘查、开发的科学技术研究，推广先进技术，提高矿产资源勘查、开发的科学技术水平。

第九条　在勘查、开发、保护矿产资源和进行科学技术研究等方面成绩显著的单位和个人，由各级人民政府给予奖励。

第十条　国家在民族自治地方开采矿产资源，应当照顾民族自治地方的利益，作出有利于民族自治地方经济建设的安排，照顾当地少数民族群众的生产和生活。

民族自治地方的自治机关根据法律规定和国家的统一规划，对可以由本地方开发的矿产资源，优先合理开发利用。

第十一条　国务院地质矿产主管部门主管全国矿产资源勘查、开采的监督管理工作。国务院有关主管部门协助国务院地质矿产主管部门进行矿产资源勘查、开采的监督管理工作。

省、自治区、直辖市人民政府地质矿产主管部门主管本行政区域内矿产资源勘查、开采的监督管理工作。省、自治区、直辖市人民政府有关主管部门协助同级地质矿产主管部门进行矿产资源勘查、开采的监督管理工作。

第二章　矿产资源勘查的登记和开采的审批

第十二条　国家对矿产资源勘查实行统一的区块登记管理制度。矿产资源勘查登记工作，由国务院地质矿产主管部门负责；特定矿种的矿产资源勘查登记工作，可以由国务院授权有关主管部门负责。矿产资源勘查区块登记管理办法由国务院制定。

第十三条　国务院矿产储量审批机构或者省、自治区、直辖市矿产储量审批机构负责审查批准供矿山建设设计使用的勘探报告，并在规定的期限内批复报送单位。勘探报告未经批准，不得作为矿山建设设计的依据。

第十四条　矿产资源勘查成果档案资料和各类矿产储量的统计资料，实行统一的管理制度，按照国务院规定汇交或者填报。

第十五条　设立矿山企业，必须符合国家规定的资质条件，并依照法律和国家有关规定，由审批机关对其矿区范围、矿山设计或者开采方案、生产技术条件、安全措施和环境保护措施等进行审查；审查合格的，方予批准。

第十六条 开采下列矿产资源的，由国务院地质矿产主管部门审批，并颁发采矿许可证：

（一）国家规划矿区和对国民经济具有重要价值的矿区内的矿产资源；

（二）前项规定区域以外可供开采的矿产储量规模在大型以上的矿产资源；

（三）国家规定实行保护性开采的特定矿种；

（四）领海及中国管辖的其他海域的矿产资源；

（五）国务院规定的其他矿产资源。

开采石油、天然气、放射性矿产等特定矿种的，可以由国务院授权的有关主管部门审批，并颁发采矿许可证。

开采第一款、第二款规定以外的矿产资源，其可供开采的矿产的储量规模为中型的，由省、自治区、直辖市人民政府地质矿产主管部门审批和颁发采矿许可证。开采第一款、第二款和第三款规定以外的矿产资源的管理办法，由省、自治区、直辖市人民代表大会常务委员会依法制定。

依照第三款、第四款的规定审批和颁发采矿许可证的，由省、自治区、直辖市人民政府地质矿产主管部门汇总向国务院地质矿产主管部门备案。

矿产储量规模的大型、中型的划分标准，由国务院矿产储量审批机构规定。

第十七条 国家对国家规划矿区、对国民经济具有重要价值的矿区和国家规定实行保护性开采的特定矿种，实行有计划的开采；未经国务院有关主管部门批准，任何单位和个人不得开采。

第十八条 国家规划矿区的范围、对国民经济具有重要价值的矿区的范围、矿山企业矿区的范围依法划定后，由划定矿区范围的主管机关通知有关县级人民政府予以公告。

矿山企业变更矿区范围，必须报请原审批机关批准，并报请原颁发采矿许可证的机关重新核发采矿许可证。

第十九条 地方各级人民政府应当采取措施，维护本行政区域内的国有矿山企业和其他矿山企业矿区范围内的正常秩序。

禁止任何单位和个人进入他人依法设立的国有矿山企业和其他矿山企业矿区范围内采矿。

第二十条 非经国务院授权的有关主管部门同意，不得在下列地区开采矿产资源：

（一）港口、机场、国防工程设施圈定地区以内；

（二）重要工业区、大型水利工程设施、城镇市政工程设施附近一定距离以内；

（三）铁路、重要公路两侧一定距离以内；

（四）重要河流、堤坝两侧一定距离以内；

（五）国家划定的自然保护区、重要风景区，国家重点保护的不能移动的历史文物和名胜古迹所在地；

（六）国家规定不得开采矿产资源的其他地区。

第二十一条　关闭矿山，必须提出矿山闭坑报告及有关采掘工程、安全隐患、土地复垦利用、环境保护的资料，并按照国家规定报请审查批准。

第二十二条　勘查、开采矿产资源时，发现具有重大科学文化价值的罕见地质现象以及文化古迹，应当加以保护并及时报告有关部门。

第三章　矿产资源的勘查

第二十三条　区域地质调查按照国家统一规划进行。区域地质调查的报告和图件按照国家规定验收，提供有关部门使用。

第二十四条　矿产资源普查在完成主要矿种普查任务的同时，应当对工作区内包括共生或者伴生矿产的成矿地质条件和矿床工业远景作出初步综合评价。

第二十五条　矿床勘探必须对矿区内具有工业价值的共生和伴生矿产进行综合评价，并计算其储量。未作综合评价的勘探报告不予批准。但是，国务院计划部门另有规定的矿床勘探项目除外。

第二十六条　普查、勘探易损坏的特种非金属矿产、流体矿产、易燃易爆易溶矿产和含有放射性元素的矿产，必须采用省级以上人民政府有关主管部门规定的普查、勘探方法，并有必要的技术装备和安全措施。

第二十七条　矿产资源勘查的原始地质编录和图件，岩矿心、测试样品和其他实物标本资料，各种勘查标志，应当按照有关规定保护和保存。

第二十八条　矿床勘探报告及其他有价值的勘查资料，按照国务院规定实行有偿使用。

第四章　矿产资源的开采

第二十九条　开采矿产资源，必须采取合理的开采顺序、开采方法和选矿工艺。矿山企业的开采回采率、采矿贫化率和选矿回收率应当达到设计要求。

第三十条　在开采主要矿产的同时，对具有工业价值的共生和伴生矿产应当统一规划，综合开采，综合利用，防止浪费；对暂时不能综合开采或者必须同时采出而暂时还不能综合利用的矿产以及含有有用组分的尾矿，应当采取有效的保护措施，防止损失破坏。

第三十一条　开采矿产资源，必须遵守国家劳动安全卫生规定，具备保障安全生产的必要条件。

第三十二条　开采矿产资源，必须遵守有关环境保护的法律规定，防止污染环境。

村官常用法律知识必读

开采矿产资源,应当节约用地。耕地、草原、林地因采矿受到破坏的,矿山企业应当因地制宜地采取复垦利用、植树种草或者其他利用措施。

开采矿产资源给他人生产、生活造成损失的,应当负责赔偿,并采取必要的补救措施。

第三十三条 在建设铁路、工厂、水库、输油管道、输电线路和各种大型建筑物或者建筑群之前,建设单位必须向所在省、自治区、直辖市地质矿产主管部门了解拟建工程所在地区的矿产资源分布和开采情况。非经国务院授权的部门批准,不得压覆重要矿床。

第三十四条 国务院规定由指定的单位统一收购的矿产品,任何其他单位或者个人不得收购;开采者不得向非指定单位销售。

第五章 集体矿山企业和个体采矿

第三十五条 国家对集体矿山企业和个体采矿实行积极扶持、合理规划、正确引导、加强管理的方针,鼓励集体矿山企业开采国家指定范围内的矿产资源,允许个人采挖零星分散资源和只能用作普通建筑材料的砂、石、黏土以及为生活自用采挖少量矿产。

矿产储量规模适宜由矿山企业开采的矿产资源、国家规定实行保护性开采的特定矿种和国家规定禁止个人开采的其他矿产资源,个人不得开采。

国家指导、帮助集体矿山企业和个体采矿不断提高技术水平、资源利用率和经济效益。

地质矿产主管部门、地质工作单位和国有矿山企业应当按照积极支持、有偿互惠的原则向集体矿山企业和个体采矿提供地质资料和技术服务。

第三十六条 国务院和国务院有关主管部门批准开办的矿山企业矿区范围内已有的集体矿山企业,应当关闭或者到指定的其他地点开采,由矿山建设单位给予合理的补偿,并妥善安置群众生活;也可以按照该矿山企业的统筹安排,实行联合经营。

第三十七条 集体矿山企业和个体采矿应当提高技术水平,提高矿产资源回收率。禁止乱挖滥采,破坏矿产资源。

集体矿山企业必须测绘井上、井下工程对照图。

第三十八条 县级以上人民政府应当指导、帮助集体矿山企业和个体采矿进行技术改造,改善经营管理,加强安全生产。

第六章 法律责任

第三十九条 违反本法规定,未取得采矿许可证擅自采矿的,擅自进入国家规划矿区、对国民经济具有重要价值的矿区范围采矿的,擅自开采国家规定实行保护性开采的特定矿种的,责令停止开采、赔偿损失,没收采出的矿产品和违法所得，可以并处罚款；拒不停止开采，造成矿产资源破坏的，依照刑法第一百五十六条的规定对直接责任人员追究刑事责任。

单位和个人进入他人依法设立的国有矿山企业和其他矿山企业矿区范围内采矿的，依照前款规定处罚。

第四十条 超越批准的矿区范围采矿的，责令退回本矿区范围内开采、赔偿损失，没收越界开采的矿产品和违法所得，可以并处罚款；拒不退回本矿区范围内开采，造成矿产资源破坏的，吊销采矿许可证，依照刑法第一百五十六条的规定对直接责任人员追究刑事责任。

第四十一条 盗窃、抢夺矿山企业和勘查单位的矿产品和其他财物的，破坏采矿、勘查设施的，扰乱矿区和勘查作业区的生产秩序、工作秩序的，分别依照刑法有关规定追究刑事责任；情节显著轻微的，依照治安管理处罚条例有关规定予以处罚。

第四十二条 买卖、出租或者以其他形式转让矿产资源的，没收违法所得，处以罚款。

违反本法第六条的规定将探矿权、采矿权倒卖牟利的，吊销勘查许可证、采矿许可证，没收违法所得，处以罚款。

第四十三条 违反本法规定收购和销售国家统一收购的矿产品的，没收矿产品和违法所得，可以并处罚款；情节严重的，依照刑法第一百一十七条、第一百一十八条的规定，追究刑事责任。

第四十四条 违反本法规定，采取破坏性的开采方法开采矿产资源的，处以罚款，可以吊销采矿许可证；造成矿产资源严重破坏的，依照刑法第一百五十六条的规定对直接责任人员追究刑事责任。

第四十五条 本法第三十九条、第四十条、第四十二条规定的行政处罚，由县级以上人民政府负责地质矿产管理工作的部门按照国务院地质矿产主管部门规定的权限决定。第四十三条规定的行政处罚，由县级以上人民政府工商行政管理部门决定。第四十四条规定的行政处罚，由省、自治区、直辖市人民政府地质矿产主管部门决定。给予吊销勘查许可证或者采矿许可证处罚的，须由原发证机关决定。

依照第三十九条、第四十条、第四十二条、第四十四条规定应当给予行政处罚而不给予行政处罚的，上级人民政府地质矿产主管部门有权责令改正或者直接给予行政处罚。

第四十六条 当事人对行政处罚决定不服的，可以依法申请复议，也可以依法直接向人民法院起诉。

当事人逾期不申请复议也不向人民法院起诉，又不履行处罚决定的，由作出处罚决定的机关申请人民法院强制执行。

第四十七条 负责矿产资源勘查、开采监督管理工作的国家工作人员和其他有关国家工作人员徇私舞弊、滥用职权或者玩忽职守，违反本法规定批准勘查、开采矿产资源和颁发勘查许可证、采矿许可证，或者对违法采矿行为不依法予以制止、处罚，构成犯罪的，依法追究刑事责任；不构成犯罪的，给予行政处分。违法颁发的勘查许可证、采矿许可证，上级人民政府地质矿产主管部门有权予以撤销。

第四十八条 以暴力、威胁方法阻碍从事矿产资源勘查、开采监督管理工作的国家工作人员依法执行职务的，依照刑法第一百五十七条的规定追究刑事责任；拒绝、阻碍从事矿产资源勘查、开采监督管理工作的国家工作人员依法执行职务未使用暴力、威胁方法的，由公安机关依照治安管理处罚条例的规定处罚。

第四十九条 矿山企业之间的矿区范围的争议，由当事人协商解决，协商不成的，由有关县级以上地方人民政府根据依法核定的矿区范围处理；跨省、自治区、直辖市的矿区范围的争议，由有关省、自治区、直辖市人民政府协商解决，协商不成的，由国务院处理。

第七章 附 则

第五十条 外商投资勘查、开采矿产资源，法律、行政法规另有规定的，从其规定。

第五十一条 本法施行以前，未办理批准手续、未划定矿区范围、未取得采矿许可证开采矿产资源的，应当依照本法有关规定申请补办手续。

第五十二条 本法实施细则由国务院制定。

第五十三条 本法自 1986 年 10 月 1 日起施行。

五、中华人民共和国环境保护法

（1989 年 12 月 26 日第七届全国人民代表大会常务委员会第十一次会议通过，1989 年 12 月 26 日中华人民共和国主席令第二十二号公布自公布之日起施行）

第一章 总 则

第一条 为保护和改善生活环境与生态环境，防治污染和其他公害，保障人体健康，促进社会主义现代化建设的发展，制定本法。

第二条 本法所称环境，是指影响人类生存和发展的各种天然的和经过人工改造的自然因素的总体，包括大气、水、海洋、土地、矿藏、森林、草原、野生生物、自然遗迹、人文遗迹、自然保护区、风景名胜区、城市和乡村等。

第三条 本法适用于中华人民共和国领域和中华人民共和国管辖的其他海域。

第四条 国家制定的环境保护规划必须纳入国民经济和社会发展计划,国家采取有利于环境保护的经济、技术政策和措施,使环境保护工作同经济建设和社会发展相协调。

第五条 国家鼓励环境保护科学教育事业的发展,加强环境保护科学技术的研究和开发,提高环境保护科学技术水平,普及环境保护的科学知识。

第六条 一切单位和个人都有保护环境的义务,并有权对污染和破坏环境的单位和个人进行检举和控告。

第七条 国务院环境保护行政主管部门,对全国环境保护工作实施统一监督管理。

县级以上地方人民政府环境保护行政主管部门,对本辖区的环境保护工作实施统一监督管理。

国家海洋行政主管部门、港务监督、渔政渔港监督、军队环境保护部门和各级公安、交通、铁道、民航管理部门,依照有关法律的规定对环境污染防治实施监督管理。

县级以上人民政府的土地、矿产、林业、农业、水利行政主管部门,依照有关法律的规定对资源的保护实施监督管理。

第八条 对保护环境有显著成绩的单位和个人,由人民政府给予奖励。

第二章 环境监督管理

第九条 国务院环境保护行政主管部门制定国家环境质量标准。

省、自治区、直辖市人民政府对国家环境质量标准中未作规定的项目,可以制定地方环境质量标准,并报国务院环境保护行政主管部门备案。

第十条 国务院环境保护行政主管部门根据国家环境质量标准和国家经济、技术条件,制定国家污染物排放标准。

省、自治区、直辖市人民政府对国家污染物排放标准中未作规定的项目,可以制定地方污染物排放标准;对国家污染物排放标准中已作规定的项目,可以制定严于国家污染物排放标准的地方污染物排放标准。地方污染物排放标准须报国务院环境保护行政主管部门备案。

凡是向已有地方污染物排放标准的区域排放污染物的,应当执行地方污染物排放标准。

第十一条 国务院环境保护行政主管部门建立监测制度,制定监测规范,会同有关部门组织监测网络,加强对环境监测和管理。

国务院和省、自治区、直辖市人民政府的环境保护行政主管部门,应当定期

村官常用法律知识必读

发布环境状况公报。

第十二条 县级以上人民政府环境保护行政主管部门,应当会同有关部门对管辖范围内的环境状况进行调查和评价,拟订环境保护规划,经计划部门综合平衡后,报同级人民政府批准实施。

第十三条 建设污染环境的项目,必须遵守国家有关建设项目环境保护管理的规定。

建设项目的环境影响报告书,必须对建设项目产生的污染和对环境的影响作出评价,规定防治措施,经项目主管部门预审并依照规定的程序报环境保护行政主管部门批准。环境影响报告书经批准后,计划部门方可批准建设项目设计任务书。

第十四条 县级以上人民政府环境保护行政主管部门或者其他依照法律规定行使环境监督管理权的部门,有权对管辖范围内的排污单位进行现场检查。被检查的单位应当如实反映情况,提供必要的资料。检察机关应当为被检查的单位保守技术秘密和业务秘密。

第十五条 跨行政区的环境污染和环境破坏的防治工作,由有关地方人民政府协商解决,或者由上级人民政府协调解决,做出决定。

第三章 保护和改善环境

第十六条 地方各级人民政府,应当对本辖区的环境质量负责,采取措施改善环境质量。

第十七条 各级人民政府对具有代表性的各种类型的自然生态系统区域,珍稀、濒危的野生动植物自然分布区域,重要的水源涵养区域,具有重大科学文化价值的地质构造、著名溶洞和化石分布区、冰川、火山、温泉等自然遗迹,以及人文遗迹、古树名木,应当采取措施加以保护,严禁破坏。

第十八条 在国务院、国务院有关主管部门和省、自治区、直辖市人民政府划定的风景名胜区、自然保护区和其他需要特别保护的区域内,不得建设污染环境的工业生产设施;建设其他设施,其污染物排放不得超过规定的排放标准。已经建成的设施,其污染物排放超过规定的排放标准的,限期治理。

第十九条 开发利用自然资源,必须采取措施保护生态环境。

第二十条 各级人民政府应当加强对农业环境的保护,防治土壤污染、土地沙化、盐渍化、贫瘠化、沼泽化、地面沉降和防治植被破坏、水土流失、水源枯竭、种源灭绝以及其他生态失调现象的发生和发展,推广植物病虫害的综合防治,合理使用化肥、农药及植物生长激素。

第二十一条 国务院和沿海地方各级人民政府应当加强对海洋环境的保护。向海洋排放污染物、倾倒废弃物,进行海岸工程建设和海洋石油勘探开发,必须依照法律的规定,防止对海洋环境的污染损害。

第二十二条 制定城市规划,应当确定保护和改善环境的目标和任务。

第二十三条 城乡建设应当结合当地自然环境的特点,保护植被、水域和自然景观,加强城市园林、绿地和风景名胜区的建设。

第四章 防治环境污染和其他公害

第二十四条 产生环境污染和其他公害的单位,必须把环境保护工作纳入计划,建立环境保护责任制度;采取有效措施,防治在生产建设或者其他活动中产生的废气、废水、废渣、粉尘、恶臭气体、放射性物质以及噪声、振动、电磁波辐射等对环境的污染和危害。

第二十五条 新建工业企业和现有工业企业的技术改造,应当采用资源利用率高、污染物排放量少的设备和工艺,采用经济合理的废弃物综合利用技术和污染物处理技术。

第二十六条 建设项目中防治污染的设施,必须与主体工程同时设计、同时施工、同时投产使用。防治污染的设施必须经原审批环境影响报告书的环境保护行政主管部门验收合格后,该建设项目方可投入生产或者使用。

防治污染的设施不得擅自拆除或者闲置,确有必要拆除或者闲置的,必须征得所在地的环境保护行政主管部门同意。

第二十七条 排放污染物的企业事业单位,必须依照国务院环境保护行政主管部门的规定申报登记。

第二十八条 排放污染物超过国家或者地方规定的污染物排放标准的企业事业单位,依照国家规定缴纳超标准排污费,并负责治理。水污染防治法另有规定的,依照水污染防治法的规定执行。

征收的超标准排污费必须用于污染的防治,不得挪作他用,具体使用办法由国务院规定。

第二十九条 对造成环境严重污染的企业事业单位,限期治理。

中央或者省、自治区、直辖市人民政府直接管辖的企业事业单位的限期治理,由省、自治区、直辖市人民政府决定。市、县或者市、县以下人民政府管辖的企业事业单位的限期治理,由市、县人民政府决定。被限期治理的企业事业单位必须如期完成治理任务。

第三十条 禁止引进不符合我国环境保护规定要求的技术和设备。

第三十一条 因发生事故或者其他突然性事件,造成或者可能造成污染事故的单位,必须立即采取措施处理,及时通报可能受到污染危害的单位和居民,并向当地环境保护行政主管部门和有关部门报告,接受调查处理。

可能发生重大污染事故的企业事业单位,应当采取措施,加强防范。

第三十二条 县级以上地方人民政府环境保护行政主管部门，在环境受到严重污染威胁居民生命财产安全时，必须立即向当地人民政府报告，由人民政府采取有效措施，解除或者减轻危害。

第三十三条 生产、储存、运输、销售、使用有毒化学物品和含有放射性物质的物品，必须遵守国家有关规定，防止污染环境。

第三十四条 任何单位不得将产生严重污染的生产设备转移给没有污染防治能力的单位使用。

第五章 法律责任

第三十五条 违反本法规定，有下列行为之一的，环境保护行政主管部门或者其他依照法律规定行使环境监督管理权的部门可以根据不同情节，给予警告或者处以罚款：

（一）拒绝环境保护行政主管部门或者其他依照法律规定行使环境监督管理权的部门现场检查或者在被检查时弄虚作假的。

（二）拒报或者谎报国务院环境保护行政主管部门规定的有关污染物排放申报事项的。

（三）不按国家规定缴纳超标准排污费的。

（四）引进不符合我国环境保护规定要求的技术和设备的。

（五）将产生严重污染的生产设备转移给没有污染防治能力的单位使用的。

第三十六条 建设项目的防治污染设施没有建成或者没有达到国家规定的要求，投入生产或者使用的，由批准该建设项目的环境影响报告书的环境保护行政主管部门责令停止生产或者使用，可以并处罚款。

第三十七条 未经环境保护行政主管部门同意，擅自拆除或者闲置防治污染的设施，污染物排放超过规定的排放标准的，由环境保护行政主管部门责令重新安装使用，并处罚款。

第三十八条 对违反本法规定，造成环境污染事故的企业事业单位，由环境保护行政主管部门或者其他依照法律规定行使环境监督管理权的部门根据所造成的危害后果处以罚款；情节较重的，对有关责任人员由其所在单位或者政府主管机关给予行政处分。

第三十九条 对经限期治理逾期未完成治理任务的企业事业单位，除依照国家规定加收超标准排污费外，可以根据所造成的危害后果处以罚款，或者责令停业、关闭。

前款规定的罚款由环境保护行政主管部门决定。责令停业、关闭，由作出限期治理决定的人民政府决定；责令中央直接管辖的企业事业单位停业、关闭，须报国务院批准。

第四十条 当事人对行政处罚决定不服的,可以在接到处罚通知之日起十五日内,向作出处罚决定的机关的上一级机关申请复议;对复议决定不服的,可以在接到复议决定之日起十五日内,向人民法院起诉。当事人也可以在接到处罚通知之日起十五日内,直接向人民法院起诉。当事人逾期不申请复议、也不向人民法院起诉、又不履行处罚决定的,由作出处罚决定的机关申请人民法院强制执行。

第四十一条 造成环境污染危害的,有责任排除危害,并对直接受到损害的单位或者个人赔偿损失。

赔偿责任和赔偿金额的纠纷,可以根据当事人的请求,由环境保护行政主管部门或者其他依照本法律规定行使环境监督管理权的部门处理;当事人对处理决定不服的,可以向人民法院起诉。当事人也可以直接向人民法院起诉。

完全由于不可抗拒的自然灾害,并经及时采取合理措施,仍然不能避免造成环境污染损害的,免予承担责任。

第四十二条 因环境污染损害赔偿提起诉讼的时效期间为三年,从当事人知道或者应当知道受到污染损害时起计算。

第四十三条 违反本法规定,造成重大环境污染事故,导致公私财产重大损失或者人身伤亡的严重后果的,对直接责任人员依法追究刑事责任。

第四十四条 违反本法规定,造成土地、森林、草原、水、矿产、渔业、野生动植物等资源的破坏的,依照有关法律的规定承担法律责任。

第四十五条 环境保护监督管理人员滥用职权、玩忽职守、徇私舞弊的,由其所在单位或者上级主管机关给予行政处分;构成犯罪的,依法追究刑事责任。

第六章 附 则

第四十六条 中华人民共和国缔结或者参加的与环境保护有关的国际条约,同中华人民共和国法律有不同规定的,适用国际条约的规定,但中华人民共和国声明保留的条款除外。

第四十七条 本法自公布之日起施行《中华人民共和国环境保护法(试行)》同时废止。

参 考 文 献

1. 胡明生：《基层党组织建设》，中国法制出版社，2006年。
2. 本书编写组：《农业、林业、渔业、矿产资源行政许可实务》，中国民主法制出版社，2005年。
3. 李纶：《农民常见法律问题解答》，中国法制出版社，2004年。
4. 王坤：《农民维权300问》，浙江人民出版社，2005年。
5. 《农民权益保护法律政策读本》编委会：《农村税收》，中国林业出版社，2004年。
6. 窦瀚修：《农村常用法律300问》，中国农业出版社，2002年。
7. 张浩：《新编怎样到法院打官司1000问》，蓝天出版社，2005年。
8. 耿显连、彭开华：《农业行政执法指南》，中国农业出版社，2004年。
9. 田永源、刘晓霞：《最新农民实用法律知识》，中国农业出版社，2005年。
10. 佘国满等：《农民法律顾问》，湖南人民出版社，2005年。
11. 王明、宋才发：《计划生育》，人民法院出版社，2005年。
12. 卢小传：《农村征地、安置、补偿》，中国法制出版社，2006年。
13. 唐贵忠、冉云霞：《计划生育管理》，重庆大学出版社，2006年。
14. 陆学艺、向洪：《农民权益》，重庆大学出版社，2006年。
15. 刘凝、代莉莉：《农民法律知识手册》，法律出版社，2006年。
16. 党员行为规范问答编写组：《党员行为规范问答》，中央党校出版社，2008年。
17. 郑绍保：《党的基层组织工作热点疑点要点500问》，中共党史出版社，2007年。
18. 新编党支部工作问题编写组：《新编党支部工作问答》，中央党校出版社，2008年。
19. 金钊、孙莹娟：《新编农村党支部工作手册》，人民日报出版社，2007年。
20. 郝战红、彭玮：《乡村干部法律政策指导》，中国法制出版社，2008年。

21. 中国法制出版社：《信访调解诉讼》，中国法制出版社，2008年。
22. 中央纪委宣传教育室组织：《新时期反腐倡廉建设若干问题透视》，中国方正出版社，2008年。